清水江研究丛书 （第三辑） 张应强 / 主编　　中山大学历史人类学研究中心 / 编

房族·村落·社会

清水江下游加池苗寨的
空间与历史

王　君————

著

社会科学文献出版社
SOCIAL SCIENCES ACADEMIC PRESS (CHINA)

本书的研究和出版承蒙

国家社科基金重大项目"清水江文书整理与研究"
（项目号：11&ZD096）

教育部人文社科重点研究基地重大项目"山地、流域
与族群社会：西南民族地区的生态、文化多样性与社会变
迁研究"（项目号：17JJD850004）

贵州大学引进人才科研项目"聚落、空间与人群：西
南民族地区的权力结构与地域形塑"〔贵大人基（2017）
005 号〕

资助

总　序

以一条江来命名一套研究丛书，确实需要做些说明。

贵州东南部的清水江，是洞庭湖水系沅水上游支流之一，亦名清江。清雍正年间设置的"新疆六厅"，其中就有因江而名的清江厅。历史上因江清而名的江河或相应治所不在少数，至今湖北西部仍有清江；民国初年改清江厅置县，也因与江西清江县重名而改名剑河县。清水江之名则渐至固定，用以指称这条源出贵州中部苗岭山脉、迤逦东流贯穿黔东南苗族侗族自治州多个市县的河流。

清水江是明清时期被称为"黔省下游"广阔地域里的一条重要河流，汇集区域内众多河流，构成了从贵州高原向湘西丘陵逐渐过渡的一个独特地理单位。特别是在清水江中下游地区，气候温暖、雨量充沛且雨热同期的自然条件，非常适于杉、松、楠、樟等木植的生长。是以随着明代以来特别是清雍正年间开辟"新疆"之后的大规模区域经济开发，清水江流域，尤其是中下游地区，经历了以木材种植和采运贸易为核心的经济发展与社会历史过程。以杉树为主的各种林木的种植与采伐，成为清水江两岸村落社会最为重要的生计活动，随之而来的山场田土买卖、租佃所产生的复杂土地权属关系，杉木种植采运的收益分成以及特殊历史时期发生于地方社会的重大事件等，留下了大量契约文书及其他种类繁多、内容庞杂的民间文献。基于对清水江流域整体性及内在逻辑联系考虑，我们把这些珍贵的主要散存于清水江中下游地区的汉文民间历史文献统称为"清水江文书"，这一命名得到了学界的普遍认可和采用。不过需要进一步说明的是，与其说这种整体性及内在逻辑联系是一个客观事实或既有认识，毋宁说是一种理论预设，正需要通过精细个案研究去加以探索与论证。这可以说是组织这套丛书的一个最单纯直接的因由，也是本研究丛书出版希望可以达致的一个目标。

具有现代学术意义的对于清水江流域的深度关注和系统研究，吴泽霖先生或为开先河者，20世纪50年代完成调查并成书的《贵州省清水江流域部份地区苗族的婚姻》是其代表作。而后20世纪60年代由民族学者和民族事务工作者所进行的少数民族社会历史调查，也直接在清水江下游的苗侗村寨收集整理了一定数量的民间文书，并于1988年整理编辑出版了《侗族社会历史调查》。正是在这些已有的学术探索和积累的基础之上，笔者开始关注这个区域的材料和问题，并在2000年真正进入清水江流域开展调查研究工作。如果说两三年成稿、后经修订出版的《木材之流动：清代清水江下游地区的市场、权力与社会》，是对区域社会文化发展历史进程的综观式考察，那么其后继续推进的相关学术工作，包括清水江文书的收集、整理与研究，以及指导研究生在清水江两岸及更大地域范围的苗乡侗寨开展人类学田野调查等，则可视为既带有某种共同关怀，又因田野点不同或研究意趣迥异而进行的学术尝试。

或许，"清水江研究"可视为一个学术概念，一种其来有自的学术理念传承发展的研究实践，是围绕共同主题而研究路径各异的系列工作成果，也是在特定地域范围内密集布点开展深入田野调查，同时充分兼顾历史文献收集解读的研究范式探索。事实上，要想对这些论题多样、风格各异的研究进行总括性的介绍与评述，不仅徒劳而且多余，其间也有误解误读乃至抹杀不同研究独到见解及学术贡献的可能。因此，围绕以"清水江研究"名之的这套丛书，余下的就是这个研究群体在实践、交流、互动过程中遵循的原则或认可的价值，以及一些不同研究渐至形成的共识，可在此言说一二。

当我们把"清水江研究"看作一个整体，自然首先是清水江流域可视为一个整体。流域绝非一个纯粹的自然地理概念，流域的历史亦非单纯的自然史，而是与人类的活动交织和纠缠在一起。是以当我们在清水江流域不同地点开展田野工作，这些工作本身即包含了某种内在的共同性。这是显而易见的，构成了我们以为必然存在的整体性的最基础部分。这是流域内干支流水道网络形成的自然条件影响（支持或约束）人们实践活动的基本方面。其次，从政治、经济、社会、文化等层面，我们也不难看到，特定地域在其历史发展进程中形成了或者说呈现出某些共同的特性。如果说"新疆六厅"的设置，标志着地域社会进入王朝国家的政治体系，那么以杉木贸易为核心的区域经济社会生活，更是充分地表现出一种共同性和一致性。当原有的社会组织、社会制度在共同面对王朝国家的制度性介入，以及经济生活中出现一些适应市场机制的制度规范的时候，我们也看到了社会文化层面的某些同步改变与整合。这是一幅生动而丰富的历史画卷，如果说国家治理和市场经济共同构成了画卷材料的经纬或质地，那么杉木的种植与采运则是清水江故事的基本底色。

这样的一种整体性也具体体现在每个基于精细田野调查与深度文献解读的个案研究中。诚然，每项具体研究都自成一体，都有其自身的整体性，且这种整体性是由各自的问题意识以及相关材料的收集和运用所决定的。无论是聚焦山居村寨与人群以杉木种植为核心的经济社会生活，还是着重考察临江村落木材采运贸易的制度运转或人群竞争；无论是对一个特定苗寨侗村日常生活深入细致的观察与剖析，还是多个相邻相关村寨复杂人群构成及相互关系的历时性比较；无论是从婚姻缔结及婚俗改革等传统主题入手探讨社会文化变迁，还是洞悉传统社会组织延续与转型对当下社会生活的意义赋予等，都无不明显地呈现出各自的整体性。实际上，这也是由整个流域整个区域的某种内在整体性所决定的。特别是当我们把"清水江研究"这样一个概念，扩展到超越了清水江流域，而包括了相邻的都柳江流域、潕阳河流域乃至下游的沅水干流等其他一些相关地区的时候，背后所考虑的其实也正是由清水江研究所引出的一些基本问题及某些内在的关联性或者说一致性。

编入"清水江研究丛书"、主要基于不同乡村聚落长期深入的田野调查的这些研究，在某种程度上可视为中国传统人类学关于乡村社区研究的一种延续。这一传统可以追溯到被誉为社会人类学中国时代的 20 世纪三四十年代。吴文藻先生曾强调，社区研究应结合空间的内外关系和历史的前后相续。正如有学者在回顾和反思后来的一些研究时所指出的，在实际的研究过程中往往存在不无偏颇的情况，即将中国乡村社区看成不太受外界影响的一个整体，以致缺乏对乡村社会的历史性以及内外关系体系等的整合性考虑。在这个意义上，"清水江研究丛书"所涉及的不同村寨，虽说它们都是清水江流域整体的某些局部，但这样的一些局部，又是镶嵌在整个区域社会乃至中国社会文明的一个更大的系统之中的。故此，这些研究实践所带出的关于清水江流域的总体认识，同时提供了看待整个清水江流域如何进入中华文明系统的独特视角。这绝非简单的局部与整体关系、局部如何说明和构成整体、整体又如何在局部里面得以体现的问题，实际上涉及我们所践行的历史人类学研究如何兼顾内外关系和过去现在的方法论视角。

田野工作的重要性已无须再予强调，富有挑战性的是不同的田野点或多或少地保留了清代以来的各类民间文献。当结合这些文献资料和田野调查以了解某一历史过程中的具体事件及特定人物时，不仅作为史料的各种文献的建构过程值得进行深入的发覆，而且作为历史主体的人的活动，以及历史事件在他们身上留下的痕迹等，都成为田野调查时需要高度的敏感性才能有所觉察和了解的。也因此之故，将过去与现在联结起来的历史民族志就成为"清水江研究"的基础性工作。它不仅是书写村落社会历史甚或"创造"其历史的独特方法，而且是探索和丰富历史人类学取向的有学术积累意义的研究实践。相信这些立足于精细个案及丰富材料，又富含区域和全局关怀的非常有层次感的民族志，从不同的侧面充分展现了人、社会、自然关系的复杂性与多样性。

"清水江研究丛书"作为一个研究团队在中国历史人类学研究十分难得的试验场的系列工作成果，不能不说也得益于非常系统而完整的清水江文书的遗存。这一由民间收藏、归户性高、内在脉络清晰的民间文书，显然不只具有新史料带出新问题这种陈旧观念所能涵纳的一般意义，其更重要的价值在于提供了完整看待一个地方社会发展历程的全新眼光和别样视野，带给研究者一个回到历史现场的难得机会，帮助我们把探索的触角延伸到非常生动具体的过去，回到文书所关涉的那样一些特定历史时刻的社会生活之中。尤其是在清水江文书呈现出来的文字世界里，既可看到地方人群对主流文化的认同，也可见到在与文化他者的复杂关系中对自身主体性的确立。因此之故，结合深入细致的历史田野工作，我们可以真切感受到清水江文书中包含的极具地方性的思想意识和历史观念，同时也获得了探索特定地域社会动态发展极富价值的历史感和文化体验。

不难发现，在不同专题研究的民族志材料中，均以具体而鲜活的人的历史实践活动为中心，并且饱含研究者真实而丰富的同情之理解。我们的研究都建基于一个个既有共性又个性鲜明的村寨的田野工作，尤其是其中具体的人的实践活动，是探寻国家制度影响、了解不同人群互动交融、理解社会文化历史建构的根本着手点。在某种意义上，田野工作的深度不仅关乎对作为一个整体的区域社会的了解与认识，更直接影响到立足历史文化过程生动细致描述的历史民族志的独特价值和魅力展现。可喜的是，在"清水江研究丛书"中，在研究者为我们呈现的栩栩如生、极富画面感的历史情境中，不仅可以见到研究者与对象社会人群真情实感的互动与共鸣，还饱含了研究者对对象社会人群思想观念和表述习惯的充分尊敬和理解。或许，正是这样细致而有力量感的民族志决定了这些研究的基本学术价值。至于是否在此基础上建立和发展起有关西南地区甚或中国社会历史文化的新视角和新范畴，以及在这样带有方向性的学术努力中贡献几何，则作者自知，方家另鉴。

张应强

2018 年初秋于广州康乐园马丁堂

目 录
CONTENTS

绪　言

一　研究缘起

与清水江结缘，起于 2012 年 10 月开始的一段田野工作。犹记得在清水江客船上的一路欢笑与惊喜，让笔者真切感受到清水江的旖旎风光和厚重文化。最初来到加池苗寨，笔者打算主要关注他们的情感与婚姻，但当深入了解之后，慢慢地被他们家藏的那些契约文书深深吸引，一直惊叹于在这样一个"苗疆腹地"何以有这样多用汉字书写的契约文书。并且，契约文书已经深入他们的日常生活，种类繁多，包罗万象，如山林买卖、坟山买卖、典当、分银单、分关文书、山场坐簿等。凡重要之事均须签订合同的传统沿袭至今，包括宅基地买卖、土地承包、调换房屋或田土、分家等。

村中一位名叫姜永昭①的老先生引起了笔者的关注，尤其是他家收藏的文书多达上千份，数量之多，令人咋舌。惊讶之余再细细想来，究竟是怎样的历史过程能够让这样一个寻常老者拥有如此之多的契约文书？这个问题引发了笔者对这个村落历史的关注。之后发生的编修族谱事件及老先生准备修建村寨民间生态博物馆之事，更让笔者对这位老者及其家族的故事产生浓厚的兴趣。在刚刚进入田野，调查亲属关系、亲属称谓时，寨子里面的人经常说"我们是一个房的""我们是共一个公的""他们是大房，我们是小房"，等等。"房"的概念让笔者在困扰之余产生了更多的想法，想要一

---

① 根据人类学调查与写作伦理规范，为保护当事人隐私，本书中的人物均采取化名。

探究竟，"房族"在当地人的观念里到底是怎样的一个概念和范畴，在整个民族学、人类学领域，又如何与传统的家族、宗族相区别和联系？一个个体背后房族的力量是如何在村落生活中体现的，再扩大点来说，房族又是如何在整个区域社会中发挥作用，支撑个人完成一些现在看来比较伟大的举动的呢？这一系列的问题驱使笔者对加池苗寨的房族进行更深入的了解。

尤其是姜老先生修撰族谱一事，给了笔者莫大的启发。大家都知道清水江文书中涉及了大量人名、地名，年代稍近一些的，当地人还可以回忆起来是哪一家、哪一房的什么人，这个人怎么样，都做过哪些比较能够留名的事情，但是年代久远的就没有人能够记得了。而族谱的编撰带来了一个转机，有了族谱，我们就可以深入了解这个房族历史上的大部分人，并把这些人对应回契约文书中，那么契约文书就活了，这个房族的历史尤其是清代以来的各种事件，也就可以顺藤摸瓜地了解清楚。这是一个非常好的契机，于是由契约文书入手，着眼于房族，透过房族的整体活动来看村落社会这个想法就基本上确定了下来。

在清水江下游杉木主产区这样一个特别的区域，我们所能看到的用"房族"这样一个概念聚集起来的人群，他们内部的关系是怎样的，究竟是如何联结在一起的？房族这样一种组织有着怎样的结构和特点？房族与房族之间、房族下的小分支之间的关系如何？在村落社会纷繁复杂的事件和关系中，它们又发挥了什么功能？在区域社会结构形成的过程中，随着区域内木材贸易市场的逐步形成，不同村寨之间的经济联系和日常交往越来越多，房族在其中又扮演了什么角色？这些问题的提出，为进一步的研究提供了方向。

二 研究取径与理论思路

1. 家族、宗族与房族：从东南、华南到西南

家族、宗族一直是关心亲属制度的人类学、民族学研究中不可

绕开的重要内容。埃文思-普理查德（Evans-Prichard）给宗族下了
这样一个定义：宗族是指一组活着的父系亲属，他们传自那条特定
谱系线脉的始祖（founder）。从逻辑上说，宗族也包括那些由始祖
传下来的已经去世的人，我们有时在使用这个词语时也把他们包括
在内了。但是，只有在其谱系辈分被用来阐明生者之间的关系时，
这些死者才具有意义。①

　　国外的汉学家们对于家、家族、宗族的关注是从中国的华南、
东南地区开始的。② 现在学术界一般认为美国学者葛学溥
（D. H. Kulp）是最早以规范的社会文化人类学田野工作方法对中国
乡村进行调查研究的西方学者。他所著的《华南的乡村生活——广
东凤凰村的家族主义社会学研究》（Country Life in South China：The
Sociology of Familism）的田野调查来自 20 世纪 20 年代的华南沿海
地区，他践行了自己这样的学术坚持："不是只有收集那些抽象的
材料，松散地对一些或多或少的大众感兴趣的材料加以分类，而是
深入地研究被挑选的群体、村落或地区，仔细分析和以一种有机的
方式描述出来，以便所发现的作为事实的关系与关联将揭示出功
能、过程及其趋势。"③ 他还通过自己的实地调查创造性地提出了
"家族主义"这个核心概念，认为家族主义是一种社会制度，所有
的行为、标准、思想、观念都产生于或围绕着基于血缘聚居团体利
益的社会制度。家族是所有价值判断的基础和标准，一切有利于家

---

① 〔英〕埃文思-普理查德：《努尔人——对尼罗河畔一个人群的生活方式和政治
制度的描述》，褚建芳等译，华夏出版社，2002，第 222 页。
② 部分作品如〔美〕丹尼尔·哈里森·葛学溥《华南的乡村生活——广东凤凰村
的家族主义社会学研究》，周大鸣译，知识产权出版社，2006；〔美〕莫里斯·
弗里德曼：《中国东南的宗族组织》，刘晓春译，上海人民出版社，2000；王铭
铭：《村落视野中的文化与权力——闽台三村五论》，三联书店，1997；周大
鸣：《当代华南的宗族与社会》，黑龙江人民出版社，2003；陈启钟：《明清闽
南宗族意识的建构与强化》，厦门大学出版社，2009。
③ 庄孔韶等：《时空穿行——中国乡村人类学世纪回访》，中国人民大学出版社，
2004，第 422 页。

族的事务、行为都会被采纳、推行；反之，就会被视为禁忌，加以修正和限制。村落所有的其他制度，包括政治制度、社会控制、宗教信仰、亲属制度都围绕家族主义这一核心。①

师从埃文思-普理查德和福忒斯的弗里德曼（Maurice Freedman），在他所著的《中国东南的宗族组织》中开宗明义地说明了他对于宗族研究的学术关怀："帮助解释近年来已经引起人类学家极大兴趣的社会复合体问题。分化社会中的单系亲属组织和集权政治体系是本书的主题。"② 他采用祖先崇拜、共同财产、权力控制、共同聚居等功能性要素来分析宗族，在之后很长一段时间里影响着学界对宗族研究的方向，被称为"弗里德曼研究模式"。弗里德曼对于中国东南地区的宗族组织的研究具有开拓性，但他过度关注"单姓村"并试图解释这种大规模宗族（宗族内部关系复杂、裂变程度高、房桃之间的利益冲突多）在某些地方特别多的原因，从而忽略了宗族可以以不同的组合方式存在于不同的地域和社会场合中。杜赞奇通过对华北农村的研究指出，宗族组织不只在中国东南地区存在，在华北也存在。它们以不同的面目出现在农村的区域权力网络中，是国家的地方行政体系与非正式的社会团体的中间形态，③ 这在某种程度上形成对弗里德曼理论范式的修正。

学术界普遍认为家族是血缘世系群体，从费成康先生主编的《中国的家法族规》对家族管理机构的规定中则可看出家族的组织层次："一些较小的宗族只有族一级的组织。稍大的宗族分为族、房，或是族、支，族、柱两个管理层次。每房或每支、每柱下辖若

① 周大鸣：《凤凰村的追踪研究》，《广西民族学院学报》（哲学社会科学版）2004年第1期。
② 〔美〕莫里斯·弗里德曼：《中国东南的宗族组织》，前言，第1页。
③ 〔美〕杜赞奇：《文化、权力与国家——1900-1942年的华北农村》，王福明译，江苏人民出版社，1996。

干家庭。还有些大族分三个管理层次，即族、支（柱）、房三级，或族、房、分房三级。"① 若以其宏观的发展形态来看，汉族家族则经历了若干阶段："按照学术界较为通行的观点，先秦的氏族、秦汉的豪族、魏晋隋唐的士族、宋以后的宗族标志着中国家族组织历史上的不同发展阶段。" 从广义上来讲，宗族是汉族家族在中国历史上发展的一个阶段，而论及中国传统社会结构中的家族组织，通常是指宋以后的宗族组织。② 然而也有学者提出了不同看法，如林耀华认为"宗族组织，原为家族组织的伸展，宗族的祠堂，原为家族的宗教机关，家族渐渐发展到宗族，祠堂也渐渐地扩张变为社会的、经济的、政治的、教育的机关了"；③ 中国人所说的家族一般是以五服为界，宗族则指同宗同姓同地域的各个家族结成的群体。④ 郑振满对于福建的宗族组织的研究，揭示了在基层社会的自治化空间下，宗族组织自然聚合强化。⑤ 钱杭则通过自己的研究指出宗族之间的"联宗"实质上是一种介于血缘与地缘之间的社会行为，他的研究弥补了宗族自上而下发展与自下而上追溯之间的区界，提出"地缘"观念在地方宗族组织体系下的重要影响。⑥ 刘志伟和科大卫对于华南地区宗族的考察则从意识形态认知角度研究宗族行为通过何种渠道向地方社会扩张和渗透，以及宗教礼仪在地方上的推广如何把地方认同与国家象征结合起来。刘志伟和科大卫在这里强调的是国家行为对宗族功能的建构，与郑振满有关宗族自足性的视角形成了争论的对立。⑦ 刘志伟基于对珠江三角洲一个宗族

① 费成康主编《中国的家法族规》，上海社会科学院出版社，2002，第72页。
② 郑振满：《明清福建家族组织与社会变迁》，中国人民大学出版社，2009，第3页。
③ 林耀华：《义序的宗族研究（附：拜祖）》，三联书店，2000，第188页。
④ 郑杭生主编《社会学概论新修》，中国人民大学出版社，1994。
⑤ 郑振满：《明清福建家族组织与社会变迁》。
⑥ 钱杭：《血缘与地缘之间：中国历史上的联宗与联宗组织》，上海社会科学院出版社，2001。
⑦ 科大卫、刘志伟：《宗族与地方社会的国家认同——明清华南地区宗族发展的意识形态基础》，《历史研究》2000年第3期。

的个案研究，深刻并富有洞见地指出，宗族虽然是一个"基于血缘继嗣关系的群体"，但是其发展并不是单纯基于生殖行为的世代繁衍过程，强调这个过程中又被注入了"一系列社会行为"，总之，宗族的形成不仅是一个自然过程，更是一种文化过程。① 华南宗族的研究经验为传统中国社会宗族历史的研究提供了一个新的维度，区域经济条件的变化成为影响宗族发展的重要因素。刘志伟通过对沙湾何姓宗族的研究，深入探讨了珠江三角洲宗族势力发展与沙田大规模开发之间的互动过程；② 科大卫则根据香港新界乡村的调查，细致分析了成为村落成员与取得"入住权"这一关键步骤之间的紧密关系。③ 将区域经济条件变化与宗族发展相联系的视角给笔者以深刻启发，尤其是在考察商业迅猛发展的传统农业社会时，该视角促使笔者进一步探索经济发展与人群结构之间的密切关联。

相对于家族、宗族这些较为成熟的概念而言，房族显然没有成为一个那么吸引眼球的词语，在民族学与人类学范畴内并没有给予它一个非常明确的定义。弗里德曼在谈到宗族裂变时认为"房"（sub-lineage）是一个重要的裂变单位，房的代际的增加没有影响其结构的稳定性。《中国少数民族民俗大辞典》对于房族有这样的描述：同一祖先的后裔聚族而居，往来密切，不愿偕外姓或他族杂居。同宗共祖的血缘宗族之下，血缘较近的亲属分成若干支系，叫作房族。④ 周相卿特别强调，房族与汉族的宗族的重大区别在于房

---

① 刘志伟：《祖先谱系的重构及其意义——珠江三角洲一个宗族的个案分析》，《中国社会经济史研究》1992 年第 4 期。

② 刘志伟：《宗族与沙田开发——番禺沙湾何族的个案研究》，《中国农史》1992年第 4 期。

③ David Faure, *The Structure of Chinese Rural Society: Lineage and Village in the Eastern New Territories*, Hong Kong: Oxford University Press, 1998.

④ 中国少数民族民俗大辞典编写组编《中国少数民族民俗大辞典》，内蒙古人民出版社，1995，第 198 页。

族内部人与人之间是平等的，没有享受权威的族长。① 姚丽娟、石
开忠撰文探讨侗族房族的历史功能及其变迁，认为房族是上联峒、
款组织，下通家庭的桥梁，在侗族社会组织中具有举足轻重的
地位。②

　　清水江流域当地社会精英也对社会生活中普遍存在的房族有
自己的看法，他们将同一村寨内居民根据血缘关系组成的亲族集
团称作"房族"。而且族长一般选择精明人士而非房族长子。非
常值得注意的是这一区域内普遍存在的"改姓"问题，聚居大姓
村中的小姓，自觉孤立，遂自愿与大姓结为异姓家族。③ 张应强、
张银锋研究了文斗寨和魁胆寨内龙姓改姜姓和杂姓改王姓的现
象，据此提出了清水江流域独具特色的房族之地方性表达。④ 由
此，我们更加清晰地看出，房族并不仅仅是一个血缘和系谱性的概
念，其中夹杂了地方社会发展、不同人群的互动关系和国家力量的
浸渗。

　　想要厘清家、房族、家族、宗族之间的区别与联系不是一件容
易的事情，因为我们很清楚地知道在实际的田野工作中，被访谈者
很难系统、全面地回答我们关于"什么是房族"这样的问题，他
们给我们的回答经常是零碎的、不成体系的，甚至有时候不同人的
观点和看法还存在较大的分歧，我们徘徊在田野和学术之间，有时
难以抉择。本研究也无意于就家族而论家族，也并不是要将以往的

①　周相卿：《台江县五个苗族自然寨习惯法调查与研究》，贵州人民出版社，
　　2009，第 186 页。
②　姚丽娟、石开忠：《侗族房族的历史功能及其变迁》，贵州世居民族研究中心编
　　《贵州世居民族研究》，贵州民族出版社，2004，第 349 页。
③　锦屏县河口乡人民政府编印《河口乡志》，2010，第 80—81 页。
④　张应强：《"弃龙就姜"——清代黔东南地区一个苗族村寨的改姓》，《历史人
　　类学学刊》第 2 卷第 2 期，2004 年 10 月，第 27—51 页；张银锋、张应强：
　　《姓氏符号、家谱与宗族的建构逻辑——对黔东南一个侗族村寨的田野考察》，
　　《西南民族大学学报》（人文社会科学版）2010 年第 6 期。

宗族、家族理论进行批判、推翻，无论房族也好，家族也罢，在本书中只是用于观察和描述村落及其社会的一个单位单元而已，其旨趣在于站在人群角度观察和描述村落、区域社会。

2. 村落及区域社会研究

20 世纪以来，海内外学者对中国的村落投入了无数的学术关怀。村落成为社会学、人类学切入社会的突破口，并毫无疑问地成为我们窥探社会真实的一条捷径。受到西方社会学家的中国乡村研究的影响，梁漱溟、晏阳初等组织开展"乡村建设运动"，中国社会学、人类学的先驱吴文藻先生也利用英美社会学的调查方法对中国的村落展开研究。由此，受到西方社会学、人类学影响的一批学者在中华大地上展开了对村落社会的具体研究，如林耀华对义序的宗族和《金翼：中国家族制度的社会学研究》中家族制度的研究，费孝通的江村经济研究，杨懋春的台头村研究，许烺光的喜洲镇的调查，等等。这些研究聚焦于一个个具体的村落，对村落生活展开细致入微的描写，虽然各有侧重，但目的都在于践行结构功能主义在中国乡村的研究旨趣。它们虽然进入乡村，但同时都超越乡村，形成了当时人对于中国社会的理解，成为社会学、人类学领域优秀的开拓性作品。

林耀华先生对于福建宗族的研究有《义序的宗族研究（附：拜祖）》和《金翼：中国家族制度的社会学研究》。前者以村落中的宗族为基础，分析了中国的宗族组织及其社会功能，宗族与家庭的结构关系，以及亲属制度的系统与功用；后者弥补了前者单纯关注亲属称谓、忽视家庭关系体系的缺点，以小说体的形式更加丰富地展现了 19 世纪末到 20 世纪 30 年代两个家族活动范围内的农商业、政治、法律、信仰、宗族等，讨论了村落中人与文化的关系，并提出"均衡论"来解释宗族中人们的日常社会生活。[1]

---

① 林耀华：《金翼：中国家族制度的社会学研究》，商务印书馆，2015。

　　费孝通先生投身于社会学、人类学学习与研究之时，"正逢社会剧变、国家危急之际。从我的这种价值判断出发，我之所以弃医去学人类学是可以为朋友所理解的。我学人类学，简单地说，是想学习一些认识中国社会的观点和方法，用我所得到的知识去推动中国社会的进步，所以是有所为而为的"。[①] 带着这样的学术和社会关怀，费孝通投入到他的开弦弓村，写出了影响中外人类学界的《江村经济》。面对来自国内外的赞美和批评，尤其是一个村落能否代表整个中国的诘问，他认为"将一个农村看作是全国农村的典型，用它来代表所有的中国农村那是错误的。但是将一个农村看成是一切都与众不同，自成一格的独秀，也是不对的"。[②] 费孝通借鉴生物学中的"类型"分类方法，将其运用到社会科学中，试图通过几个典型类型的中国农村村落的实际情况来反映整个中国乡村面貌，于是滇池周边三个村落——禄村、易村、玉村成为《云南三村》的主角。这样的尝试并没有消弭是否可以"以小见大"的疑问，但我们还是看到了"超越村落"的尝试与实践。

　　杨懋春先生以自己土生土长的山东台头村为田野研究点，摒弃一套既已成型的政治、经济、社会、文化分类框架，由个体之间关系的讨论扩大至家庭之间的关系，再到村落间的相互关系，试图勾勒出台头村的村落结构，以期台头村这个乡村社区能在文化中被读者理解。[③] 杨懋春先生这种像涟漪般一层层推开去的研究方法，将一个事项作为一个中心，并以这个中心为原点，以不同的关系为半径画圆，如此多个同心圆就构成了围绕这一事项的一整个关系群，讨论的范围再大，最终都要落回到具体的个体身上。杨先生的这种

[①]　费孝通：《人的研究在中国——一个人的经历》，北京大学社会学人类学研究所编《东亚社会研究》，北京大学出版社，1993，第13页。

[②]　费孝通：《人的研究在中国——一个人的经历》，北京大学社会学人类学研究所编《东亚社会研究》，第15页。

[③]　杨懋春：《一个中国村庄：山东台头》，张雄等译，江苏人民出版社，2001。

研究方法给了笔者很大的启发，并支撑笔者将既有的想法继续实践下去。

许烺光先生的《祖荫下：中国乡村的亲属·人格与社会流动》一书不仅是一个关于村落的研究，也是关于汉人父系继嗣的典型案例。他通过详细描述当地人日常的家庭生活习俗、宗教实践活动，探讨了中国的文化模式问题，他注重代际间的文化传承，并用具体翔实的田野材料说明了这种传承的延续性和坚韧性。① 作为学成归国的社会学、人类学前辈，许烺光的研究在当时所起到的学术方向引导作用当然不能被忽视，但是今天看来，他的田野材料虽然翔实，但难免落入文化模式的窠臼，囿于小范围的家族、家庭，难以看到更大范围的社区、区域，成为他研究的短板。

在不断的批评和质疑声中，围绕中国的研究更为深入，超出村落的概念——区域被引入人类学领域。最早把区域概念引进人类学的学者是施坚雅，他的研究方法提供了一套新的概念词语，从新角度看待那些老问题，从以往找不到联系的地方重新发现联系。区域系统的分析方法，可以使我们从动态的角度看待空间，城市不再是离散的、孤立的，而是持续不断地与其腹地以及所在区域的大大小小的城市相互作用的单位。在时间上，区域系统的分析方法也是动态的，所有的区域系统都经历了发展与停滞到再发展的循环过程，这种过程在与王朝的兴衰更迭保持一致的同时又依照自身特有的节奏发生变化。施坚雅区域研究取向的最大优点在于他突出了各个区域之间在时空上的差异，同时注意到特定区域的中心与边缘的不同。但施坚雅模式也存在一些不足，其太过于强调地理和经济的因素，忽视了历时性和重大事件对于区域的影响。因此，从长时段对

① 许烺光：《祖荫下：中国乡村的亲属·人格与社会流动》，王芃、徐隆德译，台北，南天书局，2001。

某一特定区域进行系统分析，成为笔者尝试更加具体、深入理解当地历史进程意义的切入路径。

从村落研究走向区域研究，是在"如何理解中国"诘问下不断深化的结果，也是社会学、人类学、历史学等多学科的中外学者不断进行尝试的结晶。如今区域研究成为民族学、人类学研究框架中重要的讨论范式，近年来关于区域研究的成果颇丰，很多具有建设性和开创性的学术努力使我们在"理解中国"的进程中加快步伐，丰富着"理解中国"的解释进路。近20年来兴起的"华南学派"就是这个进路中不得不提的一支重要力量，它的"历史人类学"取向使中国的区域研究更加丰富和多彩，在历史学的基础上，"走向历史现场"，深入田野调查，这种结合使区域社会的研究更加深入和具体。

作为比村落高一个层次的区域，在给我们认识社会提供更为广阔视角的同时，也将更多可以讨论的内容囊括进来，包括区域史、国家在场、市场的力量等。区域是整体的一部分，也是我们透视整体的一个工具和切入点，如果说一个单独的村落限制了我们的视野，并不能代表更大范围的话，那么区域的视角显然将透视社会的镜头拉远，扩大了关注范围，使我们的眼界更加广阔。

施坚雅提出区域研究模式，依据地理与经济的联系将整体中国划分为九个区域，从经济的视角将区域看作理解中国社会结构的着眼点，将市场与社会有机联结起来，"在（像中国）这类重要的复杂社会中，市场结构必然会形成地方性的社会组织，并为使大量农民社区结合成单一的社会体系，即完整的社会，提供一种重要模式"[①]。施坚雅的学生，也是华南学派中集大成者的萧凤霞，从历史学和人类学的角度关注中国的华南地区，在对珠江三角洲沙田的

---

① 〔美〕施坚雅：《中国农村的市场和社会结构》，史建云、徐秀丽译，中国社会科学出版社，1998，序，第1页。

研究中，她透过地方社会组织的显性表现——宗族这一社会现象，透视地方精英如何在国家权力延伸至地方的同时，灵巧地运用文化象征取得相应的地位，并分析在这个过程中，市场是如何发挥作用，或者说如何被地方精英利用的。当社会生活中的群体越来越多、社会关系越来越复杂时，单纯靠物质财富的多少来划分社会群体已经变得越来越困难，此时，文化就成为划分人群的另一个适时的维度。① 华南区域社会中族群利用宗族这一话语与社会互动的过程引发了笔者对于同样是边缘地区的苗疆的想象，房族作为一个地方组织，在清朝以来的黔东南地区到底发挥着怎样的作用？萧凤霞、科大卫、刘志伟等华南学派的研究给笔者提供了可以参照的研究路径和思考框架，启发笔者不能囿于从文化的进路了解房族，木材贸易如此繁华的经济生活也必须纳入研究视野，房族如何执掌经济生活，进而影响社会生活，再向上影响国家在地方上的政策，这些都被笔者纳入思考范围。

科大卫和刘志伟通过关注华南地区的宗族问题，向我们展示了区域社会中国家的力量，尤其是国家制度和礼仪在地方社会与国家认同中所起到的重要作用。他们认为，宗族组织不仅是一种血缘关系、一种亲属制度，更是一种用礼与法的语言来表达的秩序和规范，在改变乡村礼仪层面取得了成就。地方社会借此获得更多的资源，表达一种对国家的认同，是"在地方上建立起与国家正统拉上关系的社会秩序的过程"。② 科大卫等学者将文化的认同引入区域研究，对区域进行历时性的关怀，在一定程度上发展了施坚雅的区域理论，超越了具体的地域观念，更加明确了区域研究的意义。

---

① 萧凤霞：《廿载华南研究之旅》，《清华社会学评论》2001 年第 1 期；萧凤霞、刘志伟：《宗族、市场、盗寇与蛋民——明以后珠江三角洲的族群与社会》，《中国社会经济史研究》2004 年第 3 期。
② 科大卫、刘志伟：《宗族与地方社会的国家认同——明清华南地区宗族发展的意识形态基础》，《历史研究》2000 年第 3 期。

边缘地区也一直是历史学家和人类学家关心的地域，笔者关注的黔东南清水江流域曾经也属于"苗疆"范畴，对于中央王朝来说是一个"化外之地"，在地方与国家互动过程中也存在一个相互作用的历史过程，不管在文化上还是经济上，不同区域在这个过程中总会呈现出不同的地方性色彩。

循着梁方仲、傅衣凌的中国社会经济史研究脉络，陈春声将区域经济发展和基层社会结构结合起来的研究旨趣，使我们看到了区域经济史的一个崭新的研究进路。法国年鉴学派的出现，促进了经济史研究从社会总体上把握经济现象，不可避免地涉及社会史的领域。陈春声对于广东米价和市场的研究，超越了单纯的经济分析（量的研究），深入到社会关系、社会心理以及社会变迁的多个层面。他综合了清代物价史研究中的两种不同的学术风格——注重计量研究和重视公私文献中各种记载的分析利用，不仅深化了研究，而且对历史整体有了更加全面的理解。[①] 他的研究让我们看到了从经济角度研究区域社会变迁的巨大潜力。同时，地域性的研究在真正解释、理解中国社会历史整体中展现了其独有的方法论意义，研究视角若可以从王朝体制转移到地方社会具体的历史场景，就可以洞察和窥探王朝体制与地域社会之间复杂的互动关系。[②] 陈春声从地方社会具体历史场景切入，通过对潮州倭乱与迁海的研究，发现"盗贼"集团的出现，实际上是"整体的"社会结构"转型"的一个方面。这挑战了单纯从贸易或经济发展的动因角度去解释"倭寇"起源的旧有说法。另外，陈春声指出居民身份的变化和模糊不清也是社会动荡导致的必然结果，这提示我们"国家"的观念对于中国乡村的生活具有重要意义，而身份与认同问题，归根结

---

① 陈春声：《市场机制与社会变迁——18世纪广东米价分析》，中国人民大学出版社，2010。

② 陈春声：《从"倭乱"到"迁海"——明末清初潮州地方动乱与乡村社会变迁》，《明清论丛》第2辑，紫禁城出版社，2001。

底往往是与"骨架"相关的观念问题。带着"国家"的观念下乡，也是近些年来人类学领域不断倡导的学术研究方向，将具有宏观视野的历史学与注重微观研究的人类学相结合，扬长避短，有助于我们更加深入地了解地方历史型构及其进程。

黄应贵先生在《区域的再结构与文化再创造》一文中，强调在"区域"的界定上，不是依自然地理环境来划分区域范围，而是将人、物、知识以及资金的流动作为切入点，探讨人们日常生活各种领域的变化，以及社会秩序与世界观在区域结构过程中所产生的变化。他强调，只有把客观的区域结构和地方文化传统的创造与流变结合起来，进行主客观的结构联结，才能真正去挑战既有的区域概念。① 学术研究中的区域转向已经不再关注村落是否能够代表中国的问题，而是更加关注在村落中如何看到国家，国家不是游离在人们生活之外的，而是融入人们具体的生活之中，而国家是怎样嵌入人们的生活成为这些研究者关心的问题。如刘志伟的《在国家与社会之间——明清广东地区里甲赋役制度与乡村社会》一书，主要通过关注户籍制度在地方社会落脚的演变，展现地方社会群体与国家之间复杂的互动关系。② 科大卫的《皇帝和祖宗——华南的国家与宗族》一书也以类似手法分析地方社会群体对"礼仪"制度的接受和创造过程。③ 贺喜将粤西南高州、雷州、琼州三地作为比较对象，分析不同地域的宗族之差异，希望解释在不同的朝代、不同制度的发展下，这些地区怎样建立其认同程度不同的地方社会，从而试图厘清这些复杂关系。④ 温春来则关注黔西北地区族群被逐渐整合进王朝国家的宏观过程，并指出在这一过程中，中国大

---

① 黄应贵：《人类学的视野》，台北：群学出版有限公司，2006，第 215 页。
② 刘志伟：《在国家与社会之间——明清广东地区里甲赋役制度与乡村社会》，中国人民大学出版社，2010。
③ 科大卫：《皇帝和祖宗——华南的国家与宗族》，卜永坚译，江苏人民出版社，2010。
④ 贺喜：《亦祖亦神：粤西南信仰构建的社会史》，三联书店，2011。

一统结构为地方预留一定的表达自我的空间，地方在纳入国家版图的过程中，"彝威""汉威""洋威"不断交织、互动，导致了革命性的新变局。① 张应强的《木材之流动：清代清水江下游地区的市场、权力与社会》着眼于整个清水江流域不同人群在不同时空围绕木材种植与采运这一主要经济活动演绎出的不同故事。作为一项区域史的研究，这本书始终围绕清水江下游地区这一特定区域社会发生的故事，并将其置于王朝、国家、政治、经济、社会发展的历史脉络中，研究的旨趣在于探讨在区域市场网络不断发展的过程中，传统中国的国家力量与相应区域的地方社会发生了怎样的互动，从而希望对这一多重因素互相作用、多重关系复合一体的繁杂过程进行地域化和历史性的解释。② 这些学者都尝试用区域研究方法，关注区域中国家的具体运作，展现地方社会与国家的复杂互动关系，分析中央王朝的自上而下与地方社会的自下而上这两股力量是如何体现在人们的日常生活中的。这个研究视角可以帮助笔者在西南社会中更加深刻地认识社会，认识在社会中活动的人群。刘志伟和温春来的研究提醒笔者要多注意制度史的层面，注重制度在乡村层面的操作，尤其是赋役制度在基层的功能及其演变，以期对地方基层社会有更深的认识和理解。

今天学术界试图引入新的视角来解释传统中国社会，这样的研究不应该再延续过分追求宏大叙事风格表面上的系统化，而应该着眼于通过区域的、具体事件的研究表达出对历史整体的理解，将历史的维度融合进区域、个案的研究。把"区域"理解为一个分析的工具，其实就是把"区域"跟"人"联系在一起，与人相联系的"区域"就不是地理的概念，而变成一个与人的思想和活动有

---

① 温春来：《从"异域"到"旧疆"——宋至清贵州西北部地区的制度、开发与认同》，三联书店，2008。

② 张应强：《木材之流动：清代清水江下游地区的市场、权力与社会》，三联书店，2006。

关的分析工具。① 归根结底人类学关心的是人，注重的是事件对于人的意义，我们试图解释和厘清的也都是关于人的问题，看似不温不火、稀松平常的乡村生活对于当地人到底具有怎样的意义，这才是我们这一群人类学工作者应当给予更多关怀的事情。

3. 清水江文书及清水江流域研究

民间文献自发现之后，首要的工作便是搜集与整理。清水江契约文书的搜集整理工作自发现到之后的整理由于某些原因中断数年，但是这并没有影响学术界对其价值的肯定。

学者在 20 世纪 90 年代便开始着手对清水江文书的搜集、整理与研究工作，如唐立、武内房司与杨有赓合作，于 2001—2003 年整理出版了《贵州苗族林业契约文书汇编》（3 卷）。② 中山大学张应强与锦屏县当地政府合作，对锦屏县辖区内的契约文书、家谱及相关民间文献进行了搜集与整理。《清水江文书》于 2007 年开始出版，截至 2011 年已经发行 3 辑，以清代山林契约为主，并囊括了族谱、诉讼词稿、官府文告等，这些文书反映了经济、社会的各方面，是基于民间视角的区域社会历史过程的写照，对研究清水江区域社会历史进程具有重要的价值，是珍贵的民间历史文献。③ 陈金全、杜万华主编的《贵州文斗寨苗族契约法律文书汇编——姜元泽家藏契约文书》则将视角聚集在文斗寨，对一个具有代表性村寨的契约文书做了图片变文字的整理，开启了以村寨为中心的文书研究路径。④

---

① 陈春声：《市场机制与社会变迁——18 世纪广东米价分析》，第 339 页；陈春声：《从地方史到区域史——关于潮学研究课题与方法的思考》，"区域社会史比较研究"中青年学者学术讨论会论文集，2004。

② 唐立·楊有賡·武内房司主編『貴州苗族林業契約文書匯編』東京外国語大学アジア・アフリカ言語文化研究所、2001。

③ 张应强、王宗勋主编《清水江文书》第 1 辑，广西师范大学出版社，2007；张应强、王宗勋主编《清水江文书》第 2 辑，广西师范大学出版社，2009；张应强、王宗勋主编《清水江文书》第 3 辑，广西师范大学出版社，2011。

④ 陈金全、杜万华主编《贵州文斗寨苗族契约法律文书汇编——姜元泽家藏契约文书》，人民出版社，2008。

任何新的历史文献都是在研究中被发现价值，清水江文书也不例外。前期的研究工作肯定了清水江文书的价值，之后越来越多的研究机构和研究者花费较多的人力物力进行搜集和整理。清水江契约文书以林业契约为主，独具特色，是研究明清以来少数民族经济、区域社会的重要民间文献。20 世纪 50 年代少数民族社会历史调查组就曾给予高度重视，并收集了其中部分契约文书。到了 80年代，一些学者开始注重对林业契约的研究，如杨有赓的系列论文针对清代清水江下游的林业经济进行研究，具有开创性影响。①《侗族社会历史调查》详细记录了清水江林业生产、贸易及林农的生活状况，并汇集了杨有赓先生当年收集的一些山林买卖契约及租佃契约。② 进入 90 年代，贵州本土的一些民族学工作者开始关注清水江林业契约的研究，如吴兴然、杨顺清、罗康隆、石开忠、单洪根、潘盛之等人对林业经济的研究。③ 21 世纪初，清水江文书受到国内外学者的重视，相关研究开始深入，研究视角也呈现多样化趋势，吸引了民族学、法学、历史学、经济学等多学科学者进行深入研究。如罗康隆从生态人类学的视角对侗族文化及其林业经营模式进行了探讨；④ 罗洪洋从法学方面发表的一系列论文，受到外界学者的关注；⑤ 徐晓光从法学角度系统探讨了清水江契约作为民间

① 杨有赓：《清代黔东南清水江流域木行初探》，《贵州社会科学》1988 年第 8期；《汉族对开发清水江少数民族林区的影响和作用》，《贵州民族研究》1993年第 2 期；《清代清水江流域林区林业租赁关系概述》，《贵州文史丛刊》1990年第 2 期。
② 贵州省编辑组编《侗族社会历史调查》，贵州民族出版社，1988。
③ 吴兴然：《明清时期锦屏苗木生产经营初探》，《贵州社会科学》1990 年第 4期；单洪根：《绿色的纪念》，中国林业出版社，1996；单洪根：《木材时代：清水江林业史话》，中国林业出版社，2008。
④ 罗康隆：清代贵州清水江流域林业契约与人工营林业的发展》，《中国社会经济史研究》2010 年第 2 期；《侗族传统社会习惯法对森林资源的保护》，《原生态民族文化学刊》2010 年第 1 期。
⑤ 罗洪洋：《清代黔东南文斗侗、苗林业契约研究》，《民族研究》2003 年第 3期；《清代黔东南文斗苗族林业契约补论》，《民族研究》2004 年第 2 期。

法的一部分存在；① 年轻学者梁聪则以文斗契约为中心，从法学角度探讨区域社会的规范与秩序。②

　　清水江文书的发现与持续研究逐渐引起了注重区域研究的历史学者的兴趣，他们立足于历史学与文献学的视角，将清水江文书作为一种历史文献应用于他们的研究，并将其视为研究中国西南边疆历史、区域社会变迁的重要民间文献史料，拓展了清水江文书的纵深研究。张应强借助现存各种清水江中下游区域的官私文献，通过论述清水江木材市场及交易网络的发展历程，讨论了区域地方如何进入国家体系，并揭示了在这一过程中传统王朝的国家力量与区域的地方社会是如何互动的。这项区域史的研究意在对区域社会形成之繁杂过程给予区域化和历时性的解释。③ 赵世瑜启发清水江文书研究者们"利用它重建西南，乃至中国的历史叙述"，不应该将研究视角局限在"卖木头"、"所有权关系"和"民间纠纷与诉讼"等专题性研究，而应该以这一系统性的民间文献为基础，将其放在更长时段、更大范围的历史进程之中，"重建中国历史叙述"。④

　　综上所述，针对清水江文书的研究主要集中于林业，包括林业经济及林业法律等方面，比较注重对清水江文书本身的搜集与整理，对其中民族文化的关注不够，在民族学、人类学领域还没有扎实的村落研究，没有真正以自下而上的视角利用这些契约文书来审视区域社会。基于此，本书拟以锦屏县加池苗寨中姜永昭家藏的契

---

① 徐晓光：《清水江流域林业经济法制的历史回溯》，贵州人民出版社，2006；《原生的法：黔东南苗族侗族地区的法人类学调查》，中国政法大学出版社，2010；《款约法——黔东南侗族习惯法的历史人类学考察》，厦门大学出版社，2012。

② 梁聪：《清代清水江下游村寨社会的契约规范与秩序——以文斗苗寨契约文书为中心的研究》，人民出版社，2008。

③ 张应强：《木材之流动：清代清水江下游地区的市场、权力与社会》。

④ 赵世瑜：《清水江文书在重建中国历史叙述上的意义》，《原生态民族学刊》2015年第4期。

约文书、民间文献及相关口述史料为中心，透过这些珍贵的民间文献中的故事，讲述清水江下游地区以房族为组织的人群是如何在村落内部、村落之间、区域之内进行经济、政治及其他社会生活的，借此路径将发黄契约文书纸上的一个个冷冰冰的名字还原成活生生的人、社会中进行生活的有思想有行动的个人，以达到人类学对于人本身关怀的学术研究旨趣，并希望在此基础上为清水江文书的深入研究增加新的研究视角和方法。

　　本书的研究思路是以加池寨（加池村）为中心，以房族的活动作为主要线索，将清水江下游这一区域勾连起来。在此思路指导下，依次从聚落内—村落间—区域社会这样从小到大的范围展示房族作为一种社会组织和文化表达，如何影响地方权力结构和社会变迁。本书以房的主要活动为主轴，即以事件的发生发展过程为中心，兼顾时间的先后顺序。在介绍清水江区域开发的大致历程之后，本书将焦点聚集在加池寨，首先对加池寨内的聚落空间和人群分布做简要描述，进而交代各个房族的基本情况及空间分布格局。然后以"母猪形"房族为例，在对其结构进行扼要陈述后，通过山场杉木的经营管理、结亲联姻、助学捐官、编撰族谱等活动来描述房族是如何运作的。在村落生活层面，本书继续对房族活动及村落关系进行深入探索，分析不同房族在村落内公共事务参与和日常生活维系上是如何合作的，这其中又存在怎样的紧张关系。房族作为一个整体，其在村落内部、村寨之间及区域社会生活中的参与及影响是本书着重要表达和阐述的，笔者尽可能将房族在这一系列复杂的事件中所发挥的作用、扮演的角色进行详细描述和讨论。除此之外，房族内部也并非铁板一块，我们也能从具体发生的事件中看出房族内部的分歧与分化。不论是房族作为整体在对外事务中所发挥的作用，还是房族作为扩大的家庭在凝聚本房族力量时所扮演的角色，房族中的"人"才是最具能动性的实践个体，所以，不同房族中的精英代表人物的主要活动构成了他们所属房族的发展轨迹。在对以房族为单位参与聚落内、村落间的各项活动的描述和讨论之基础上，本书试图展示清代以来清水江下游地区在不同人群的互动中、在经历复杂的各色事件后，区域社会如何得以型构；同时探讨区域社会结构在这一过程中是否受到影响，又在哪些方面发生了变化，发生了什么样的变化，因此对事件过程的描述和阐释显得重要而有意义。

三　田野点与田野工作

加池，又名家池、嘉什，为青山界古四十八寨之一，古苗语称"dliangb xib"，位于河口乡东北部，北纬26°34′，东经108°56′，距河口乡政府驻地水路8公里，距锦屏县城60余里。村寨位于清水江的下游，清水江在寨脚流过，溯流而上可通剑河到达凯里，顺流而下可经黔阳沅江直达洞庭。在过去，加池是重要的木材生产地，因距离河口码头不过10里路，水路的天然优势使这里成为物美价廉的原木的最佳产地之一。清水江流经加池一带是水路的一个转角，长时间的河水冲击和河沙堆积使这里形成一个加池塘，江面比较开阔，水流相对平缓。清水江两岸的村寨一般都是沿江分布，村寨之间的交通一般有两种形式：一种是水路，只要一条小木船，便可以畅行无阻，这种交通方式不限于清水江的南岸或者北岸，都是可以到达的；另一种是陆路，就是走山路、小路，这样的交通方式仅限于清水江的同一侧。加池寨东接文斗上寨，南接中仰村，西隔清水江与南路村相望，北接岩湾村。清朝至改革开放以前，加池寨到文斗、岩湾、中仰均有小路可以通达，寨中居民走亲访友一般都是步行，清朝木材贸易繁荣时，村寨中设有"路会"，专门管理村寨通往周边村寨的道路，"路会"最重要的职能就是出资雇人盘路。而在政府越来越重视乡村基层公共设施建设的今天，村村通公路的建设正如火如荼地进行，加池寨成为最晚一批通公路的村寨。

加池寨依山傍水，由于村寨位于海拔 600 多米的半坡，距离江边比较远，从江边通往村寨的是一条石板街，长约 1.5 公里。2000 年以前，这条石板街的前身是一条狭窄的土路，平常天还好，下雨天难以行走。村寨内泉多井多，井水沁甜，村民们大多直接饮用，井边一般会设有水塘，村寨中的女人们经常来此浣衣洗菜，井边也成为村寨重要的公共空间。加池寨属于亚热带季风性湿润气候，冬无严寒，夏无酷暑，年均气温 16.4℃，日照 1086 小时，降水量 1200—1400 毫米，水热条件良好。村寨中常年云雾缭绕，空气湿度较大，土壤多为黄红壤，适宜各种林木生长，尤其盛产杉木。① 加池寨内天然树种繁多，有杉木、枫树、樟树、松树、银杏树、红豆杉等，清朝中后期，这个村寨一直以木材种植经营为主要的生计方式，大片的天然林已经不复存在，取而代之的是成片的人工杉木林，郁郁葱葱。村寨内的居民对于树木的种植与砍伐有自己的节律，山场轮流砍伐、栽种，从清朝中后期至今都是如此，所以村寨内树木常年处于一种相对稳定的状态，森林覆盖率可达 70% 以上，寨内道路两侧全部林荫蔽路，村头寨尾古树参天，屋前屋后竹林掩映。

加池寨是青山界古老的四十八寨之一，"四十八寨"是今青山界周边黎平、锦屏、剑河三县交界地区的一个大款组织。关于"四十八寨"有很多种说法，其中一种说法认为这四十八个寨子分别为黎平县的己得、己迫、乌潮、己迫上寨、岑同、乌腊、苗丢、高下、苗举、唐错、平空、高仲、高练、岑己、革东、八东、平信、岑弩、岑拾、苗格、鄱栽，锦屏县的苗吼、培亮、宰格、苗庄、苗里、扣文、九丢、晚楼、美罗、控俄、格朗、卑祚、苗埂、瑶光、苗馁、文斗、平鳌（敖）、加池、张化、塘东、番鄱、摆尾、格翁、锦中、中仰，剑河县的高椅、康中。清朝时期这样的款

---

① 锦屏县河口乡人民政府编印《河口乡志》，第 35 页。

组织在黔东南地区非常普遍，青山界四十八寨这一个款组织不仅在明末清初发挥了重要的社会组织功能，在清朝中后期更发挥了带有军事色彩的政治军事组织的功能，下文将在木材贸易和咸同苗民起义的大背景下加以讨论。

如今加池寨内有 186 户共 900 多人，98% 以上人口是姜姓，①基本上可以将其看作一个"单姓村"。除了姜姓，还有杨、马、唐三个小姓，此三个小姓居民搬迁至加池居住的时间都不是太久，下文在介绍村寨历史及人群时将对其进行较为详细的描述。姜姓居民在此地占据绝对优势，在新中国成立后的民族识别过程中，这个清水江边半山腰的小寨子被冠上了"苗寨"之称。村寨中的姜姓人均是苗族，现在寨子中土生土长的 20 岁以上的人都懂苗语，村寨中的日常生活用语也是苗语，村寨中从外面嫁过来的媳妇们有的是侗族、汉族，其中有些人很快就习得了苗语，并能够熟练地应用，可以跟村寨中其他人用苗语无障碍沟通，也有的人只会用当地汉语方言与家人和邻里交流。不会说苗语的人在村寨中占的比例极低，所以当地人也基本认同自己的村寨为苗寨，自己是苗族人。但村子中的人也并不是铁板一块，他们中也有的认为自己是"汉苗"。关于族群认同、族群身份的讨论将在后文详细展开。

这个清水江边半山坡的苗族村寨，既不具备军事防御的地理优势，也不是区域行政中心所在地，更不是地方上的交通枢纽，这样看来它与整个流域两岸无数错落分布的小寨子毫无差别。但是自从清水江文书研究越来越深入之后，很多学术前辈来这里找寻历史的痕迹，更有越来越多的学术新人踏着前辈们的足迹接踵而至。这样一个小苗族寨子因其藏有的几千份清水江文书和一座保存完好的清代木质建筑"四合院"而闻名，不断吸引着外面的人来此一探究竟。实际上，这个半山腰的苗族村寨的兴衰与清水江流域木材贸易

---

① 数据来自 2014 年笔者在田野调查过程中获取的村委会统计资料。

息息相关，加池寨的过去和现在与清水江贸易的兴盛和衰败是休戚与共的，这也正是这个小村寨吸引人的地方，它让我们可以较为清晰地看到时间在此处沉淀下来的痕迹。明末清初时就有木商前来此地及周边地区采购木材，清朝中后期，采购木材的规模越来越大，由此形成一个以水路运输为主的完整的商贸市场网络，加池寨因而被卷入更大的贸易网络，成为此贸易体系中的一环。参与商业投资、做木材生意是一种具有风险的行为，但机遇也总是与风险并存，村寨中的居民不愿意让机会悄悄溜走，他们想在历史的洪流中抓住每一次可以发达的机会，于是他们种粟栽杉，买山卖山，参与木材贸易。

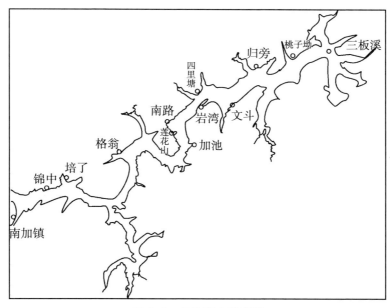

图 0-1　加池寨水路交通

自 20 世纪 80 年代以来，随着国家对长江流域中上游森林资源的保护，过去栽种砍伐杉木的生产节律改变了，而水运也逐渐被陆运取代，经水路下洪江到洞庭的放排故事已经成为历史。20 世纪末，三板溪大坝将清水江拦腰截断，从加池坐船已经不能直达县城王寨，曾经无比辉煌的水运商贸时代悄然湮没在历史的长河中。如果说过去清水江的水路将这个村寨卷入了全国性的市场贸易体系，那么如今乡村公路的修建将村落之间的天然交通网进一步强化。以水路为主的对外联系转为以陆路交通为主后，因乡村道路通车时间先后及地理位置不同，清水江下游沿岸各村落的交通通达性又被重置。

加池村位于黔东南的丘陵山地地区，林区农业特征明显，是典型的"八山一水一分田"，农耕条件有限。加池村原有耕地面积407.874亩，其中水田375.023亩、旱地32.851亩，人均耕地面积约0.45亩，传统的种树栽杉确实能弥补资源禀赋的不足，杉木也曾给加池带来巨大的经济利润，加池是区域内声名显赫的山寨。但现如今加池成了一个距离县城较远的普通苗寨。"封山育林"政策改变了当地人的生计方式，村内大部分家庭的收入来源是外出打工和农业生产。

笔者的田野调查分为四个阶段。对田野点加池寨及周边村寨进行的田野调查开始于2012年10月。初次进入田野，笔者并没有体会到少数民族地区给我带来的"文化震撼"，相反，除了语言、食物外，他们的日常生活和生计与笔者的经历相似。经过近一个月的观察和访谈之后，笔者对于该村的印象有了改观。这个清水江边的苗族村寨一直以所藏的契约文书数量多、品类全、品相完好、原始关联性保存最好而闻名，笔者在村寨中见到了锦屏县档案馆发还给村民的契约文书复印件，还有大量的碑刻文献，这些都足以使笔者深切感受到什么是"文化震撼"。第一次田野调查之后，笔者对该村有了初步的整体概念和总体的感性认识，通过人类学的一些调查方法绘制了村寨的示意图，统计了村寨中的家庭人口概况、姓氏构成、生产生计方式等，搜集了村落中的民间故事传说、民间山歌歌本等，并抄录了村寨中部分碑文资料。第一阶段的田野调查可谓收获颇丰，除了资料方面的收获，笔者在和村民的接触中与他们建立了非常友好的关系，为下一步的田野调查奠定了良好的基础。

2013年7—8月，笔者再次进入田野点，居住了二十多天。有了上一次的田野调查资料作为初步理解这个村寨的基础，这次的田野调查相比上一次而言，有了非常大的进展。这个因木材而日渐兴盛的村寨内的林业生产情况也慢慢变得清晰起来。炎热的夏天使访谈的机会更易寻找，午觉之后，人们三三两两地聚集在一起聊天、绣花，不紧不慢地编织着生活。村寨中一些有趣的、让人们记住并反复诉说的故事让笔者对于理解这个村寨的过去与现在有了新的认识。与当地人共同赶场、过节，沿着以前的小路去往周边村寨调查，通过这些真正的空间位移的感触，笔者真切地体会到这里的先民们是如何建立起村落的空间感的。通过村民的经济活动和日常生活交往，笔者看到了一个更为多元的村际网络图景与地方生活画面。喜忧参半的是，由于来到这个村寨做田野调查的学者数量逐年增加，当地村民对于像笔者这样的"学生妹"的到来已经司空见惯，对于我们的提问，对于村寨基本情况的问题，他们也可以说有了较为一致的答案。

2014年6月底，笔者来到凯里，又回到这个"走坡陡岭、林深箐密"的小村寨。村寨中的人们早已知晓笔者这个大学生的存在，所以这次的到来并没有引起什么不寻常的反应，人们依旧像往日一样生活。农村的夏季是农闲时节，田里的农活并不多，菜园里也没什么要做的，人们每天的生活都比较悠闲。笔者平日里与村中的老人、村干部、妇女们及小孩子聊天、玩耍，期冀可以融入他们的日常，像他们一样在村落中生活，更想站在他们的角度去看待日常生活中所要面对的一切问题。如果说日常生活中日积月累的感触可以让笔者慢慢体会到这个村落中人与人之间、房族与房族之间关系的话，那么节日庆典则是这些关系的增益呈现。先说庆典。随着高校扩招，学子进入大学的比例提高，这个小村寨中每年都有两三个人考上大学，且不论考入什么大学，家里人都会为他们举办一场隆重的"升学酒"。既是酒宴，那么劳务需求和礼金就是情理之中的事情。一旦确定了酒席举办的日期，就要请"别人"来帮忙，这就是劳务上的需求。主家要找谁帮忙，什么样的人适合分派什么样的具体任务，在主家看来，都要遵循一定的"规则"和惯例。在觥筹交错间笔者慢慢熟悉了他们的人情世界和礼物世界，一次次的你来我往如织布的梭子一样，编织起村落中的人际关系网络。年中的"七月半"也是村落中重要的节日，为了这一天各项活动能够顺利进行，女人们要准备几日。在这一天，人们是比较忙碌的，要祭拜祖先、烧包，还可以去看跳"桃园洞"。笔者跟随他们参加了这样的活动，更加真切地感受了他们对"另一个世界"的想象与建构。观察"活着的人"如何与"死去的人"沟通，是一件非常有意思并且有意义的事情。金秋十月，稻谷金黄，收割稻谷在村落中也算是一件喜悦又累人的事情，亲戚邻里、房族内外的人们是如何运用各种智慧，将这样一件需要众多人力的事情办成的，引起了笔者的关注，从中笔者可以窥见这个村落中社会、经济和人的活动的"机制"，参与几家人收割稻谷的过程，也使笔者收获了自己金灿灿的"地方性知识"的"稻谷"。

2015 年的 2—8 月，笔者又在加池寨进行了半年田野调查工作。在此次田野调查中，笔者尽量走访更多的村寨，只要是在史料上或者村民口中提到得比较多的地点，笔者都尽可能去看看，与乡民们进行访谈。在这半年时间中，笔者到了锦屏县的启蒙镇、隆里乡、钟灵乡、新化乡、敦寨镇、平略镇，剑河县的南加镇、南明镇、磻溪镇，黎平县的县城、敖市镇及高屯镇等，这些地点是此处村落中先人们和现在的人去得较多的地方。在这些地方的调查，使笔者能够跳出已经熟悉的村落，站在"外部"，从"他者"的视角来看待加池寨。在冬月里，笔者和当地的村民们一同度过了春节，春节前的杀猪是笔者所接触到的更能体现人际关系和房族之间关系的事件。杀年猪在春节前是一件大事，自家的人手是不够的，要四五个人一起协力完成，此时，"找谁帮忙"就成为了解人际关系的关键。按照习俗，杀猪那天都要请吃疱汤，吃疱汤成为村落中人际关系的一次完美展演，分享食物是房族内部重要的运行机制和原则。年前的这一次具有特殊意义的食物分享，使笔者看到了人们对于时间和空间的分配和利用，能够在年前一周左右的时间内，完成整个村落中人情往来和房族交流，对于村落中的人来说，不能不说是一种智慧。清明节是对于祖先的祭奠，是凝聚房族人心的重要仪式。笔者跟随他们去挂青，去祭拜，体会这种与自己祖先的交流，看清现世的人如何使用"先祖"的话语达到"睦邻合族"的目的。在这半年中，笔者也遇到了婚丧嫁娶等重要的人生礼仪，另外还有"三朝酒""满月酒""周岁酒"等为新生儿举办的庆典。体会当地人对于人的生命的看法，是人类学对于人本身的关怀，更是理解当地人心中世界和思维的重要途径。

在整个田野调查过程中，值得一提的是来自加池村民家藏的1000多份契约文书，这些契约文书主要来自村落中势力较大的两个房族。通过对这些文书的整理和分类，村落中的房族如何团结互助，在木材贸易这一具有风险的投资行为中获利，从而发展壮大房族可以概见。更让笔者惊喜的是，其中"母猪形"一房的族谱较为清晰地记载了这些契约文书中人物的血缘关系，让笔者有机会将写在纸上之人对应到过去的历史事件之中，借以窥视当地房族的运行。"母猪形"一房的家谱分为老谱和新谱，两者对时间较早的先祖的记载略有出入。时至今日，修谱的行动越来越盛行，已经发展到国际"姜姓"的大型宗亲会，从中可见"祖先"这一话语历经几百年，仍然保持了它的效用和活力，成为村落中社会关系呈现的重要途径和手段，更为生动和清晰地展现了村落内、村落间，甚至更大区域社会中人群的复杂关系。

　　人类学、民族学的传统研究方法在于扎根社区，聚焦一个具体村落，以小见大，揭示社会生活表象之下的深层秩序和文化内涵。具体而微的研究从来没有让我们失望过，值得一提的是本书所关注的加池寨内保存有大量的清水江文书，而且这些文书被一个家庭、房族的某个人集中保管，具有极强的"归户性"，而这样的民间文献对于了解一个地处边缘的"苗疆地区"村寨来说是难能可贵的材料。本书在研究村落内房族的成长过程、房族之间的关系以及村落之间房族如何为了自身利益而周旋斗争时运用了大量的房族契约文书资料。循着清水江文书原有的内在脉络，依据"归户性"特征对其进行更深入细致的研究，可以揭示清水江流域特定的历史时空背景下，人们从事经济和社会生活的基本行事准则，深化对清水江流域传统乡村社会生活的地域性特点及社会变迁的理解和解释。

　　综合考虑研究对象和主题，结合问题，本书除了绪言和结语外，正文部分由五章构成。第一章主要从大的区域视角介绍清水江流域的历史，注重地方志及其他史料、文献的运用，以国家自上而下的管辖视角来看清水江流域的开发进程及经营情况，包括这一地区因木材采运需要而不断地疏浚清水江航道事宜、赋役制度变革、税务情况，并简要叙述对这一区域社会影响深远的咸同苗民起义。从整体上呈现这一区域社会的面貌，为第二章聚焦到加池寨做好铺垫。第二章将叙述重点放在加池寨，具体描述其地理、历史情况，以及建寨、迁寨和其相关的历史传说故事，详细叙述不同人群在同一时空背景下演绎的故事。该章引出全书的重点——房族，介绍村落内部房族概况、房族的人群构成。笔者还比较详细地展示村落内房族的房屋分布和居住格局，也包括死去的祖先的居所——坟山的相对位置，及其传说的有关风水的故事。第三章重点描绘笔者所关注的"母猪形"房族的结构与运作，以大量的契约文书、诉讼词稿及其他以文字形式留存下来的资料为依据，对加池寨"母猪形"的一个房支进行细致深入描述，围绕他们以木材种植经营为主的经济社会生活展开对婚姻、地权（林权）的深入探讨。第四章聚焦于村落内部，探讨不同房族间的合作与纠纷，以及作为一个个小团体的房族，是如何建构起自己在村落事务中的地位，同时又能够保持自己在村落内部作为村落成员的角色。该章讨论的主要目标在于展现不同房族如何在村落内部达成一种团结与稳定的状态。第五章的内容安排跳出村落，着眼于村落之间，探讨加池寨与附近苗族村寨、侗族村寨之间的关系，贸易中的合作与纠纷，以及其他社会生活中林林总总的事件，具体展开一幅生动的村寨之间互动的复杂社会图景。同时，进一步将视野从村落之间拔高，覆盖一个区域社会，看房族如何在更大的范围内进行活动，在王朝国家体系下村落中以房族为单位的人群又是如何参与到地方事务之中的，以《三营记》中相关记载和口述故事为主要切入点，探讨区域社会中作为村落行为主体的房族之运作机制和实践过程。

上述章节的讨论，展现了人群在社会生活中的表达，揭示了房族作为一种重要的文化手段，对清水江下游地区族群互动与社会生活产生的重要影响。加池寨房族组织的发展及其在村寨内部不同人群互动中所发挥的作用，以及在区域社会整合过程中展现出来的历史意义，是宗族制度在不同历史背景下、不同时空条件中所表现出的极具地方性特色的表达，有助于理解和解释黔东南清水江下游区域社会由"王而未化"到"王而化之"的历史过程。

正是通过上述一步步的描述和解释，本研究所关注的问题得到层层解决，清水江下游区域村落社会生活图景逐渐呈现。

第一章　区域与家园：明清时期黔东南的
　　　　　开发与经营

第一节　从"化外生境"到"向化之地"

　　清水江系洞庭湖水系沅江的上游支流，发源于贵州省黔南自治州贵定县南麓青杠坡，上游称为马尾河，流经丹寨、麻江，经下司过凯里炉山，至旁海岔河口左汇重安江，始称清水江。继续向东过黄平、施秉、台江、剑河、锦屏、天柱，在石溪出贵州流入湖南，至托口纳渠水后名沅江。清水江在黔东南州境内长 376 公里，流域面积为 14883 平方公里。主要支流有重安江、巴拉河、南哨河、乌下江、小江、亮江、鉴江等。[①] 清水江及其支流所经过的区域构成了从贵州山地地带向湘西丘陵地带逐渐过渡的一道独特自然景观。以清水江的主干及其支流为基础的水上交通将整个清水江流域连成一片，在跬步皆山、陆路难通的黔东南地区形成独特的水路交通网（见图 1-1）。

　　清水江流域地形复杂，"苗疆地势险阻，冈峦错接，跬步皆山，谚云：地无三里平。身历其境，乃知其难"，[②] 既有中山、低山、丘陵，又有平原大坝。山峦重叠，连绵不断，低山坡度较缓，在 20°—40°。土壤较为肥沃，土质疏松，适宜杉木、马尾松、油茶、

---

① 黔东南苗族侗族自治州地方志编纂委员会编《黔东南苗族侗族自治州志·地理志》，贵州人民出版社，1990，第 181 页。
② （清）徐家干：《苗疆闻见录》，吴一文校注，贵州人民出版社，1997，第 159 页。

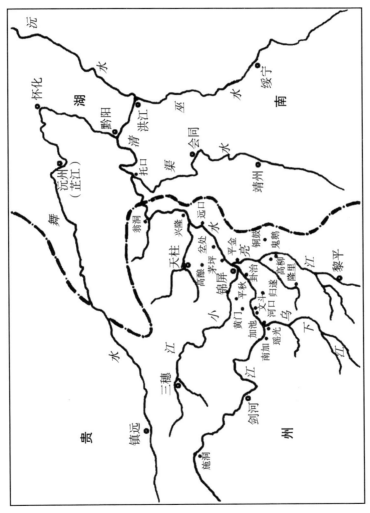

图 1-1 清水江下游流域

资料来源：张应强《木材之流动：清代清水江下游地区的市场、权力与社会》，文前。

桐油、柑橘等速生经济林木的生长，尤其是对要求日照少、湿度大的杉木生长极为有利。数百年来，清水江流域因盛产杉木而享有"杉木之乡""高原翡翠"的美誉。苗疆腹地清水江流域"地境恒多阴雨，俗有漏天之说，又曰：天无三日晴。秋冬之间亦有晴至五六日者，土人每诧为异事。地多瘴疠，夏秋为甚，霾雾沉濛，即天气晴明亦须巳、午时乃见天日，感其气者多患疟疾，俗有'不起早，不吃饱，不洗澡'之说，客苗疆者恒戒之"。① 贵州境内清水江南北两岸自然环境恶劣，《苗疆闻见录》中有云："苗疆气候不同，时当伏暑亦只中午炎热，日既西去，寒复侵人，葛罗之属终夏可以不用。"② 又曰："深山大谷郁为瘴，瘴之扑人如风之过，早间之气多似硫磺，时至午后则有如兰麝者，体气壮盛人能耐之，然服姜桂或辣椒、胡椒并烟酒者，亦能不为所困也。"③

清水江流域的开发较晚，并与西南边疆云南省的经营有莫大关系。自元代统一中国西南后，云南成为中国西南边陲的守卫重镇，因其战略地理位置重要，明代十分重视云南的稳定，重视西部疆域的拓展。清代也是如此，在明代基础上继续集中经营西南边陲的云南、贵州。明初，王朝通过驻军设屯，使经湖南沅水向西至贵州镇远、沿驿道向西南穿过黔中、经普安入滇之路成为去往云南最为便捷的通道，清水江流域正处在这条通道的两侧。迄至明末，朝廷所能控制的范围也仅仅限于清水江流域东部和北部的边缘地区，直到清雍正年间，王朝通过开辟"新疆"，才将清水江流域的广袤大地纳入直接控制之下。苗疆地区"苗人"的生活习惯与其他地方迥然不同，"苗人聚种而居，窟宅之地皆呼为寨，或二三百家为一寨，或百数十家为一寨，依山傍涧，火种刀耕，其生性之蛮野洵非

---

① （清）徐家干：《苗疆闻见录》，第159—160页。
② （清）徐家干：《苗疆闻见录》，第161页。
③ （清）徐家干：《苗疆闻见录》，第161页。

政教所可及"。① 王朝在开辟"新疆"之路上遇到了"化外之地"苗人的抵抗，如魏源就曾指出："贵州土司向无钳束群苗之责，苗患甚于土司。而苗疆四周几三千余里，千有三百余寨，古州距其中，群寨环其外。左有清江可北达楚，右有都江可南通粤，皆为顽苗蟠踞，梗隔三省，遂成化外。如欲开江路以通黔、粤，非勒兵深入，遍加剿抚不可。"② 至康熙时，一些"生苗"在官府的强制力量下走向"向化"，"（康熙）三十三年八月，清水江韩世儒、米元魁等作乱，官兵往戡之，贼遁走。冬，知府宋敏学、副将罗淇清请巡边以弭奸匪。于是平鳌、文斗、苗光、苗馁等寨生苗皆纳粮附籍"。③ 雍正时期，清水江流域少数民族大规模纳粮附籍，张广泗在黔东南地区设置了八寨、丹江、都江、古州、清江、台拱等"新疆六厅"，并设堡屯田，加强对这一地区的控制。"新疆"六厅共设堡 109 座，安置屯军 8930 户。④ 雍正时改土归流后，开通了清水江航道，"清江，源出都匀东北诸山，绕城西南合流，俗名长河，又曰剑河，亦名马尾河；在八寨厅境曰鸡贾河；在麻哈州境曰平定河；在清平县境曰凯里河；入清江厅界始名清江。旧时陷苗境道塞，雍正七年，鄂文端与巡抚张公广泗请开浚，自都匀府起至楚之黔阳县止，凡一千二十余里，于是复有舟楫之利。今贾人鬻清平铅下武陵抵汉阳者，由此道也"。⑤

依靠清水江便利的流通渠道，下游的"盐布粮货"溯江而上直达黔中地区；清水江流域内以木材为主的地方土产也源源不断地顺江直下，经沅水顺接长江水系进入全国市场。这一长期而持续的

---

① （清）徐家干：《苗疆闻见录》，第 162 页。
② （清）魏源：《圣武记（附夷艘寇海记）》，岳麓书社，2011，第 288 页。
③ （清）郝大成等编撰，黎平县县志编纂委员会办公室校注《黎平府志》（点校本），方志出版社，2014，第 1717 页。
④ 伍新福、龙伯亚：《苗族史》，四川民族出版社，1992，第 368 页。
⑤ （清）吴振棫：《黔语》卷上《开通清江之利》，《黔南丛书》第 2 集第 10 册，据灵峰草堂丛书本校印，1924，第 3 页。

贸易交换过程必然影响当地社会生活和族群关系，所有这些最终形成了清水江流域族群交错分布、汉族与少数民族杂居的结果。

第二节　在主动与被动之间：明末清初清水江流域的兵与民

贵州境内少数民族种类众多，地理环境又颇为复杂，明朝时虽然中央王朝在这一区域实行了卫所制度，但实际上卫所管辖的范围十分有限，境内大小土司林立，还有许多地区为"生界"，国家很难精确知晓内中详情。清朝自雍正时期对贵州地区的统治与管理以"改土归流"和"开辟苗疆"为第一要务，在边疆和山区设置了大量的汛塘，驻扎了一定数量的塘兵。与此同时，"开辟苗疆"过程中时而"招抚"时而"征剿"，指导方针不断交替，这一地方的兵与民两种人群，或主动或被动地频繁接触。

一　改土归流与汛塘制度

改土归流是一个复杂的过程，并不是一蹴而就的。贵州的改土归流从明代就开始了。由于元代在这一区域实行"羁縻政策"，大大小小的土司林立，削弱了王朝的实际控制权。《明实录》中就记载了由这种管辖混乱产生的田土归属杂乱交错的局面："黔中在万山间，溪壑高低，并堪垦作，其田大约有三：一曰军卫屯田，一曰有司民田，一曰土司夷田。初制犬牙相错，三相互溷，先年曾经清丈，而事久弊生，私顶暗投之蠹莫除也，继绝芜熟之颣莫察也，影射飞诡之害莫禁也，吞并丢压之窦莫厘也，法有遗奸屯所遗力所从来也。"① 为了加强集权统治，中央王朝开始改土归流。随着中央

---

① 贵州省民族研究所编《〈明实录〉贵州资料辑录》，贵州人民出版社，1983，第1215页。

集权政治力量的渗透，土司的管辖地域逐渐缩小，流官的统治区域不断扩大，改土归流成效显著。雍正时期"开辟苗疆"是改土归流政策的重要延续，1728 年，雍正书谕"朕念普天率土之民，皆吾赤子，岂肯令边省苍黎独受苗人之侵扰？而苗众繁多，朕亦不忍听其独在德化之外"，决定"剿抚兼行"，务必加以训诲，而且要用教化疏导，以招徕为根本，千万不能用武力官兵强行镇压。[①] 在雍正皇帝这道谕旨之前，鄂尔泰和张广泗主张在"开辟苗疆"的过程中实行武力"征剿"。"（张广泗）定计：抚熟苗，剿生苗。乃先调全黔兵，集镇远，通云南、贵州间往来大路，以精兵数千分攻台拱之九股苗，而自统兵五千攻清江下流各寨生苗，死者甚众，余众逃入牛皮大箐。箐圈苗巢中，盘亘数百里，北丹江，南古州，西都匀八寨，东清江、台拱，形势险要。广泗檄诸军攻破之，复乘势穷诛熟苗之从乱者，先后共毁苗寨千二百余，赦免者三百余，斩首四万级。"[②] 锦屏县隆里乡龙里司村所存《杨氏族谱》中亦有似此武力镇压的记载："康熙七年，请治家兵打文斗，苗民不服，后又请总库兵马并三房齐去，方才平服，纳粮上草。"[③] 在这样的武力镇压之下，苗民死伤惨重，清军的官兵也阵亡较多，为此雍正皇帝专门发了"优恤弁兵"的旨意："云南、贵州、四川剿抚苗蛮之官弁兵丁，从前若有预借银两，俱免还项，阵亡之官弁兵丁，着照阵亡例加倍赏给银两，得病身故及受伤之官弁兵丁，着照阵亡例赏给银两。"

除了主张武力"征剿"的官员，还有主张以"招抚"为主的基层地方官，如镇远知府方显。方显久居苗地，知晓苗民风俗，所

---

① （清）郝大成等编撰，黎平县县志编纂委员会办公室校注《黎平府志》（点校本），第 1313 页。

② 章嵚：《中华通史》第 5 册，第 1372 页，转引自梁聚五《苗族发展史》，贵州大学出版社，2009，第 35 页。

③ 锦屏县隆里乡龙里司村杨某家藏《杨氏族谱》，其祖上曾世袭龙里长官司。

以他亲自下到苗寨中对苗民进行"招抚"。至1728年，从黄平重安江至剑河革东，清水江南岸、北岸及九股苗所在之地全部接受了以方显为代表的中央王朝的"招抚"，成为"向化之地"，"履苗地如内地"，这里的"化外之民"也自然成为"悉遵约束"的盛世王民。①

对于刚刚被"招抚"的苗寨苗民，清廷虽然考虑其"俯首倾心，输诚归顺"，但是心中忌惮其风俗各异，还是采取了"因噎废食"的政策："惟有将正赋悉行豁除，使苗民与胥吏终岁无交涉之处，则彼此各安本分。虽欲生事滋扰，其衅无由。"② 虽然钱粮可以豁免，兵事却不能松懈，"至于建立营汛，分布官兵，乃国家定制，原以诘奸禁暴，安戢善良，各省内地且然。况苗疆险要，防范尤不可不严，且设兵之意，所以禁约罕见播弄构衅，又以查察熟苗私人勾引，朋比为奸，非特以新附之苗为不可信，而以重兵弹压之也"，③ 因而在贵州边缘险要地带和山区驻守塘兵。塘兵也称绿营兵，自明以来，这样的一种汛塘制度就被应用在沿边、沿海与苗疆。④ 民间文献《三营记》也记录了明朝清水江下游地区汛塘制度的实际运行情况："明时，三营后龙有银矿坡，出银甚旺，民多渔利，蛊害滋多。田宣慰统军弹压，以行营为营，坐营为寨，田获厚利，捆载而归。"田宣慰派兵排除蛊害的同时，也在银矿坡内获利颇丰。乾隆帝延续雍正的做法，继续加强对苗疆地区的军事控制。在汛塘制度之下，苗疆地方相对安宁，尤其是汛塘驻扎之地，往往成为新的移民中心，各色人等汇集，逐渐形成村寨聚落。文斗和瑶光各设有一塘，隶属于当时的王寨汛。虽然朝廷明令禁止"熟苗"

---

① （清）方显：《平苗纪略》，武昌郡廨同治癸酉刊本，第29页。
② （清）郝大成等编撰，黎平县县志编纂委员会办公室校注《黎平府志》（点校本），第1284页。
③ （清）郝大成等编撰，黎平县县志编纂委员会办公室校注《黎平府志》（点校本），第1284页。
④ 罗尔纲：《绿营兵志·湘军新志》，上海书店出版社，1996年影印本，第18页。

和民进入苗疆地界，但还是会有部分迫于生计的贫民和商贩流入此地。这一地区林深箐密，交通不便，一旦进入，返回就极其不易。在鄂尔泰等人先后完成了疏浚清水江之后，苗疆地区水路交通网基本成形，清水江向东可通湖南之属黔阳、沅江，湖广的稻米、江淮的食盐都可以溯江而上到达苗疆腹地。"黔楚粤三省边界声息相闻，行李往来，履苗地如内地，上下舟楫，衔尾连樯，懋迁有无，化居无复梗阻。"① 可见当时苗疆与内地之间的经济贸易已有相当大的发展。内地移民与当地苗民频繁接触，"交友结亲和睦，用夏变更于夷"。② 《苗疆闻见录》中也有类似记载："其地有汉民变苗者，大约多江楚之人。懋迁熟习，渐结亲串，日久相沿，浸成异俗，清江南北岸皆有之，所称'熟苗'，半多此类。"③

二 兵与民的接触与影响

为了加强治理，官府在苗疆地方重新丈量、统计土地。乾隆初年的《均摊全案》记载，政府推行均摊的缘由，乃"田地展转买卖，多历年所，并无册籍可考，买者不知田从何来，卖者不知田向何去，在本人尚且茫然，欲责成保甲，户首查开，窃恐任意射影，弊端百出，此推彼诿，争讼无休"。④ 雍正时在苗疆地方设定的苗粮，在乾隆看来"本属至轻至微，不过略表其向化输租之意"。几年后，官府又在此地推行了均摊制，这实际上可以从侧面说明清廷在不断与苗疆地方接触之后，发现苗疆地方不仅具有非常重要的军事价值，而且很有可能成为重要的赋税来源。

---

① （清）方显：《平苗纪略》，第 29 页。

② 《姜氏族谱·姜姓世纪》，贵州省锦屏县河口乡加池村姜永昭藏。

③ （清）徐家干：《苗疆闻见录》，第 163 页。

④ 张应强：《民间文书〈均摊全案〉介说》，《华南研究资料中心通讯》第 30 期，2003 年 1 月。

　　"开辟苗疆"之后，汉文化和苗文化在融合过程中有相互排斥和抗拒，这种状态一直延续到乾嘉苗民起义时期。在这次大规模的苗民起义中，早先王化之土的"熟苗"在战事中显示出自己的态度，正如立于边沙的一块夫役碑所示，婆洞边沙、者蒙、者母、者楼四寨先人将上江苗的情况"密报上宪"，于是屯大人奉命"征剿"，驻扎在婆洞地方。婆洞一带组织"乡兵"协助官兵"征剿"沿河一带"叛乱苗民"。待屯大人"奏凯班师"，赏了当地乡民三百金，边沙甫民"不昧众功"，把这三百赏金分为三股，"边沙一股，者蒙一股，者母、者楼一股"，遂有"三爪婆洞"的名称。同时，夫役杂项也是按照三爪均派，每月按照上、中、下旬各有一爪当值，三爪每月轮流。在雍乾苗民起义中，边沙已然成为"熟苗"，站在了朝廷一边，为朝廷通风报信，出兵增援，这种对官府的亲近行为是当地乡民经过反复思忖才做出的决定，显示了他们对于自己身份的一种选择和认同。现将边沙碑文抄录于下：

　　　　尝云旧规不可毁坏，新路无容妄开。信哉，是言也。窃思我婆洞一带，总属边隅，其实亦大道，抬夫送扛，少日安闲。从乾隆初年，上河苗匪作叛，将逼边隅。我处先人蔡[杨]甫民密报上宪。钦命屯大人兴师征剿，扎营于婆洞高率等处。先人甫民朝夕上营同谋军务，谕调我处乡兵先锋，杠剿克服一带沿河，继而屯大人奏凯班师，优奖蔡[杨]甫民之功，赏银三百余金。甫民不昧众功，以赏金派分三股，边沙一股，者蒙一股，者母、者楼一股，名为三爪婆洞。当时各受其金，各司其事。夫役杂项，俱以其三爪均派，按旬值当：每月初旬十日派落边沙，中旬十日派落者蒙，下旬十日派落者母、者路、者楼。自古迄今共乐均公，上下三瓜同欣美备。恐其代远年湮，有毁坏于旧规，而妄开乎新路，以至怠惰公干，贻害于不小也。故此勒石刊碑，永垂于万不阴。是为序。

夫役　　　　当牌　　　　值日

边沙田每月初一至初十日止；者蒙田每月十一日至二十日止；者母、者楼田每月二十一日至三十日止①

之后清王朝对苗疆地区各种政令、军事控制、贸易往来及教化政策渐次开展。乾隆中后期清水江下游地区民间保留下来的各种文字记录，帮助我们从一个侧面了解到地方政府与民间社会在实际生活各个层面的互动：

署贵州黎平府龙里长官司正堂杨　为给委乡约，以□责成事。照得佳池寨路通河道，公事殷烦，不有乡耆，难以统率。兹查尔姜佐章为人诚实，办事公平，合行给委为此牌，委尔姜佐章执照。俟后凡有公务，务须上紧办理，毋得委靡不前，亦不许勾唆词讼，欺压善良。一经发觉，决不姑宽，凛慎毋违。须至委牌者。②

乾隆四十五年（1780），黎平府龙里长官司颁发给加池寨（佳池寨）姜佐章执照，执照中显示当时加池寨水路通畅，公事殷烦，没有乡耆，很多事情都不能统筹办理。龙里长官司杨姓得知姜佐章为人诚实、办事公平之后，决定委任他为"乡约"。"乡约"的主要职责就是及时处理公务，不准拖延，而且不得挑唆生事，欺压善良民众。平鳌村现存的一块碑刻显示平鳌、文斗、加池等在康熙三十六年时即"纳粮入籍"。龙里长官司曾于雍正初年派兵血洗文斗一片苗寨，自此之后文斗等寨"纳粮上草"，再至乾隆四十五年，

---

① 锦屏县启蒙镇志编纂委员会编印《启蒙镇志》，2013，第862—863页。
② 张应强、王宗勋主编《清水江文书》第1辑第10册，第6页。

龙里长官司委任加池寨寨民为村寨乡约。由此可见，王朝对于清水江下游苗疆一带地方的"征剿"和"招抚"持续反复，经过了一系列复杂艰难的过程。

在地方资源的开发过程中，地方官府和民间悍民争利，有民间文本记载明朝时期乌斗溪的银矿坡就引发人们竞相开采，思州田宣慰还借平定蛊害横插一脚，结果装满银子的船在归途中发生意外，船沉人亡。[①] 同样是银矿坡，加池寨居民保存下来的一张乾隆五十八年的黎平府告示云：

> 为严行封禁以靖地方事。照得靖属民人杨正举等具报龙里司属婆洞等寨地名乌斗溪产有银矿，禀请开采一案，业经本府札饬龙里司前往查看。兹据该土司申报前来，随经本府核批，据详该处盗采已横进五丈余，直下二丈余，已非一日之工，该土司何得诿为不知？既经查有棚舍并盗采，肖名魁等自必设有炉座器具，应即拿解，何以仍听栖止，殊属不合。仰即选拔干练□兵协同来役，密拿肖名魁、蒋才佐、林万达、周兴朝、杨正举等到案亲讯。如有一名纵脱，惟该土司是问。此缴等因，批示在案。查乌斗溪地方周围俱系苗寨，丛山峻岭，奸宄易藏。除将周兴朝等责惩外，合行出示晓谕，严行封禁。为此示仰龙里司属婆洞等寨民苗人等知悉，即将私挖之洞口填塞，毋许本地人民勾通外省奸民潜至乌斗溪私开私挖，如有不法之徒潜往盗挖，尔等各寨头人即行禀报，以凭严拿究治。尔等亦不得附和私开，如敢故违，或经访闻，或被禀报，一并按例究办，决不姑宽，各宜凛遵毋违。特示。[②]

---

① （清）姜海闻撰草，姜元卿增校《三营记》，民间抄本，锦屏县河口乡人民政府编印《河口乡志》，第512—525页。
② 张应强、王宗勋主编《清水江文书》第1辑第8册，第184页。

从这张告示中可以看出，关于开发银矿坡内的银矿资源，靖州、黎平、龙里司、婆洞等相关地方和人员都牵扯其中。黎平府、龙里长官司、苗寨乡民三者共同展开了一场密切相关的保卫境内资源的"战役"。黎平府责备龙里长官司没有尽忠职守，连自己辖境内的银矿被盗采都懵然不知，而龙里长官司只是在加池一带苗寨内委任了乡约，对乡约并没有有力的统率和控制。基于此，黎平府直接发布告示下到加池寨这样最基础一级的行政单位。这种做法并不多见，可见地方官府对于境内资源的重视，也足见"开辟苗疆"之利。

在乾嘉苗民起义中，清政府为了就近得到钱粮火药等重要军需，直接向苗疆新归顺之苗寨征收"火绳"。这里的"火绳"即枪炮的引火绳。两军对峙，情形瞬息万变，征收银两之后恐怕也不能快速用银两买来火药等军用物资，不如直接向苗民征收"火绳"。下面一张契约就表明了乾隆六十年加池寨内众人为了得到银两完成官方派下的置办"火绳"任务，不得已将一段江河的捕捞权出卖给寨中富户：

> 立卖江河约人本寨众人等，因为红苗作歹，办火绳八盘，无所措手，自愿以江河边地名叫做纲在出卖与亦本寨姜士周名下承买为业，当日议定价银二钱整。银契两交，不欠分毫。自今为始，任凭士周下塘毒鱼，而众人不得异言。如有此情，立此卖字存照。[1]

1795 年爆发的声势浩大的苗民起义确实给清水江下游"熟苗"区域的乡民带来了很多困扰，人们纷纷卖掉自己的山场杉木等，以维持日常生活。部分契约显示，当时确有人为了购买粮食

---

① 张应强、王宗勋主编《清水江文书》第 1 辑第 9 册，第 14 页。

而不得已将自己蓄养了很多年的杉山卖掉。[①]

19世纪中叶，清水江下游一带以张秀眉、姜应芳为首的苗民起义波及湘黔交界的大部分区域。在咸同兵燹过程中，民间团练组织的"三营"成为这一时期官方和民间都乐于传念的坊间组织。地方团练三营位于当时府城黎平府北路之清水江，距离府城约140里，上起瑶光，下至平略，共计30个村寨，分为上、中、下三营，分别是上营瑶光、韶蔼、塘东、格翁、井宗、苗吼、培亮、甘塘；中营上文斗寨、下文斗寨、平鳌、岩湾、加什、中仰、张化、鸠佑、南路、丢休、松离；下营干鸟、八洋、新寨、岩寨、寨藻、扒洞、岑梧、高常、高贞、归故、大坪。咸丰元年（1851），黎平知府胡林翼巡视清水江，"札各处建碉、设团防保甲事件"，[②] 途经文斗、瑶光，因其为黎镇门户，遂札文举姜吉瑞、武生姜含英并各寨团首等办理北路建碉设团防保甲事件。咸丰二年，三营按照官府要求，每十户招团练一名，训一杆一炮，三营雏形初现。在三营得到官府准令初设之年（咸丰元年）到殉难之士缮入昭忠祠（光绪十二年，1886）的这三十多年间，三营出丁打仗七十余次，曾三解黎平之围，四救柳霁分县城，三援锦屏老县城之困。三营在咸同兵燹的危机中表现出非凡的骁勇善战，平定地方起义之后也继续发挥了它的作用，后改组为"县团防总局"，驻在平鳌寨。

[①] "立断卖杉木并山场契人佳池姜宗周、华周、有周、登运、文玉、廷芳、廷柄、岩保、保柳、德宗等众□，为因洪苗作歹，解粮无银使用，众等自愿将到土坐落眼知礼，上凭大岩为界，下凭奚为界，右凭岭为界，左凭冲为界，四至分明。众等将土与木出卖与姜士朝、姜士周二人名下承买为业。当日面对，议定价银五两整，共银亲手收回费用。自卖之后，恁从买主上山修理管业，其有别人栽在山内，仍系二股均分，众等山内草木尽卖，不得翻悔。今恐无凭，立此卖契，永远存照。凭中：姜佐兴。姜乐山笔。乾隆六十年五月初五日立。"契约1-4-1-015，见张应强、王宗勋主编《清水江文书》第1辑第9册，第15页。

[②] （清）姜海闻撰草，姜元卿增校《三营记》，民间抄本，锦屏县河口乡人民政府编印《河口乡志》，第513页。

纵观清水江下游苗疆一带地方，从明代中后期开始的卫所制度，至雍正年间改土归流与"开辟苗疆"，经历雍乾、乾嘉苗民起义，再经过咸同兵燹，在如此长时段内，国家的"兵"与乡野山岭中的"民"在不同历史时空、不同历史背景下不断频繁接触，无论是思州田宣慰在白岩塘沉船丧命的传说，还是三营中苗寨苗民支援清廷打击上江苗作乱的故事，都深刻揭示了这一地区地方政府与基层乡民之间的频繁互动和密切交往关系。这样的频繁互动既是国家力量在军事、政治、文化等多方面浸渗清水江下游区域社会所产生的王化效果，也是地方社会因应这种社会政治经济发展趋势而采取的适应性生存策略。清水江下游沿江地区"生苗""熟苗"的概念是一个复杂的、动态的身份标签，不仅反映了不同人群对于自身基于不同情境的认同，也是国家在这一区域建构秩序的地方性表达。

第三节　地方社会的经营与管理：底层的视角

正如前文已经论及的，清初，清水江周边地区复杂的军事部署和政治格局逐渐确立下来，地方政府与民间社会在频繁互动中增进了对彼此的了解。无论是清水江航道的疏浚，还是杉木作为重要特产物资顺流而下卷入长江水系的商贸体系，这些对清水江流域影响深远的历史事件实际上都是彼此了解程度不断加深的重要结果。区域经济发展是一个复杂的历史过程，其中夹杂着多方力量，如国家力量、市场需求、地方社会自身发展逻辑等，这些重要因素交互作用并在不同时期不同历史情境下展现出不同程度的影响权重。我们注意到在这些复杂因素的交互作用、共同影响之下，地方社会文化发生了一定程度的变迁。清水江下游作为"生苗"与"民"的交界地带，曾作为"熟苗"区在连通苗疆腹地与化内之地的过程中起到关键作用，清水江下游区域性木材贸易市场"三江"就是典型的例证。在这一特殊的过渡地带，我们在民间社会中看到国家制度的渗透、市场体系和木材交易制度的影响，同时也注意到在这一区域内活跃的人群对于外部环境变化的调适和对自身发展的追求。

一 守望相助：清水江下游村寨的区域整合

清水江下游地区的沿江村寨，多以当地习俗约束人们的行为，如村寨内对"火殃头"及拒绝为村落公共事务提供方便之人给予逐出村寨的惩罚。陈国均在《苗寨中的乡规》中认为苗族的社会秩序与其风俗密切相关，许多风俗习惯会因与团体生存密切相关而被加以维护，并慢慢形成"村规民约"。农村中人们的活动范围有限，彼此的关系大多比较直接，而且是一个熟人社会，所以他们奉行的是惯例。虽然惯例并没有成为周密的法律条文，但的确是"一种社会契约，且有实际之约的力量"，人们对此是绝对服从的。① 清水江一带的苗乡侗寨中，人们一直按照习俗治理乡村，乡村秩序井然，如青山界四十八寨就是一个"大款"。大款下分有若干小款，小款或为一个大寨子，或由几个小寨子合成。② 各小款之间主要依据地缘关系相互联系。"款"的功能主要分为对外和对内两个方面，一是抵御外侮，二是管理地方。大款带有政治性质，凡大款内的村寨，每数年集中合款一次，制定、修改或重申款规款约，处理款内重大事务。小款则多带有宗法性质，在管理地方上发挥作用，如解决民事纠纷、惩罚盗贼内奸等，同时也主持氏族集体祭祀和公共性的生产。③

随着清水江木材贸易市场各种制度的完善，沿江临近村寨逐渐参与国家制度的确立，国家力量也因而渐次渗透进来，如牌甲制在

---

① 陈国均：《苗寨中的乡规》，吴泽霖、陈国均等：《贵州苗夷社会研究》，民族出版社，2004，第144页。
② 王宗勋：《文斗：看得见历史的村寨》，贵州人民出版社，2009，第13页。
③ 王宗勋：《文斗：看得见历史的村寨》，第13页。

这一带地方的推行。"牌甲制，又称保甲制。清代的乡村基层建制。清初在恢复里甲制的同时，推行牌甲制，以加强地方治安管理。顺治初，按户编制牌甲，凡州县城乡，每十户立一牌长，设牌头（或牌长）一人，每十牌立一甲长，设甲长（或甲头）一人。每十甲立一保长，设保长（或保正）一人。每户给印信纸牌一张，谓之门牌，书写人户姓名、丁男数量，外出则注明去处，以便稽查；外地来人亦以此牌审查其来处。遇可疑之人，不许容留。牌甲之内，无事递相稽查，有事互相救助。各地客店、寺庙亦立簿给牌。摊丁入亩制度推行以后，里甲的职能削弱，保甲制的作用增强。乾隆二十二年（1757 年）详定保甲法，无论内地边寨、城市乡村、灶厂店埠、寺观棚寨、海江船艘，皆在编甲之例。"① 在清水江一带，民间文献也翔实地反映了这一过程，坊间还流传着"一家有事，拖累九家"的谚语。无论是黎平府还是镇远府，都加强了对其属地的管辖力度，牌甲制度深入到每家每户，使国家力量直接控制个人，皇权直接与个人相连。民间的乡绅和读书人都会将国家在地方上推行的制度抄录下来，如加池寨内遗留下来当时文化人抄录的《牌甲制的组织规则》② 和文斗寨内留存的光绪年间保甲的告示③。这虽是一种个人行为，但也足见在国家力量渐次进入"苗疆腹地"时，地方社会人群对此的态度和反应，似乎可以向我们昭示王化早已根植当地社会上层人士的心间。

　　牌甲制是清王朝在全国各地普遍推行的一套典章制度，但是在具体的实施过程中，地方社会并不是死板地全盘接受，国家也没有一味地强推强施，国家力量与地方习俗在交锋的那一刻总会保持一定的距离，预留出一定的缓冲空间，显示出两者柔性的一面。而正

---

① 刘秀生：《牌甲制》，何本方等主编《中国古代生活辞典》，沈阳出版社，2003，第 53 页。
② 见张应强、王宗勋主编《清水江文书》第 1 辑第 8 册，第 166 页。
③ 见张应强、王宗勋主编《清水江文书》第 3 辑第 7 册，第 121 页。

是双方都有柔性的一面，国家力量与地方习俗在共同作用于地方社会时，才会各自取长补短，相辅相成，使地方社会不断焕发出生机。

咸丰年间清王朝在地方推行的团练制度，实际上也是国家利用地方业已存在的自有组织进一步整合形成的地方新政。《三营记》中对此亦有记载。咸丰元年，府主胡林翼亲自下乡，札各处建碉、设团防保甲事件，巡至文斗、瑶光，知此为黎镇门户，回衙即札文举姜吉瑞、武生姜含英并各寨团首等办理北路建碉、设团防保甲事件，各地方遵奉力行。咸丰六年时，经过多次训练和防堵，三营之形已定，并粗具规模。贼匪屡侵，苗民自是"降者自降、逃者自逃"，然而各寨绅耆并不忍看自己的家乡和财富落入他人之手，于是大呼"岂甘束手待毙？"道光年间已有"安靖地方以保身家事"之先例，[①] 所以危急时刻，众寨依然可以齐聚某处，商议防堵事宜，"加整军器""重办粮草"，以随时应对各类突发事件。为了稳定民心，当时三营之内各村寨共同制定了营规，当贼进婆洞时，三营分扎卡 25 座，同时命令各寨"不准逃遁一人、藏匿一货"。秩序总是要靠被打破才能凸显，当时中仰寨有一个富户打算私逃，但被营众发现，众人不依，最后经过中人的极力劝解，众人才同意"开伊仓谷充公"，这样的结果既充实了营仓，又加强了营规，确实是基层地方社会治理的精妙处理。咸同苗民起义后，三营作为地方自治组织保留下来，在光绪二十年时，三营绅耆又依据地方社会需要重整营规：

谨将上、中、下三营合款规条开列于左：

盖闻团规不整，虽有守望相助之心，而约束恐懈。约束既懈，虽有和衷共济之志，而元气已伤。所以欲培元气，莫善于

---

① 张应强、王宗勋主编《清水江文书》第 1 辑第 8 册，第 205 页。

严；约束欲严，□□莫先于整团规。如我上中下三营地方，近来盗匪横行，不独团中受害，即邻近往往遭劫，总因人心涣散、团练不行故耳。于是特邀集三营绅耆人等，合齐大款，重整团规，会议禁条，使家家相劝惩，寨寨相联络，以期闾里无所容奸，而地方渐臻醇模矣。

　　一议　联团实为保卫□□见，前此先辈，创立之初，整齐约束，能彼此相顾。近来团规不整，人心涣散，固此盗匪横行，不独孤村受害，即大寨亦往往遭劫。我们大家齐心，从今大众，誓整顿器械，方是备御事体。倘遇盗匪来寨抢劫，拿获贼盗，大家自逗柴一块，定将贼身，全将火化。

　　一议　合款原期痛痒相关，我们情同共捍，唇齿相依，一家有惊，合家救之，一寨有惊，合寨救之，相交相助，毋稍躲闪，竟分畛域。自议之后，愿大众齐心，家家相扶持，寨寨相联络，并无殊于此界彼疆，则外匪闻风远遁，而地方乐业相安矣。

　　一议　地方闻盗，惊偷劫谁家，左右街邻，宜各协力相救，奋勇拿贼。万一贼势凶杀，鸣锣呐喊，大家齐心补捉。倘或视抢劫，定是与贼通同舞弊。谚云"一家有事，拖累九家"。被贼失物若干，众团坐问邻右，坐视之□偿还。如遇家贫如洗，不能赔还失主，大家禀官究罪。

　　一议　不准停留面生歹人。窃拦路打劫，明火掳抢等弊，缘近无窝家。强盗不能展翅飞来，此后凡遇面生不识之人，无论火铺人家，必问姓名来历，方准住宿一夜，不可久留。至于游食乞丐，三五成群，可怪之人，立地驱逐。如有敢犯，一经发作，大众定将窝家罚处，如此则究无容，而贼亦可息矣。

　　一议　不准聚赌博之流。始则十百，继则千万，不可限量，输者无钱偿还，势则偷盗，又其甚者，相通太过，彼此持刀斗杀，酿成人命，连累地方，为祸不少。此后不论大小子弟，各家父老劝谕，毋使聚赌顽钱，各劝正业。如此敢犯，一经发作，众款罚钱叁千叁百文。当窝家不独众声罚处，而且报官究治。

一议　不准偷田园谷菜，并杉木油树。窃我地方山多田少，谷菜固是养命之源，杉木亦属资身之宝，不知费力艰辛，而后栽植得出，此后遇偷窃贼赃而获者，大众罚钱壹千叁百文，仍将贼人声传大款，议连者逐出境外。

一议　不准放火烧山，以及放浪牛马羊。盖山靠有木，田靠有埂，园靠有菜，各勤栽种，养活身命。此后如有烧山者，大众给报口钱壹千叁百文。照烧山多少议罚。吃杉木者，每兜罚钱壹百文。至吃木菜者，仍照罚钱壹千叁百文，概归款内。

一议　婚姻宜从古礼。近来□□□甚，先辈求亲，只以请男媒为说，即得一话。不放多炮，亦不杀猪只。至于过门，不是至亲友谊不必贺赠木联，省此浪费。果是至亲友谊，宜琢料木联，方成体面。□为劝勤勉，是为厚望可也。

一议　油山费尽工苦，不许入山砍伐，以放捞为名，恣意强捡。所有放捞，定于十一月二十五日。倘敢固犯者，罚钱叁千叁百文。①

"三营"是咸同兵燹时清水江下游各村寨在原有民间组织"款"的基础上"合款"而成的，很多营规延续了之前款组织的条款。既然是"合齐大款，重整团规"，那么在这次营规出台前一定已经存在众议营规之事。从这次重整营规的内容来看，除保卫村寨安全的"合款"，促进寨寨消息相互通联外，还有其他社会生活的多重层面，如村寨内发生偷盗之事，左邻右舍、全寨上下应义务抓盗，若不相助，则视为同党；又如不准偷盗，所要保护的资产除生活必备的稻谷和蔬菜外，杉木、油树也被明显单列出来，足见杉木、油树已经成为当地人的重要财产。营规中还列出了不准留宿陌

---

① 张应强、王宗勋主编《清水江文书》第 1 辑第 8 册，第 269 页。

生人、不准赌博、不准以砍柴之名强捡山中油树。另外，营规中还明确了婚姻从简，尤其是"问话"环节，不必放炮，更不必杀猪。故此，我们看到三营已经从专门的军事团练组织逐渐转变成基层社会治理组织，在规范社会生活秩序方面起到了积极作用。

作为三营的领导者，三营的总理也介于黎平府和村寨之间，起到勾连地方政府与乡村绅耆的作用。道光二十年（1840）六月，三营中寨总理姜作开、陆吉仁、姜德相三人写信给加池寨富户，信中虽以委婉的口气要求加池寨富户出银买米以帮官府解民饥困，实则是半强迫性质的，"如富户不肯出银，准其指禀，以凭重究等语，是以特信布达"，"如不到，此显为抗官，绅团富户皆有责成"，并且强调"官府既有恩于我地方，地方之富户须要好义急公，不可吝惜，有本有利，有去有来，不似挂捐，有去无回者比"。① 以合款为基础建立起来的三营，在民国时期仍然作为地方基层社会管理组织和机构发挥作用，后改为"团防总局"，设在中营中心的平鳌寨，继续处理地方纠纷和其他一切村寨事务杂项。

这种以某几个村寨为一个整体的"款"的传统在清乾隆初年就有所体现，正如在加池寨发现的《姜氏族谱》中记载的，加池寨自古就与文斗、岩湾寨关系密切，经过清康熙、雍正两朝对苗疆地区的渐次开发，清水江下游村寨多已纳粮附籍，如加池、文斗、岩湾共完纳龙里长官司地丁粮，② 又如"三爪婆洞"的故事。在纳

---

① 张应强、王宗勋主编《清水江文书》第1辑第8册，第312页。
② "（九世祖姜甫臣）公聪慧颖达，老成谙练。当村中甲长时，上宪拨土司丁粮归府署，完纳旧例，与文斗、岩湾三寨共纳。公偕三寨父老分派各完，禀官派定。公禀府主说地方困苦，人户极少，难同两寨一共抬。府主说尔村名家什，莫非只有十家？公即回答：去未登十家，只有九家半。官面斥该民狡猾，戏侮本府，岂有半家之理？公复辨明，求官原谅。有一户存一寡妇，如何不是半家？府主息怒大笑，称奖灵敏，可谓随机应变。府主将地丁粮分作五爪当役，我寨只当半爪，文斗三爪，岩湾一爪半。廒册只载丁粮银七分二厘，折米五升，永为定例。迄今二百余年，廒册仍纳柱口姜甫臣公之名。"参见本书附录三《姜氏族谱·姜姓世纪》。

粮附籍时，也多是几个寨子相邀，这种互相邀约的形式或许正是出于村寨之间的共同利益或传统习惯，但无论如何，这样的形式让我们从一个侧面了解了这一区域内村寨之间整合的痕迹。

二　社区管理：地方社会中的公资公产

关于财产的最早观念是与获得生存资料紧密相连的，生存资料是基本的需要。[①] 财产不仅对于个人的生存和发展非常重要，对于一个社区来说，拥有一定数量的公产也是发挥其公共管理职能的基本条件。随着国家对清水江下游地区的开发，财富和财产观念慢慢渗透进来，山场所属权即地权观念的逐步确定和重新划分就从侧面说明了这一点。清水江下游地区普遍存在的各种"会"，如土地会、南岳会、钱会、路会等，都是依托地方公共事务建立起来的经济职能、社会职能并重的基层组织。这些散落在山岭聚落内的民间组织不仅在经济上支持了地方社会的公共事业发展，而且在村落秩序的维系和运转中发挥了独有的调解功能。如光绪四年的一张调解纠纷的契约云：

> 　　立将山场充公字人本寨姜大荣、姜献瑞、姜凤仪、恩瑞、光朝、庚寿等所有共山壹块，地名冉皆豆，此山界止：上凭土坎，下凭大荣叔侄之山，左凭世培之山，右凭大荣叔侄之山，四至分清。此为因争论，各山主自愿凭中将充与南岳庙管业。自充以后，各山主等不得异言。共有田坎下之壹幅，凤仪、光朝二家不得混争，俱系大荣叔侄管业。恐口无凭，立此充公字存照为据。[②]

---

① 〔美〕路易斯·亨利·摩尔根：《古代社会》，杨东莼、马雍、马巨译，商务印书馆，1977，第533页。

② 张应强、王宗勋主编《清水江文书》第1辑第5册，第421页。

在复杂的山场权属纠纷中，南岳庙作为第三方公共组织，成为化解争议双方矛盾的一个缓冲地带。清水江两岸的很多苗寨、侗寨内采用的一种"鸣神"纠纷调解机制，也是到比较灵验的庙里来"抬菩萨"。村寨中土地庙、南岳庙虽然是宗教场所，但在村民的实际生活中发挥了比单纯宗教场所更丰富的功能。以这些物质存在为依托，以"敬神"之名，"南岳会""土地会"等超越信仰、带有经济功能的社会组织建立起来，其或许与清水江下游沿江村寨以杉木的种植和采运为中心的一系列经济活动有关。

作为村寨整体出现的"众族"，即村寨整体，对于村寨内秩序的维护起到重要作用。黔东南地区素有"集体"观念，如我们今天见到的婚丧嫁娶一应大事，基本上是全寨人人参与。作为管理和维护村落秩序的"集体"，有权对违反村寨公共条款和公共道德的人进行处罚：

> 立众族人等公议同卖姜保四奈因坏伦一事，众房收到保四所遗荒田一块，地名东姬王，今卖与房内姜老永承买为业，言定价银三钱，入众应用。恁买主修理管业，倘有不清，俱在众房承当。今欲有凭，立此卖契为据。[1]

这张嘉庆十一年（1806）的卖田契约显示了众族人等共同将姜保四的祖遗荒田卖掉的事件。为何众族人可以将族内成员的私产卖掉呢？究其原因，依照卖田契所说，是姜保四"坏伦"，即破坏了村寨内的文化和社会秩序。对于破坏秩序之人进行惩罚，本身也正是秩序凸显和强调的有力手段。村寨集体正是凭借这样的治理手段，维护了村寨日常生活的有序运转，将村寨管理得井井有条。

另外，如今在清水江两岸的许多村寨，如加池、文斗、平敖

---

[1] 张应强、王宗勋主编《清水江文书》第2辑第1册，第29页。

等，都可以看见家户的堂屋内正中位置设有"天地君亲师"及祖先牌位，这在今天看来是国家"王化"和"教化"下的结果，实则也和地方自身已有风俗习惯达到了某种程度的契合。故此，我们才得以看到"儒化"在少数民族村寨内村民的各种生活层面上的体现。

小　结

贯穿黔省东南部的清水江，是黔东南苗疆腹地重要的河流之一，清水江两岸群峰叠翠，风光旖旎，清水江江水清澈，急缓有致。明清时期，这一地区逐渐被纳入王朝体系，从"化外之境"变成"王朝疆土"。在这个复杂、反复的过程中，这一区域的世居族群和国家力量的代表之间展开了一场拉锯战，地方世居族群因应国家不同时期的各种政策，因循自身社会固有的传统，"以柔克刚"，将处于边缘的家园与处于中心的王权联系起来，并依靠国家力量调整自身社会的秩序和身份认同。

诚然，将苗疆腹地与长江水系商贸网络连通起来的便是清水江水运航道网络。长江下游资本主义的发展给城市乡镇的建设和发展带来契机，城镇建设需要大量木材作为建筑材料，而清水江两岸储蓄了大量的"苗木"。优质的杉木作为"苗疆地区"一种大宗货物，通过清水江水运通道与长江水系商运网络紧密相连，其中一个重要条件就是清水江水路的通达。在长达千余里的水道疏浚过程中，地方政府与民间社会在频繁的互动中加深了对彼此的了解，也建立起如"江步"般极具特色的地方性制度，从一个侧面生动地体现了"官"与"民"在地方性重大事务上的一致性和合作共赢机制。

如果说市场的孕育过程是一个契机，那么当地世居族群如何表达自己，如何用自己的办法同中心联系起来，则更应被理解为基于当地社会实际生活的动力去建立与国家秩序的关联。在这个过程中，我们显然已经不能单纯地认为"边疆"是一个逆来顺受的"承受国家制度扩张的开放空间"，我们更应关注"地方上的人们如何运用他们的创意和能量建立自己的身份认同"，在武力"征剿"和文化传播互相交织的过程中，清水江两岸的苗乡侗寨世居族群用自己的方式"柔化"国家各种"硬性"制度，保卫着也建设着美好的家园。

无论是在与官兵、兵差的斗智斗勇中，还是在佃卖山场的经济活动中，当地居民都是以房族为单位进行各项社会活动。房族映射了传统中国社会的基本结构，而在战乱和纷争不断的清水江下游，房族在区域社会结构中的位置尤为特别。无论是对外事务，还是对内管理，村寨内都是以房族为单位，众人民主商议决定并互相监督施行。在半商业化和半农业化社会混杂的清水江下游区域，房族作为一种地方性表达，独具特色。

第二章　加池苗寨：村落发展与空间格局

　　人类一直都没有停止追问生命的意义，每一个对生命有所思考的人都会问这样一个问题："我从哪里来？"虽历经千百次的追问，然而并不是每个人都可以得到自己满意的答案，居住在加池寨的人们也不例外。每当耄耋老人闲下来的时候，他们会对自己的子孙叙述人生哲理，讲述他们的人生，在这个半山坡的小村寨中发生的各种故事。经过世代累积，故事变成传说，一个故事又演绎出另外的故事。人们讲述故事，就是在讲述历史，对于自己的村落是如何产生的，自己的祖先是何时搬来这里居住的，为什么搬来这里，他们有着自己的说法和观点。这个小村寨在人们的记忆中都经历了些什么？它的过去是什么样的，历经了怎样的过程才变成了如今的模样？人们是如何在这个"深山箐野"之地生产和生活的？村寨中除了那些不易变更的自然景观，在其中生活的人才是最有创造力、最有生命力的。村寨中笃信风水，于是风水的故事也是人们乐于谈论的，关于风水与房族兴衰息息相关的传说也非常多，这些流传于坊间的故事描述和塑造了村落的过去与现在。现在总是与过去相连，而过去也会因现在而"改变"。

第一节　村寨形成与村民生计

　　作为一个名不见经传的苗族小聚落，加池村寨的历史没有被正史记录在册，甚至连被寥寥一笔带过的资格都没有。虽然这一个小村落并没有在这一区域的历史上书写浓墨重彩的一笔，但是对于生活在这片热土上的人们来说，这个村寨及其周边地区就是他们的世界。在他们的眼中，这个地方的历史是那么丰富，在漫长的村寨历史中发生了那么多的故事，他们对于这个地方的记忆是由许许多多的人物和事件构成的，几天几夜也讲不完。

一　开寨：优先权与支配权

在清水江下游地区所见的各种民间历史文献中，关于这一带的人群来源问题众说纷纭，但其中流传较广的就是先祖初到此地时，此地为一片原始森林，"深山箐野""林深箐密"等族谱中常见的对这个地方原初样态的描述也可反映一二。在清水江流域非汉族群内广泛流行"开寨始祖崇拜"，即最早入居此地的人对这个地方自然界内所有的可用资源具有一种"优先权"和"支配权"。这种"优先权"实则是在国家力量尚未延至这一地区时产生的一种自然而然的社会秩序，其建立之初也是出于对"先来者"开发这一区域做出的努力与贡献的一种肯定和尊重。清水江下游地区的苗寨、侗寨中也流传着很多关于祖先如何逃难迁徙、开疆拓土的故事和传说，这些故事和传说经世累代被不断重复和完善之后，慢慢演变成对该地方的一种天然的话语权。

《三营记》中记载这一地区在明朝时有一银矿坡，因为出产银矿较多，人们争相渔利，"蛊害"滋多。于是，思州田宣慰统军弹压，以"行营为营、坐营为寨"，田宣慰在这里收获颇丰，但满载之船行至平鳌寨脚白岩滩时，船覆没，田宣慰当场毙命，而其余营寨兵丁流落到附近村寨中，争相开垦荒坡、田土等，专门以"栽杉耕种"为业。康熙年间，"巡抚复行安谕，又同官府羁縻"，"所以有愿归府、归县"，这件事与《黎平府志》中的记载一致。乾隆初年，清江苗扰乱，延及南孟①，三营等带人峻拒，为清军到达此地平定战事争取了时间，瑶光的姜福海护卫有功，受到朝廷表彰，"膺受南孟世袭土司"。

---

① 南孟位于瑶光—南加往清水江上游方向，居民多为苗族。

以瑶光—南加为界，以下为黎平府之管辖范围，以上则为"生苗"之地，当地人也称南加以上地方的世居民为"上江苗"或者"上头的苗族"，两地在语言和风俗上也有较大差异，当地的人一般也不愿意去那里。

加池寨作为现今黔东南境内清水江下游地区典型的苗寨之一，自然也少不了这些故事和传说。加池寨中的口述资料及相关民间文献如族谱显示这个地方的人群来源相当复杂，下面首先从清末的一份《姜氏族谱》说开去。

族谱的首篇为《姜姓世纪》，其开篇便讲述了修谱的主要目的：

> 夫姓者，生也。以此为祖宗之相生，虽传下千百世，而姓氏不改。其子孙枝派繁衍，共相联属，使知统系百代不相别也。古圣人始制婚姻，正其姓氏以重人纪。姓者，何如水之有源，故共派同流，统其祖宗之所自出。氏也，何如木之有根，而千枝万叶，别其子孙之所自分。①

家谱中后面的文字与寻常的关于华夏民族起源的叙述类似，从黄帝、炎帝开始，但和其他地方关于苗族历史起源的叙述不同，加池寨的苗族认为"我族始于少典君"，"育于姜水，故以为姓"。这一句解释了为什么他们以姜为姓。族谱中强调他们祖上在西岐发展，后又迁至山东，秦统一六国后，复回咸阳，还"立祠宇于陕西西安之地方"。而后族谱的叙述急转直下，径直到了"明灭元"，此时，族谱上才记载其祖上来到黔东南这一区域：

> 至有明灭元，扶有区夏。此时九溪十八洞蛮王作乱我族。姜

---

① 《姜氏族谱·姜姓世纪》，贵州省锦屏县河口乡加池村姜永昭藏。

公维行，从军平蛮，公骁勇才智，冒矢先锋，得授指挥之职，移镇驻潭溪司，遂家于姜家屯居焉。相传维行公三兄弟，公驻潭溪，姜公维忠驻辰溪，姜公维信驻天柱，继而繁殖人烟，各分相居于邻村为殖民地。始祖有德，公性敏，材能文学尤长，移居于婆洞地方，聘为义学之师，教化苗民，习礼攻书，甚与村民相得，因而挈家住于苗巨寨，置买田土，成家立业，迄今田园间墓，山坡荒丘，莫不依然存焉。传居数代发迹，布广人丁，未盛其时，中林司楼罗村苗民蒙氏恃众为乱，遍烧杀黎平所管之地方。

家谱记述到此，出现了九溪十八洞蛮王作乱，也有了关于潭溪司的记载，那么我们不妨看看地方志中关于此事此地的一些记载。九溪十八洞即今天的黔中、黔南之地，元至元二十年（1283），元军征服九溪十八洞后，"郡县其地"，大者设州，小者设县。[1] 加池寨至潭溪司的直线距离大概为 40 公里，但因为实际地形所限，实则行程有 60—70 公里。潭溪司，全名为"潭溪长官司"，明代时为黎平军民府下属长官司，管辖周边大约 50 个寨子，今址位于黎平县高屯乡潭溪村。族谱中记载姜维行因"平蛮"有功，而被授予"指挥之职"，驻守潭溪司，"家于姜家屯居焉"。今天姜家屯距潭溪村 4—5 里，这样的叙述似乎向我们展示了加池寨祖先在"蛮—军"这组对立关系中站在"军"这一方，并作为指挥使驻扎在潭溪长官司。"有德公"因善于文学，移居婆洞后被聘为"义学之师"，"教化苗民"，使当地的苗民懂得什么为"礼"，如何做才能达到"礼"的要求，因"甚与村民相得"而全家居住在"苗巨寨"。巨寨为今启蒙镇巨寨村，原名"苗具"，侗语称"joiv"，意为苗族人居住的寨子，全村村民多为苗族，日常生活中亦使用苗语。姜氏在巨寨居住数代后，田土累积，家业越来越大，但中林司

---

① 马大正：《中国边疆经略史》，中州古籍出版社，2000，第 210 页。

楼罗村苗民"恃众为乱"打破了"有德公"后人的安居乐业状态，他们颠沛流离，最终在加池寨落脚：

> 先祖姜大兴公，迁徙流离，逃走至清水江彼岸，各相厥攸居，遂开基起屋，坐在坡脚，名羊污，时明天顺三年也。其地陡坡陡岭，林深箐密，松杉滋植，人烟稀疏。四野田亩荒芜，道路茅塞，商旅水陆不通，风俗专尚野蛮，强悍者负固不服驯，弱者求为护符，各行改名换姓，与有势要者为宗族，婚姻从依蛮俗，同姓亦有联姻，人民不读诗书，记事立契俱用结绳割额。我族原系汉民入此地者，与苗民同井共村而居，交友结亲和睦，用夏变更于夷，依此地苗疆习俗，相沿遂以为常。至天顺八年，相其阴阳坟基，寻上半坡间，览现坐之地点，加池寨砂环水聚，四面绕抱，有情明堂，开阔大河，旺水朝堂，就开基址，立宅第而居。

这一段才真正出现了加池寨"母猪形"的开基始祖"姜大兴公"，族谱中记述"逃走至清水江彼岸"，其实不然，巨寨与加池同属清水江南岸，只是加池更靠近江边，而巨寨则远离水岸，是山岭更为密集的沿江腹地。到了加池寨之后，"各相厥攸居"，终于在坡脚一处名为"羊污"的小地方"开基起屋"。初到一个地方，选择居所的地址很重要，"污"在苗语中是"水、小溪"的意思，"攸"字与"污"字都说明了这个地方有一条小溪，而田野调查中村民们的回忆也说那里有一条小溪。从天顺三年（1459）搬至此地，到天顺八年搬到现在加池寨所在地，在羊污居住了 5 年光景。搬迁的原因这里的叙述尤为简单，基本上是从风水的角度解释了加池寨现址比"坡脚"好，因为此地"砂环水聚，四面绕抱，有情明堂，开阔大河，旺水朝堂"，山环水聚，地势又较为平坦，比起兵荒马乱时选定的坡脚"羊污"旧址实在有相对优势。

在田野调查中，村民们对于寨子为什么从坡脚搬到了半坡却有另一种说法。口述资料中非常一致的搬迁原因是家里养的鸡、鸭、鹅每天到了晚上都不回家，他们就上来找，然后看到它们在这里有食物可以吃，很留恋这里，于是就想："鸡、鸭、鹅都喜欢来这里找食吃，不愿意回到家里去，那么人来到这里应该也能找到吃的。"老人家觉得这个地方好，于是大家商量之后就都搬上来了。"刚刚来到这里的时候，这里全部都是荒坡，全部长满树子。以前的时候有湖南的人过来打工，为了混饭吃，他们就自己开田，那时候没有好的工具，就用手和锄头。开山的时候一般就是用火烧岩石，然后用冷水泼上去，岩石就会开裂，开裂之后再慢慢凿，这样做速度很慢，一年也开不了多少。以前建房子的时候都是用岩石砌基脚呢。"这是现在村落中人们对于加池寨从河边搬迁上来的记忆，人们对于树、岩石及开田的记忆尤其深刻。还有动物引导找到住所的故事，在清水江下游地区也比较常见，在这些地方，鸡、鸭、鹅等家禽代表着家，引导人类找到更加适宜生存的居所，也是人们对这些家乡的一种感知与认识。

对于搬迁的原因，还存在另一种猜测。姜大兴公刚刚搬到这里的时候，不管他们是沿河迁到此地，还是沿着山间小路迁至此地，要在这个地方生存下来，就必须确保有食物来源可以养活自己，才能得以生息繁衍。明末清初，黔省已经开始采木，木材市场已经稍具规模，沿河的树木可能已经被采伐得差不多了，于是这群人要到远离河边的半坡去寻找可以砍伐的山林，而且那时候他们需要扩大山场的面积以栽种更多的杉树，所以比"羊污"高一些的半坡成为他们的首选之地。

加池现址上名为停车场和苗语称为"嘎炯进"的地方村中人习惯称为"老寨"，而新开辟出来的如"嘎里""党他"一类的相对边缘一些的地方常被人们称为"小寨"。

二　生计：林农混合的生存实践

加池及其周边村寨，受生态环境和地形地貌所限，有着与其他区域不太相同的生计方式。正如《姜氏族谱·姜姓世纪》中所追溯的一样，此地的苗民非常重视农事，如忆起居住于姜水之时，"神农炎帝，代伏羲治天下，始教民作耒耜[1]"，"因天时相地宜，攻耕稼穑，播种百谷，而农事以兴，人民方粒食有赖焉"；等到移居洛邑时，"佐帝为农师，播种五谷，后世德之祀为后稷"。其中"稷"字尤其突出了农作物的重要作用，从禾从畟，五谷之长也。而后代又"教兆民种植，后世德之祀，以为社神"，至此，"社""稷"俱在，子民得以绵延。再至明朝，先祖逃至清水江岸边时，这一带"林深箐密，松杉滋植"，却"四野田亩荒芜"。《三营记》也显示，思州田宣慰葬身白岩滩之后，幸存营寨兵丁流落到附近村寨中，争相开垦荒坡、田土等，专门以"栽杉耕种"为业。此时，我们似乎可以看到清水江沿岸地区生计方式的一种转型和变迁，由"尚农"到"栽杉"，或者农业和林业在当时是并行不悖且同等重要的生计方式，同一直延续到清朝中后期的"林粮间作"生产方式一样。且与加池寨相距不远的平鳌寨中的一块康熙年间的古碑，也证实了此地的先来者们自称"生苗"，且"僻居山箐，田地偏窄，木山片无。历代锄坡以为活命"。[2] 而清代中后期以降，平鳌

---

① 古代的一种像犁的农具，后也指农具的统称。

② 康熙三十六年平鳌的《永远碑记》载："据平鳌寨民姜明楼、姜爱楼、姜玉卿、姜玉堂、姜龙卿等禀称：'我等生苗，僻居山箐，田地偏窄，木山片无。历代锄坡以为活命，苦之至极，情莫可伸。于康熙三十五年六月内，叨蒙天星亲临巡抚，□□□愚昧，畏惧天威，各奔山林，惶惶无路可投，默默男女悲泣。幸获鸿慈，视民如子，出示招抚，复遂苏生。俾苗不知礼法，止倚土俗刻木亲为凭，回准每年输纳烟火银六两，敢不遵依，兢兢守法，赴府交完。再恳赏批执照给苗，准勒碑立于府门，以为永远规例，诉乞台前作主，垂怜极苦，佩施格外之仁，赏照勒碑，永受沾天之泽，使顺苗得以安生，免外民不致牵害'等情到府，据此合先给示。为此示，仰平鳌寨民姜明楼等遵照，尔等既归版图，倾心向化，亦皆朝廷赤子，每年输纳火烟钱粮，务宜亲身赴府完解。每逢朔望，宣传圣谕，则孝弟日生，礼法稍知矣。今尔等愿归府辖，凡一切斗殴、婚姻、田地事件，俱令亲赴府控告，不得擅行仇杀，倘有故违者，责有所得。各宜遵府示。康熙三十六年三月十五日示　发平鳌寨晓谕　平鳌寨人□□□等，为因缺火烟粮银□□□，乾隆二十三年伺尔议勒碑以为永远定例……"参见锦屏县地方志编纂委员会编《锦屏县志（1991–2009）》下册，方志出版社，2011，第1509页。

频繁买卖杉木、种粟栽杉的活动显示了这片区域由"木山无片"到成为"杉木之乡"的历史变化过程。

姜大兴公搬迁到此地时，此地"松杉滋植"，"四野田亩荒芜"，所以他开垦荒山，修坡筑田，姜大兴之子姜拢彰公秉承父志，"殷勤攻耕，垦荒锄地，阳春倍收"，其下一辈继续"专尚农业，垦荒耕耘，丕承祖业，安守本分"。

一如我们在族谱和碑刻中所见到的叙述，加池寨及其周边地区是一个"八山一水一分田"的典型丘陵地带，对于农业的强调也正是由于粮食供给始终并非充足，所以此地葛根、小米的种植有着悠久的历史。葛根是一种根茎作物，地下茎部用水煮过就可以食用，里面的淀粉类物质可以充饥，故加池一带的人们把煮熟的葛根里面的淀粉类物质称为"米米"，这也足以说明人们曾经对其"可替代性稻米"的认知。"种粟栽杉"是契约文书中的常用语，在所见姜永昭家藏的 500 多份契约文书中，明确标识出"种粟栽杉"的有 37 份，占总的 56 份"佃字"的 66%，[①] 这就说明这一带"林粮间作"的生计模式较为普遍。

让我们暂且抛开家谱中记载的那些明清以前的家族故事的真假问题，其叙述本身也有独特的意义。在十一世祖、九世祖时及其十一世祖之前对于农事是非常强调的，粮食不足已经成为这一区域内人们的普遍焦虑。但明清以降，这一带反而建立起很多"新寨"[②]，解决粮食问题成为这些"新来的人"在此定居下来的首要任务。其中有个问题值得我们特别关注：此地的生存环境并不是最佳的，为什么会有如此之多的江西、湖南的移民到此地求生存？其恐怕与清水江下游木材贸易市场的逐渐兴起有关。社会生活是一个复杂而

---

① 本书中所有关于契约文书的统计数据来自已出版的《清水江文书》中收录的姜永昭家藏契约文书和笔者在田野调查中所得姜永昭家藏契约文书。

② 清水江沿江有很多寨子直到现在还叫"新寨"，如此大规模的重名问题也证明这些寨子是因"新建"而得名，故曰"新寨"。

有机的系统，需要很多方面的协同配合，这就是社会分工。分工通常是由经济活动方式来确定的，劳动分工直接影响到当地的社会生活。人类学界经常论及的社会变迁，如社会组织的解体、社会关系的分化等与劳动分工有密切关系。清水江木材贸易的初步繁荣及其随后沿江而上的渐次开发，使区域社会的社会分工变得复杂，由于村寨中越来越多的乡民加入以木材为中心的经济社会生活中，经济发展日益加快，这促进了社会分工，并根据林业经营的特点，出现了专业的栽手①、风水（地理）先生、木工先生、石匠等，还有湖南来的做各种小生意的人②。由此观之，这些"新来者"要么是被吸引溯河而上，要么是逃难至此，或二者兼而有之，总之，他们来到这个地方，逐渐使杉木种植变成一个专门化的职业，他们有一个身份，名为"佃户"，还有一个手艺人的称呼，即"栽手"。正是清水江木材贸易市场的兴起，使这些世居乡民逐渐意识到森林树木也可以是一种"财富"，因此，才有了姜姓后人"与邻村划分地界，插标为记，各村安享土产之利益"。③ 随着"来人"的逐渐增多，对于粮食的需求也逐渐增大，在树木长大之前的山间空隙种植粮食作物也就成为人们暂时解决粮食需求的途径，于是"种粟栽杉"成了"佃户""栽手"们的生存性策略和独有的生计方式。

第二节　房族及其空间分布

在漫长的历史进程中，坐落在清水江下游南岸半坡的一个聚落——加池，有不同的人群先后定居，人口的不断繁衍势必引起地

---

① 据当地村民讲，佃山栽杉的人没有固定的居所，这里待三五年，那里待三五年，到处栽杉。

② 今天在这一区域内仍然存在来自湖南邵阳的走村串寨专门修理缝纫机的匠人。

③ 《姜氏族谱·姜姓世纪》，贵州省锦屏县河口乡加池村姜永昭藏。

界划分和生产资料与资源的争夺。历久年湮，其中的具体过程我们
已经无从考证，但是聚落中沿用至今的地名在一定程度上给我们提
供了可以讨论的依据。为了下文讨论的方便，现将加池村的俯瞰图
（见图 2-1）和示意图（见图 2-2）列于下。

图 2-1　加池村俯瞰

一　"三大房"与"两小支"

根据 2014 年加池村村民"两委"的统计资料，加池村有
186 户共 900 多人。村寨内主要分为五个房族，其中"三大房"
是大家普遍认可的，另外两个房族人口总数较少，占全村人口
比重不大，村民们习惯上并不称这两家为"房族"，但是为了叙
述上的方便，笔者还是将它们列入房族的范围。目前加池村的
这五个房族，按照规模的大小依次为"母猪形""金盘形""六
房""老虎形""莲花形"。村寨内不同人对于几个房族来到加
池村的先后顺序有不同意见，但是一致认同"莲花形"一支和

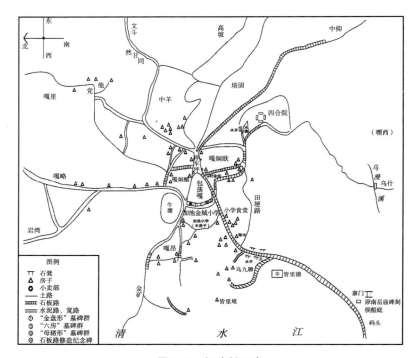

图 2-2　加池村示意

"老虎形"一支来加池比其他房族要早。现将几个房族的情况做
详细介绍。

（一）"母猪形"

"母猪形"房族名称来自其坟山被地理先生称为"母猪形"。
该坟地三面靠山，前方开阔，很像养猪的地方，故被称作"母猪
形"。这也是取母猪能生崽之象征，希望本房人口发达，子孙繁
衍，家族兴旺。"母猪形"现在是加池村户数最多的，大致的估计
是 100 多户，占村落总人口的 50% 以上。"母猪形"内部还有小的
房支，人们一般使用在世的人的名字作为代表，如"母猪形"的
分支之一为姜永昭家，另一支被人们称为"四合院"或"大瓦屋
那家"。"四合院""大瓦屋"是加池村比较出名的地标性建筑，建

造者为清末光绪年间的姜恩瑞，清水江流域木材市场中有名的实力山客之一。

在土改中，由于"四合院"一支是九兄弟分家，较为衰落，被划分为中农，现在也并没有哪一家的实力较为突出。但九兄弟中的老八曾任村干部，在村子中还有一定的威望。

清末民初，"母猪形"房族的人修过一次谱，谱上较为清晰地记载了"母猪形"这一支是如何搬迁到加池居住的。明天顺三年，"母猪形"的先祖来到加池寨居住，同当地的"苗民"一起生活，"与有势要者为宗族"。显然在这个过程中血缘不再是同属一个宗族的必要条件，联宗①已然成为宗族构成的一种重要途径。

（二）"金盘形"

"金盘形"是仅次于"母猪形"的加池村第二大房族，"金盘形"的名称来自老祖葬的那块地的形象、名字。老祖葬的地方四周都有岩石且围得特别好，像个盆子，故被称作"金盆形"。"金盘形"是土话，应该是"金盆形"。"金盘形"房族的人口大约为200人，40—60户，这些人家对于"金盘形"的认同度较高，每逢大的节日互相邀约过节，喜事、丧事也都互帮互助，走得比较近。每年的清明节尤其可以体现其房族的凝聚力，"金盘形"的祖坟比较集中，要渡河再爬上一个陡坡（北纬26°34′55″，东经108°56′47″），所以每年清明节都是所有人一起去挂青，没有哪一家是单独去的。

---

① 学界普遍认为钱杭的《血缘与地缘之间：中国历史上的联宗与联宗组织》（上海社会科学院出版社，2001）是研究中国联宗问题的第一部专著。"联宗"是一种介于血缘与地缘之间的社会行为，是中国宗族制度发展到一定阶段的产物。联宗一方面通过联结同姓人群之间共同的姓氏符号，表现出一定程度的血缘认同关系；另一方面又通过满足共同的功能和利益，反映了各同姓宗族之间相邻或相近的地缘关系。钱杭认为，联宗特别是集中于一时一地的联宗运动，对于地域社会的形成和运作，民间生活的组织、活跃、协调和平衡，发挥了重要作用。

（三）"六房"

"六房"这一支在加池村被认为非常有经济头脑，村寨中的第一匹马就是"六房"的人买的。直到现在，马匹仍然是加池村重要的生产力工具，农忙时挑谷子，建房子时挑砖挑水泥，砍木头之后搬运，全都靠马驮。"六房"的得名是因为这一支是由六个公分下来的，有"上三公"和"下三公"，在上面住的就称作"上三公"，在下面住的就称作"下三公"。"六房"的规模不大，有 15 户左右。

改革开放之后，"六房"中的人逐渐发挥"有经营头脑"的优势，占据了村落中村"两委"的重要职位，与势力较大的"母猪形"之后人"平分秋色"。

（四）"老虎形"

"老虎形"在加池村房族中是比较神秘的一支，村寨中的耄耋老人也说不清他家的来历，而且加池村中每个房族都有字辈，只要说出你的名字，大家都非常清楚你是哪一房的，然而这个通则在"老虎形"这一支中却不适用。这一支的来源非常复杂，而且村寨中的人们对他家的情况都讳莫如深，闭口不谈。这其中到底是什么缘由呢？

姜聪昭、姜鼎昭、姜固昭、姜昌昭是四兄弟。父亲姜保荣，母亲范梅香，她是从张化寨嫁过来的。祖父姜东成，祖母陆菊珍。陆菊珍是中仰人，先是嫁给了姜东成的哥哥，大家也并不知道他的名字，因为他死在了天柱，为了叙述方便，我们暂且称他为姜东胜。

姜东胜娶了陆菊珍之后，生育了一个儿子，名叫保凤。保凤娶了高增的黄兰香，生育了独子清瀚。清瀚成年后娶了平鳌的一个唤作竹珠的姑娘为妻，生了两个儿子一个女儿。后来清瀚在与塘东的一次山林纠纷引发的群体性事件中丧生，于是竹珠就嫁给了本村的唐茂枝。

"保"是"金盘形"房族的字辈，"昭"是"母猪形"房族的字辈。为什么亲父子的字辈却分属两个不同的房族？这里面的故事很复杂。

在天柱居住的姜东胜和其妻陆菊珍、其弟姜东成原本是加池寨人，后来搬迁到天柱。他们一家为什么要搬去天柱呢？听本地的村民说，他们的老祖曾经拥有燕子山，是乌漫溪过去乌什那个地方。后来因为村子里的人需要跨过乌漫溪到对岸种田管山，人们就想从燕子山上取岩石来架桥。可是这家人却死活不让，还将这件事告到了黎平县。县里来人，还是没有说通他们。村里的人都被他们这种不为集体考虑的自私性惹恼，所以大家决定桥架成后不让他们从桥上过。

桥架好后，聪昭、鼎昭老祖真的没有在桥上过，乌漫溪桥头那团山是他家的，他们就挖路盘过里面，再下溪，再上去那条街。

再后来，他们家起火了，烧了很多房子，变成"火殃头"[1]。村子里的人本来就对他们不让取石架桥这件事情有意见，此时决定惩罚他们家，不让他们在加池寨继续住下去。于是，他们举家搬往天柱居住。

但为什么后来又回到加池？原因是姜东胜在天柱犯了事，杀人了。被杀的人的房族也不放过姜东胜，于是姜东胜就死在天柱，留下其妻陆菊珍、其子姜保凤、其弟姜东成。他们在天柱那边失去了靠山，又得罪了当地的人，在天柱活不下去。正好加池寨"金盘

---

[1] 由于加池寨中多为木质结构的房屋，火灾经常发生。在黔东南一带，引起火灾的人或家庭被称为"火殃头"。加池村村民的口述和契约文书资料都显示对"火殃头"有一定的惩罚机制。一份民国年间的文书清楚地写道："不幸民父在日，于同治年间，家起火灾，焚害地方屋宇，所受罪名曰'火殃头'。按曩昔专制时代，人命无权自由，必捉'火殃头'全家大小丢入火堆烧死，民父惧之，暗挈老幼夺命，潜至柱属润洞，匿住数十载于兹。"见张应强、王宗勋主编《清水江文书》第1辑第11册，第212页。

形"房族有一个太公，名叫姜梦鳌，做一个团长，念在大家都是同一个地方的份儿上，将三人接回加池住。姜梦鳌将保凤抚养成人，他们在姜梦鳌家也帮忙做一些活路，算是帮工，苗语叫作"a^{11} ga^{11} dou^{11}"。所以姜东成的孩子就随了姜梦鳌所属的"金盘形"的"保"字辈。

20世纪80年代末，"母猪形"和"金盘形"两房为争祖坟而斗得不可开交，双方都想尽办法多拉拢一些人，于是"母猪形"房族的人派说客到姜保荣那里，说"你们也没有谱，早已不知道自己从哪里来，干脆就黏着我们好了，以后有什么事情我们就是一个房族"。于是，保荣背叛了对他们家有过救命之恩和再造之恩的"金盘形"姜梦鳌房族，投入"母猪形"的怀抱，与"金盘形"作对，争夺养蛮的墓碑。

还有的村民说，在更早的时候，姜聪昭、鼎昭他们的老祖是黏"莲花形"家的，以前很多大事，比如喜事、丧事都是两家一起办的，但是自从他们家被赶出加池搬往天柱之后，两家就不再是一个房族了。等到梦鳌救下他们家最后的三个人之后，他们为了感恩，就黏了"金盘形"。改革开放后，在争祖坟事件中，他们背叛了"金盘形"，转而投入"母猪形"的怀抱。"昭"字辈的下一代是"基"字辈，他们和真正"母猪形"的"基"字辈也并不亲近，由于和之前的"金盘形"已经闹翻，关系一度比较僵，"母猪形"房族人多势众，也不再需要他们的支持，对他们也是不理不睬。所以，现在村子上的大事小情他们转而又去黏姜清风家，过年过节也是和姜清风家走得比较亲近。

（五）"莲花形"

"莲花形"虽然现在只剩下两户人家——姜清风和姜金茂，但其祖先最先到加池居住的事实基本上得到所有加池村民的认可。姜清风是一名地理先生，村寨中的大事小情要看日子，人们大多会请姜清风来做。

姜清风回忆说自己祖上是从江西搬过来的，开始住在河边的"羊污"，当时来加池的有两支公，后来人口越来越多，非常兴盛。可是到第十二代的时候家人却吃不进东西，9个人连一个鸭脖都吃不完。这确实不是一个好兆头，当时普遍认为吃不下饭，就"发不了人"。于是，他们请来有名的地理先生来看，地理先生说他们祖坟的位置不好，需要重新安葬老祖。于是"莲花形"的族人们集中起来商议迁坟之事。将祖坟重新安置好之后，"莲花形"房族的人果然胃口都特别好，每天有12架舂兑同时舂米还不够吃，人口也增加得越来越快，但是人们只吃饭不干活，很快家里就被吃穷了，也就败落了下去。

民国时期，虽然"莲花形"一房势力已经大不如前，但人们还是尊重它首先来到加池寨的这种类似于"开寨始祖"的权力，如每年开春插秧时，要等"莲花形"一房的后代先起工，其他人家才能开工。"莲花形"一房起工的日期一般也是在春节之后，看了吉期，才开工做活路。

（六）其他小姓家庭

加池村内除了姜姓，还有杨、唐、马三个小姓。杨家原来有4户，现在基本上都已经迁出；唐姓只有一家；马姓只有2户。虽然杨姓、马姓、唐姓人口比例非常小，但是村落中人们依旧会称其为"杨家""马家""唐家"。按照常理，可以冠之以"某家"这样的称呼的必定势力较大，在这里却是一种非常态，或许我们可以理解为他们是几个不同人群出于相互尊敬，抑或只是约定俗成的一种口头表达，并没有一般层面上的延伸意义。姜姓在村寨中所占的人口比例已经高达97%，所以村寨中权力基本上是在姜姓的几个房族之间流转，从未轮到过其他小姓的人。

二　房族的空间分布

空间是社会文化现象不可或缺的基本要素，文化是基于空间这一物质性地理形势来建构"社会"的。[1] 传统的聚落社会由人及其可支配的其他物质性生产资料和生活资料构成，在这个聚落内人们根据一定的秩序（order）组织起来，安排所有的与人的生产和其他物质性生产相关的活动及日常生活。具体到加池寨而言，聚落大致包括生活在其中分属于不同房族的个体与周围的田土山场。村民们每天的生活和劳作都在家屋或者村落这样一个或小或大的空间内，空间在一定程度上限制了聚落成员的活动范围，但同时，空间具有的某种阻隔性在一定程度上形成了"内—外"这样一组二元对立，建立了"无形的分界"。

同时，布置空间等于布置"人群关系"，家屋与家屋之间的相对位置也能够清晰地向聚落内的人群展示居住于内的不同人之间的关系。聚落内除了给予活着的人一定的空间配置，对于死去的人也按照一定的原则安排另一个世界的空间秩序。世俗世界的空间布局与亡灵世界的空间布局形成两个空间体系，共同支配和影响着聚落内人们的心灵秩序和生活秩序。

由于加池寨建在半山腰，起房子又要看风水和地势，所以家户的分布情况比较复杂，但呈现的基本样态是同一房族聚集而居，[2] 亲兄弟之间更是多为比邻相居。

加池村内现有比较集中的居住区为 10 个，分别是嘎里、嘎略、党他、中羊、嘎炯酿、嘎炯欧、嘎炯进、培固、嘎昂、乌九聊。其家户与其所属房族关系如表 2-1 所示。

---

[1] 黄应贵：《导论：空间、力与社会》，黄应贵主编《空间、力与社会》，台北：中研院民族学研究所，1991，第 1—37 页。

[2] 由于村寨中房屋基本为木质，易起火，所以村寨中的人们现在重新起房子时都会考虑远离别人的房子，以减少被殃及的概率。另外，为了生活便利，一户人家搬到靠近自己稻田的地方独自居住，一户人家因发展网箱渔业搬到寨脚居住。

表 2-1　加池村小地名、家户规模与房族对应关系

序号	小地名	家户规模（约数）	所属房族
1	培固	20	"莲花形""老虎形""六房"
2	嘎炯欧	30	"母猪形""金盘形"
3	嘎炯酿	25	"金盘形"
4	嘎炯进	8	"母猪形"
5	嘎昂	15	"母猪形"
6	嘎略	10	"母猪形"
7	嘎里	5	"母猪形"
8	中羊	25	"金盘形""六房"
9	乌九聊	15	"金盘形"
10	党他	8	"母猪形"

　　加池村以停车坪为中心，位于寨中心以北的几个家户聚集区分别为嘎里、嘎炯酿、嘎略和党他、中羊；位于寨中心南面的是培固、嘎炯欧、嘎炯进；还有的位于寨中心西面，分别是嘎昂、乌九聊。按照中心与边缘的空间分布格局，"母猪形"一房占据了村寨中多数的靠近中心的居住空间，并有少数分散在远离中心的位置，这可能是因为人口发展之后原有的位置已经不够安排后代继续居住，就迁往较为开阔的边缘地带。而"金盘形"的分布更为集中，位于寨中心以西，更靠近江边的地方。"莲花形""老虎形"两个小房族居住比较接近，"六房"的家户分布也相对集中。

　　村寨中还有几户人家在码头附近居住。他们选择在远离聚落中心的水边码头居住，表面上看是为了养鱼，或者为了出行方便，但如果我们选择直接相信居民的回答，便不能看到背后的真相。在码头居住的人在河边搭起的大都是临时性住宅，有板房，还有简易的木头房子，但是姜福通家则不同，他的房子坐落在码头的凉亭寨门旁边，他儿子也在水上盖了一座漂移的房子，木质结构，一层，全部刷了清漆，看着非常漂亮。

他就是被村落排挤出来的人。据村民介绍，他家原来在寨中心附近居住，但有一次家中不慎失火，连累了村中很多人家。看着大火把自己的房屋和所有重要生活器具全部烧尽，人们要追究"火殃头"的责任。这时他并不承认自己是"火殃头"，还把责任推到旁边一个寡妇身上。逐渐的，他家受到排挤，最后借着要养蜜蜂、网箱养鱼，他家离开了原来的宅基地，在码头附近起了房子，开始了远离村寨人的生活。

三 坟山的位置

村寨中死去的人一般都葬于坟山。① 自明清开始，经历了几百年的发展，村中的坟山较多，据村民介绍大概有 16 块，其中按地理先生的说法而命名的有 8 个，剩下的几个大都按"房族中当家男性的名字+家的"规则命名。为了进一步探讨加池村的祖坟分布与房族关系，笔者将坟山的名称与房族的对应关系开列（见表 2-2）。

表 2-2 加池村的坟山名称与所属家族对应关系

序号	坟山名称	所属房族
A	"上鳖鱼形"	"母猪形"
B	"下鳖鱼形"	"母猪形"
C	"母猪形"	"母猪形"
D	"小凤形"	"金盘形"
E	"大凤形"	"六房""金盘形"
F	"江形"	"母猪形"
G	燕子山	"老虎形"
H	"金盘形"	"金盘形"
I	姜恩宽墓碑	"母猪形"

---

① 也有几座坟墓位于村寨中心一个名叫"包荡嘎"的小山包下，这个小山包上有一棵大枫树，人们夏天喜在这里乘凉。

序号	坟山名称	所属房族
J	"莲花形"	"莲花形"
K	姜梦鳌墓碑	"金盘形"
L	"老虎形"	"老虎形"
M	姜熙昭家的	"母猪形"
N	姜福通、绅武家的	"六房"
O	姜睦昭家的	"母猪形"
P	学校屋背	"母猪形""六房"

16 个坟山中，"母猪形"房族占了 8 个，可见其人口之多，这也和村中人对"母猪形"一房的叙述一致。另外，我们还要考虑到的一个问题是，并不是所有死去的人都会竖碑，村民中也有人说"莲花形"以前的坟多分布在小路两边，以前老人家去世不流行立碑，人死之后的处理方式是将其埋葬在路边，所以现在"莲花形"房族没有多少墓，但并不代表以前他家的人口数量少。

四　祖荫下：祖先的"居住"位置和格局与后代的福祸关系

祖先崇拜是存在于中国社会的普遍信仰，华如璧（Rubie S. Watson）在对华南宗族的研究中着重指出，在中国，对于崇拜祖先的人群来说，对死者的安置是与风水观念相联系的。死者的尸体不仅被认为是力量与复兴的源泉，更被认为拥有源于自然自身的力量。[1] 清水江下游地区的居民看重风水，他们相信祖宗的"在天之灵"可以"佑满房文武崛起，扶全族富贵繁昌"。这样的一种信仰和意识，实际上构建了一种连接关系，连接了现世的人与遥远的祖

---

[1]　Rubie S. Watson, "Remebering the Dead: Graves and Politics in Southeast China," in James L. Waston and Evelyn S. Rawski eds., *Death Ritual in Late Imperial and Modern China*, Taipei: SMC Publishing Inc., 1991, pp. 203-227.

先，同时也是"起源优先"原则的一种实践手段。祖先们的"先来后到"自然成为当下社会中不同人群的话语权和正当性的延续。

黔东南地区的人们大多数遵循乡村习俗，比较在意风水，在他们的观念里，祖先的"居住"位置和格局与后代的福祸密切相关。在清水江下游地区广泛流传着家族随祖坟风水好坏而兴衰的故事，人们总是倾向于将个人的成败与房族的兴衰联系到一起，使之具有因果关系。①

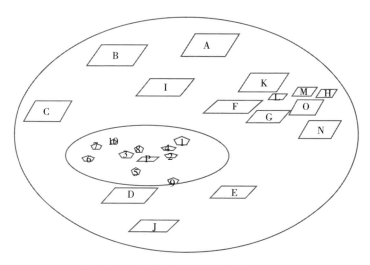

图 2-3 加池村内房族与坟山的相对位置

图 2-3 中椭圆形区域为村寨，是人们聚居的空间聚落，图中 1—10 对应表 2-1 中的小地名，表 2-1 也标识出了在此对应空间中居住的家户所属的房族，字母 A—P 为加池寨周边坟山，表 2-2 中已标出坟山与家族的对应关系。从图 2-3 中我们可以清晰地看出同一房族家屋的分布与其祖坟的分布存在某种联系，尤其是"老虎形"族的房屋（4）分布与其一处坟山（L）基本上位于同一个

---

① 如锦屏瑶光姚百万的衰落、剑河柳基分县城被攻破的故事。

方向。位于 H 处的"金盘形"坟山是"金盘形"家族先人们的集中安葬地。据"金盘形"房族的人介绍，这块坟山非常平，四周都是山，像一个底部平平的盆子，故命名为"金盘形"，后来叫着叫着就被这里的土话叫成了"金盘形"。"金盘形"像一个聚宝盆一样，将周围的天地灵气都汇聚在此地祖先们的居所内，以佑后人。"金盘形"坟山内的墓碑大都为"山"字形，样式美观、庄严，这也是和其名字相匹配的。相比之下，"母猪形" C 处，因其命名与母猪相关，母猪的肚子是软的，而"山"字形墓碑顶部是尖的，这样容易扎坏母猪的肚子，所以"母猪形"坟山内所有的墓碑顶部都是平的。由此可见，人们根据坟山的空间分布和风水，将空间的意象拟人化，使其具有一定的象征意义，并根据这样的象征意义安排了一套原则性话语来支配人们的实践活动，将人与空间这一物质性地理范围构建相关性并恰当地融为一体，形成一种地方性文化，并成为这个聚落社会的一个重要组成部分。

第三节　聚落时空：消逝的时间与物化的空间

时间会随着人群的世代繁衍而湮没了痕迹，但一旦有物质留存下来，时间也就会被"嵌入"物质所构成的现实空间中，即所谓的"时间空间化"。罗萨尔多在《伊隆戈人的猎头——一项社会与历史的研究（1883—1974）》[①] 一书中以菲律宾群岛吕宋岛北部的土著居民"猎头"这种地方性形式对地方记忆与历史形成的重要影响为例，将"时间空间化"这一概念融入民族志的书写之中。加池苗寨也一样，先人经年累月遗留下来的各种物质性建筑、碑刻、生产生活用具等，通过占据一定的物理性空间，融入现世人的

---

① 〔美〕罗纳托·罗萨尔多：《伊隆戈人的猎头——一项社会与历史的研究（1883—1974）》，张经纬、黄向春、黄瑜译，北京大学出版社，2012。

意识和具体生活之中，使现在的生活充满了过去的影子。现在村寨中遗留下来的最具代表性的先人印记便是各种碑刻、古水井、"四合院"（大瓦屋）等。

一 修路修桥碑

"桥"是将被现实空间阻断的两端连接起来的重要载体，在清水江流域水系发达、溪流遍野的传统乡村社会中，各种各样的桥连通了村寨的此处与彼处，将被自然生态环境阻隔的区域连成一个可以通达的整体。桥的这种实际功能通过影响人们的日常生活进而影响人们的观念世界。当地人们的实际生活中有形式各异、功能不同的"桥"，如房间入口处由三根木板或三条石板构成的"子孙桥"（见图2-4），婚后未能生育的夫妇一般都会架一座"子孙桥"来寄托家庭、房族繁衍子嗣的心愿。桥与当地人的生活密切相连，已经成为人们生活中不可或缺的部分。

图2-4 加池村内的"子孙桥"

对村寨内公共事务的参与程度，彰显了一个房族的整体实力，参与修桥修路的目的或许各有不同，但延续到今天，村落中的人们回忆起来还是饶有兴趣，他们诉说着自己房族曾经辉煌的历史，更将自己与那些老人家联系起来，彰显自己的荣耀和自豪，力争在村落生活空间内占据一席之地。

架桥修路对于一个地方来说是件大事，根据笔者在加池村所收集到的 11 块比较古老的碑刻，其中"母猪形"房族族人主持的架桥修路为 5 次，"金盘形"房族族人主持的有 3 次，另外"金盘形"与"母猪形"共同合作修路而留下修路碑记 2 块，"母猪形"与"六房"的人也共同主持修建道路 1 条，并刊碑勒石。为了便于讨论，笔者将碑文整理成表 2-3，以彰显不同时期各房族在村落内部空间中参与公共事务的程度，从而窥探不同时期各房族的发展情况。

表 2-3 加池村架桥修路与房族的对应关系

序号	碑文名称	刊刻时间	主要参与人	主要参与房族
1	兴隆碑记	乾隆四十九年（1784）	姜佐章夫妇	"母猪形"
2	流芳万载	嘉庆二年（1797）	姜佐章及其余 22 人	"母猪形"
3	乌漫溪石桥碑	嘉庆七年（1802）	姜廷芳、姜成凤及其余 63 人	"母猪形"
4	修路架桥还愿碑	嘉庆十一年（1806）	姜廷德夫妇	"母猪形"
5	永垂不朽	乾隆五十四年（1789）	姜士周	"金盘形"
6	功德碑记	嘉庆十一年	姜君能、姜松乔	"金盘形"
7	乌漫溪方向修路碑	道光二十九年（1849）	姜士明	"金盘形"

序号	碑文名称	刊刻时间	主要参与人	主要参与房族
8	功德碑	1998	姜锡光	"金盘形"
9	万古流芳	嘉庆十一年	姜廷芳、姜松乔、姜士周及其余34人	"母猪形"和"金盘形"
10	修路碑记	嘉庆二年	姜士周、姜廷德	"金盘形"和"母猪形"
11	功德碑记	乾隆五十一年（1786）	姜佐章、姜国儒	"母猪形"和"六房"

由表2-3可以看出，在所见的这11块具有代表性的村落碑刻中，"母猪形"房族独自修建及作为主要参与人修建的占到了总数的73%，并且"母猪形"一房和"金盘形""六房"分别合作架桥修路，可见"母猪形"房族清初时在村落中不仅经济实力雄厚，而且可以左右逢源，在"金盘形"房族和"六房"房族之间游走。其中乾隆五十一年"母猪形"房族显然与"六房"房族之人在村落公共事务中的合作稍早，但嘉庆年间"母猪形"和"金盘形"两房人在《万古流芳》（1806）和《修路碑记》（1797）中体现出的互助和合作使我们看到了村落中不同房族之间关系的微妙变化。然而，并不是所有的合作都可以友好地延续下去，此时的"母猪形"与"金盘形"两房相处甚是融洽，但到了咸同兵燹之后，两个房族的关系却急剧恶化。对此本书第四章将有所叙述。

二 古水井和"四合院"

正如图2-2所标识出的，村寨中最好的井水在"嘎炯欧"，也就是"四合院"的旁边。水井是一个传统村庄内必不可少的基础设施，人们的日常生活处处离不开水，靠近水源地的位置总是成为人们竞争的空间。

　　这口水井曾是全村人们赖以生存的重要水源，因为村寨位于半坡，所以水源的重要性尤为突出。古水井位于加池寨中心南偏东方向，泉水四季沁凉，井底有小鱼游来游去，一来美观，二来可以检测水质是否可直接供人饮用。盛夏时分，午睡过后，人们就会三五成群地聚集在井边，手中拎着饮料空瓶打水，再将水放到冰箱内，冰冻后饮用。直饮水只有这口井的水才可以，其他如自来水是不可以直接饮用的，最好烧开之后再喝。古水井旁边是一个面积不大的水塘，是"四合院"一家人建起来的，目的是防火。木质结构的住房非常容易引发火灾，并且一旦起火，火势很难控制，所以房屋周围有一个水塘最好不过，但也不是所有的人家都有条件建造一个水塘，村寨中这样的水塘还是比较少的。水塘确实保护了"四合院"免受火灾之苦，1947 年，全村着火，只有三家房子免受其害，"四合院"就因为旁边的水塘而得以幸免。所以这口古水井和"四合院"还有比较深的渊源，村民们大都相信这口古水井的神奇和"四合院"这座房子的神秘。

　　紧挨着古水井的就是加池村最出名的清代建筑——"四合院"（见图 2-5），也有村民称其为"大瓦屋"。"四合院"始建于清光绪三年（1877），为木质结构瓦屋，主楼位于后面，前面还有堂楼，两侧均有厢房。主楼三层，堂楼和厢房均为两层，四面房屋中间围有天井，天井中央铺满质地优良的青石板。二楼的左右两侧各有一条走廊将主楼、堂楼与左右厢房连通。走廊的外侧、天井外围四面分别雕有"福""禄""寿""卍"字符，字体周正，做工精细。走廊内侧窗户上雕有花鸟鱼虫图案，且每扇窗户的雕花各不相同，显示出当时木工水平之高和技艺之精。主楼的最正中一间为堂屋，堂屋布局讲究，正中位置摆放了一张象脚大圆桌，两边则各摆两个靠椅和一个高脚茶台。圆桌后面是神龛，神龛上设有"天地君亲师"牌位，牌位下面有青花瓷的烛台和香炉，风格优雅，做工考究，显示出以前主人家的家世地位。客厅两边的中柱上挂有鎏金抱柱对联。堂屋内主要的家具均十分气派，工艺精湛。象脚大圆桌直径约为 1.5 米，由两个半圆形拼接而成，虽是拼接而成，但由于做工精细，合起来竟很难看到缝隙。大圆桌的周边和四只象脚均有精美的浮雕图案。四个靠椅也是由稀有木料打磨而成，也精心雕琢了花鸟鱼虫的图形，且每只靠椅上雕刻的图案均不相同。仅这套陈设家具的制作就耗时半年，还是从宝庆府请来最好的一位姓孙的师傅日夜赶制精心打造的。堂屋是房族召开重要会议和宴请贵客的场所，所以平时吃饭并不动用象脚大圆桌。并且由于神龛是用来供奉祖先的神圣场所，这个堂屋就成了"四合院"内最重要和最神圣的空间。

图 2-5　加池村"四合院"俯瞰

关于"四合院"的建造，居住其中最年长的姜睦昭老人给笔者介绍了来龙去脉：

> 我们家原先有点家务①，但人丁不旺。经历了两代单传，到我太公姜恩瑞时，30多岁了还是见女不见男②，心里着急。就到文斗上寨脚干香请客居在那里的湖南宝庆的地理先生张炳兴来给看一看。张先生很厉害，他将太公的"八字"算后，说"不着急，有办法的"。张先生让我太公在这座房子现在的地基上"起大屋，接晚秋瓜"。于是太公花了很大的本钱起了这个房子。这房子的木料大都是从20多里外的扒洞③买来的。其中有一根运到半路被一名妇女无意中坐了一下，不能再用，只能重新买一根来。④ 中间两根中柱是紫檀木，也是从20多里外的冒哨⑤买来的。屋顶的瓦和二、三楼的楼板都是双层的，那是太公担心后人不中用特意备留的。张先生真的很灵验，这座房子建成的当年，我公姜源淋果然就出生了，所以我们家特别感谢张先生，留他在我家生活了十多年。后来先生被塘东村的一个人接过去了，又生活了几年，最后死和葬都在塘东。地理先生死了之后，我们家去挂扫了几十年，直到解放了才不去了。

正屋三层两侧前面的房间原设计为未婚女子的闺房，后面则用

---

① 当地方言，意思是家产、家族产业、家族事务、家资。
② 意思是只见生出女孩，没有男孩出生。
③ 扒洞，村寨名称，现为启蒙镇华洞村。
④ 在加池村一带，建造房屋有很多禁忌，木质房屋尤其重要的是宝梁和中柱，宝梁就是整个房屋最中间的那根木料，中柱是房屋最中间的几根最粗壮、最结实的木料。宝梁和中柱绝对不能让妇女跨过或坐过，否则用这样的木料建成的房屋住着会不吉利，对主人家不好。
⑤ 冒哨，寨名，位于现锦屏县启蒙镇。

作家中长者的卧室或存放不常用的生产生活工具的库房，整个一层的中间平时都是空置的，偶尔放土豆、谷子等通风晾晒，有红白喜事时就在这个较大空间内摆桌设宴，款待客人。

现在住在"四合院"的是5兄弟的后裔9个兄弟，但其中3个都没有当家①，现在就只有6兄弟。其中一个已于2013年夏去世。但这所房子仍是这6兄弟共有。房子有点老旧，大家都觉得它不再适合居住，所以目前只有4家还住在里面。

三　码头土地庙

在加池的码头凉亭之上，有一座小小的土地庙，土地庙两边各立有一块石碑，石碑上写明了这个土地庙的修建时间和修建者，以及修建的主要目的。土地庙信仰是黔东南一带比较普遍的一种民间信仰，人们会在节日佳期带着贡品来到土地庙边，向土地神仙说明自己的期许，希望得到神的帮助，尽快实现所愿。据当地村民说，村寨中曾经有一座比较大的土地庙，香火也很旺，但可惜在1947年的那场大火中被烧掉，至今都未有机会重建。以前土地山林产生纠纷时，人们经常求助于土地庙里面的菩萨，"抬菩萨"去"判决"，也有学者将这种民间纠纷处理方式称为"神判"。现在土地庙几乎没有了，对于土地菩萨的信仰却没有随之消失，人们依旧信奉土地公和曾经在土地庙里被供奉的各路菩萨。

土地庙作为一个人们借助菩萨的神力来实现自身愿望的场所，具有一定的神圣性，土地庙及其周边的各项组成部分形成了一个神圣空间。这样的空间也产生了一定的区隔，将权力赋予一小部分人，而这一小部分人就是为这座土地庙筹建奔波忙碌的人，他们在土地庙建成之后，自然就因参与其中并为之做出贡献而被赋予了更多的话语权。

---

① "当家"，当地方言，即"成家"的意思。

加池的土地庙名为南岳庙，建造时间为嘉庆十一年。参与其中的人主要是姜国儒、姜廷芳，从字辈来看，这两个人应为加池寨内居民，而其余的张何点、蒋胜才、杨文泰、梁有胜、蒙永和、唐才旺、朱平之则非常有可能是清水江以下从湖南、江西等地来加池附近从事木材贸易的商人。这些人在关于山场杉木的买卖中出现的频率并不是太高，数量也不多，但是他们合伙在此地建了南岳庙。依据南岳庙碑文所言，"南湿西口"这一地方交通区位优势尤为明显，为"沅州、黔阳、西会、黎镇诸山人往来要境"，但因"人稀"，所以不便请动那些"若玉皇，若如来"之类的位高权重的神仙，或许是怕人少香火没有那么旺，会怠慢了神仙，所以思来想去，还是请来"土地神"最为切实可行，最后达到"以礼敬神"的目的。南岳庙碑文全文如下：

> 昔先王以神道设教，天子祭天地，诸侯祭山川，大夫祭宗庙，士庶孝示尊神也，示秉礼也。夫神以底民命，礼以坊民情，而设祀典，具之当祀不一，若玉皇，若如来，至圣若关，道诸神靡才当祀已。以我人稀，莫若土地神，其最切者，其权小，小能寓大，其职卑，卑能招高，为一国之土宰，立于乡，为一乡之保障，如我南湿西口，虽非通衢，沅州、黔阳、西会、黎镇诸山人往来要境，先设神会一席祭祀已。历我众等咸蒙神佑，仰□天麻，缘诸工凿石，建立神祀，俾我等有求叩即灵，为一方神感应焉耳。夫神主于祭，而祭贵于诚，洽乎云礼之，用和为贵。由是推之，是敬神也，即以秉礼，即以化民，以型俗，若沅州，若黔阳，若西会，若黎镇，曾属异省人民莫不风同哉，礼让相先也。我故曰神从人敬，人赖神扶，即谓敬神，因以礼人，人即愈以敬神也，亦无不可。是为序。

我们看到的土地庙的兴建，其实是向此类"化外之地"的苗疆地方加以"教化"，这和许多此地的家谱中所描述的一样，"始祖有德，公性敏，材能文学尤长，移居于婆洞地方，聘为义学之师，教化苗民，习礼攻书，甚与村民相得，因而挈家住于苗巨寨"。与加池相距不远的文斗寨，族谱中也有类似的描述："后来吾祖迎师教学，输粮入籍，教之求婚令请媒妁，迎亲令抬乘舆，丧令致哀，必设祭奠，葬须择地，不使抛悬。蒙天深庇，得人顺从，而芥蒂之心，于是乎化。"虽然文斗寨的《姜氏老谱》这段话重心在于描述其祖先初来此地的危难处境，但实则也描述了此地汉族与非汉族相处的过程，从心存芥蒂到化解危机。从族谱中的陈述来看，尚"礼"确实起到了非常大的作用，尤其是对于婚丧嫁娶之类的人生大事，施必以礼，从而赢得了当地世居居民的信赖和接纳。

而与南岳庙碑比邻的是另一块关于土地祠之会的碑，此碑所立时间比南岳庙碑还要早七年，刊碑时间为嘉庆四年（1799）。土地祠立于"南宝溪口"，每人出银钱3钱，参与的共有8人，合成二两五钱，成立了"土地祠之会"。并且，"土地会"以神的名义约束会员，"人人务要诚心敬神，不临期有误。倘有违误，划酒菜银五钱"，连惩罚措施都非常具有当地特色，如同黔东南苗族经常挂在嘴边的"三个120"①。碑文全文如下：

> 始于嘉庆四年二月，约众多信人等立土地祠于南宝溪口。每出银叁钱，合成二两五钱之数，以为土地祠之会。人人务要诚心敬神，不临期有误。倘有违误，划酒菜银五钱，其有银水九七八色填会，每年丙季。

---

① "三个120"是黔东南地区一种普遍的民间惩罚机制，当村落中有人犯错，如偷盗等，若被发现，可用民间惯有的方式解决，即请全村寨的人吃饭，拿出120斤肉、120斤米和120斤酒，这样就可以平息全村寨人的愠火，解决此事。

对于黔东南地区这种称为"会"的民间组织，《黔记》中早有记载："市人醵银钱为会。每月籍之。团饮为乐，曰上会。妇人亦多为之。其始盖皆各省流寓之民，鲜土著者。故醵银浸以成俗，轻去其乡，随地迁异。上古淳质之世所不为也。"[1] 在黔东南凯里附近，也有苗族女性参与的类似这种"会"的民间组织，大多是大家一起聚餐性质的，类似于"打平伙"，就是大家各出一份钱，合起来一起吃一顿大餐，或者各自带些米、肉、酒等，找一个比较平坦的地方生火起灶，说笑唱歌作玩，以打发闲暇的时光。但南岳会、土地祠之会显然不属于此类，这些主要的参与人员为男性，且南岳会建立的目的和功能号称是"以礼敬神"，这显然已经超越了"打平伙"，细细想来，这可能与加池寨位于清水江下游地区这一木材贸易的重要产区和交易区有关。清水江下游地区的木材市场吸引了来自湖南、江西等地的人参与其中，而当地的这种民间组织——"会"既可以融入当地的日常生活中，又能将分散的资金集中起来，不失为一种极好的资本集聚方式，于是这种"土地会"便在漂浮在清水江碧波上的一扎扎木排上应运而生。笔者在加池寨内的契约文书中也见到一些与南岳会相关的契约文书，将在下面的章节中详细呈现。

此处要讨论的是由南岳会这一土地庙所构成的空间。综观整个村寨，在半坡的聚落中心区，布局较为紧凑，并且四周距离别的村寨都相对较远，呈现出一定的封闭性特点；但是在码头，由于清水江木材贸易越发繁荣，外界人与当地世居居民的交往也越来越多，码头这一寸土地相较于聚落中心居住区，呈现出突出的开放性。从碑刻所见的姓氏中我们可以明显看出，参与其中的本寨人数量仅占25%，还有75%是附近或者远方的人，他们很可能是因为一起经营木材生意而聚在一起，共同为地方建立一座土地庙，表面上是要

---

[1] （清）李宗昉：《黔记》，商务印书馆，1936，第5页。

"以礼敬神"，但实际上应该还有更重要的含有经济因素的某种目的。实际上，南岳庙作为供奉菩萨的场所，具有一定的神圣性，而土地会的运作似乎将神圣空间与世俗空间结合，使二者相得益彰。外面的商人在此地只能是短暂逗留，在雍正之后，这些刻在石碑上的人名已经不能再见到；但是当地人生于斯长于斯，代代香火绵延，况且南岳庙就立于加池寨内，这种物理性的存在又不会随着个体的流动和生死而发生变化，于是在接下来的几百年间，在南岳庙活动中最活跃的就是加池寨的居民，而南岳庙作为村寨中唯一的固定的神圣空间，成了村寨中处理严肃事件的重要场所，亦成为加池村寨内几大房族展现各自实力、合作与竞争的主要空间。

小　结

本章通过家谱及当地人眼中村寨历史的呈现，大致勾勒出加池村寨内现居主要村民的历史源流。明清时期，加池村落中地方房族势力的成长，与清水江下游地区木材贸易的兴起与繁盛密切相关。清水江下游地区区域性木材市场的形成与发展，改变的不仅是这里的人群构成，对于此地人群的生计方式也有重要影响，种粟栽杉逐渐成为当地最重要的生产方式和经济活动，村寨内经年累世积聚起来的一捆捆山林买卖契约文书正说明了此地木材贸易的繁荣程度。作为曾经的"苗疆腹地""化外之地"，史料中对此地的描述和记载委实有限，所以我们不能通过正史勾勒出清水江江边一个小村寨的历史，但是当地人的口述资料和家谱可以给我们呈现"地方性的""当地人眼中的"村寨历史。这样的历史未必全部真实，但是从当地人眼中来看这个他们祖先生活了几百年的聚落，也可以说呈现了"他者"眼中的历史。

对现在加池村寨内三大房与两小支（"母猪形""金盘形""六房""莲花形""老虎形"）历史情况及现状的描述，使我们对这一聚落内的人群有了基本的概念和粗略的认识。村寨中房屋的分布格局也值得我们注意。聚落内空间具有一定的封闭性，在这一封闭性空间内安排好各个房族，或者说各个房族同时在一个封闭性空间内共生共存，这是一个自然而然的过程，但是在这个过程中，隐藏着某种社会结构和系统运转的原则。兄弟"比邻而居"成为理想的居住模式，由于村寨内生活资源总量有限，这种理想的模式并不能时时达到，但是其原则终究还是万变不离其宗。除了聚族而居的情况，村寨内还有离群索居的案例，"火殃头"因受到村寨内有意无意的排挤而选择远离村寨中心，这也体现了村落中人们对于村落空间的一种分配和感知，所谓"空间的力"正展示了它的魅力。

坟山作为家族内重要的代表性表征，它的分布格局也对村落中不同房族之间的关系产生深刻影响。坟山是祖先的栖居场所，它们的风水好坏关乎房族的兴衰荣辱，人们对于风水故事的述说和在意，也正体现了人们内心对于祖先的崇拜与对于现世中的坟山重合。坟山不仅是村寨内现居居民祖先的安居之所，更与山场权属密切相关，"墓田制""以坟管山"将人的世代繁衍（时间性）压缩在一定的地理空间内（空间性），呈现了一定的"时间空间化"处理方式。财产的确认与继嗣之间的关联使坟山的重要性陡增，"祖坟之争"就是在这样一种社会结构之下发生的事件，这将在后文的叙述中详细展现。

祖先或老人家的一些传说故事毕竟是一些虚无缥缈的象征符号，但由村落中遗留下来的各种建筑物和碑文石刻等实实在在的事物所构成的物质空间则给予人们稳定的历史存在感。对修路架桥、修建庙宇等一系列村寨内公共事务的参与和贡献成为各个房族后人们争相叙述并拿来作为一种话语资源的重要凭证。当世俗事务遭遇神圣空间，会擦出怎样的火花？南岳庙给我们展示了一种区域开发背景下各类人群的聚合及交往情况，随着木材贸易兴起和繁荣，溯河而上的这批外来人参与到清水江下游村落中具体的生活场景中，这成为他们与当地世居居民建立并保持密切联系的重要手段。

消逝的时间会被空间内遗存下来的物质记录。加池寨内所有古老的碑刻、路、桥梁都承载了时间的痕迹。在加池村落这个有限的物理性空间内，人群的历史、房族的历史、区域开发的历史，都留下了印记，不同年代、不同房族的各色人群在这一固定空间内演绎出丰富多彩的故事，构成了清水江下游地方社会发展过程中色彩绚烂的一页。

第三章　房族兴衰："母猪形"一房的
结构与运作

　　人类学界一直非常关注社会组织的研究，宗族、家族作为一种较为常见的社会组织形式也备受关注。早期的宗族研究，主要集中于它的结构及功能，认为宗族建立的基础是血缘和继嗣的代代延续，并倾向于将族谱中所记述的谱系当作社会事实，深信不疑。随着对人类社会更深一步的研究，对于宗族有了更加独特的认识，学者们开始将宗族视为一种文化创造，甚至把它看作一种过程，并揭示了亲属关系只是这种创造所依赖的一种基础，是历史过程的一种表达形式。不管学界如何看待宗族，这种将社会中个体组织起来的方式真实存在，在清水江下游地区的绵绵山岭中，各村各寨中也有自己不同的表达，他们习惯将这种组织称为"房族""房"。

　　作为一种结群方式，个体之间的互相联系所构成的关系网络将分散的个体联合起来，使之具有个体力所不能及的力量。清水江下游地区在乾嘉时期木材贸易市场逐渐兴起和繁荣，沿江两岸的很多村寨逐渐参与到木材的种植与经营中。做生意是一种具有一定风险的投资行为，那么降低以及规避风险，也就成为清水江下游地区木材贸易体系参与者们所期望达到的目标，而以血缘为基础的房族天然地将一批血亲之人聚合在一起，使之聚沙成塔，积少成多，可以一起抵御风险，减少损失，在危险的市场和脆弱的个人之间建立一个缓冲地带。而后，随着这一区域内人群的聚集，人群来源越来越复杂，房族也不再囿于血缘关系，而是呈现出一种分散式扩张的情态，地缘因素慢慢变成更为重要的考虑对象。出于继承财产的需要，不同血缘的人因"共食"而产生了类似血缘的联系，从而建构起亲缘关系。

那么在清水江下游地区的加池寨内，聚落中对于房族的观念是如何形成的，什么样的人可以是一个房族的，房族作为一个社会组织和人群结群方式是如何运作的？加池寨虽然是典型的单姓村，房族却并不是单一的，那么这几个房族之间在漫长的历史中发生了怎样的故事，房族是否也经历了兴衰起落的过程呢？本章主要聚焦以上几个问题，以加池寨内"母猪形"的一支为主要对象来阐述房族的结构和运作。

第一节　家与房族：亲属制度的视角

河口乡加池村原属青山界四十八寨之一，青山界四十八寨是明清以来锦屏、黎平、剑河交界地方的一个款组织，在这个款组织的运行机制影响下，这一带普遍存在宗族组织。在同一个村寨居住的村民，根据自身的血缘关系，组成各自的亲族集团，即"房族"。户数不多的，无论多少代，皆为一个房族；人口多、房支多的房族则从"大房"中又分出"小房"，称呼也较为随意，可根据房支的祖公在其兄弟之中的排行来命名，如"大房""中房""满房""六房"，在买卖山场杉木的过程中，这些名称会不时出现。划分之后，他们之间的关系虽然疏远，但依旧保持联系，依然是"共公的"。无论大房还是小房，只要是个人或家庭受灾，或者在外受到欺负，依据事情的轻重缓急，房族会动员尽量多的成员来帮忙；遇到重大事件，则会动员全族，甚至将早已搬出寨子的人也一并召集来。

前人在研究宗族体系时认为，"机构上最重要的单位，在系统的一端是作为整体的宗族和房，在系统的另一端是家庭和户，中间的单位则是不同范围的支"。① 一般而言，家庭是社会的基本单位，构成房族的基数，房族由众多家庭和由这些家庭所构成的数个房组合而成。房是可以任意伸缩的概念，可大可小，根据层级不同、语境不同，可称之为"大房""小房"。"大"和"小"并不一定意味着家庭数量的多少和人口的规模大小，有时单单指涉层级关系。

在本书研究的区域内，血缘并不是唯一的、固定不变的、不能动摇的房族构成原则，"改姓"亦是与地方望族组成同一房族的实际情况。关于这一区域内改名换姓的现象，早有学者做过相关研究，如张应强、张银锋等，在文斗和魁胆做了细致认真的田野调查，发现在文斗有一部分龙姓改为姜姓，在魁胆有一部分小姓改为王姓。② 笔者在《姜氏族谱·姜姓世纪》也发现了类似的描述："弱者求为护符，各行改名换姓，与有势要者为宗族。"同一时期发生的这种普遍改姓问题，既是当时社会生活实际情况的一个反映，又反过来影响了地域社会的形成和运作，对民间生活的组织、协调和平衡发挥了重要作用。

一　苗人的亲属称谓

亲属称谓（kinship terminology），从摩尔根开始，就一直是民族学、人类学关心的一个重要问题。亲属关系有两种：一种由血缘产生，称为血亲，又分为直系和旁系；另一种由婚姻关系产生，称为姻亲，指姻戚关系。关于亲属的定义，《现代汉语词典》（第 7版）认为："亲属是指跟自己有血统关系或婚姻关系的人。"2020

---

① 〔美〕莫里斯·弗里德曼：《中国东南的宗族组织》，第 49 页。
② 张应强：《"弃龙就姜"——清代黔东南地区一个苗族村寨的改姓》，《历史人类学刊》第 2 卷第 2 期，2004 年 10 月；张银锋、张应强：《姓氏符号、家谱与宗族的建构逻辑——对黔东南一个侗族村寨的田野考察》，《西南民族大学学报》（人文社会科学版）2010 年第 6 期。

年版的《辞海》也将其阐述为："亲属指因婚姻、血缘和法律拟制而产生的社会关系。"词典中的定义显然与摩尔根对于亲属关系的说法一致。"称谓"就是一种称呼方式，即以自己为起点及核心，用一类符号性表达来称呼自己的亲属，根据称谓的不同来区分亲属关系的亲疏远近。加池村现居居民日常生活大部分是用苗语交流，尤其是40岁以上的人，对苗语都非常熟悉，而30岁及以下的人对很多苗语已经不太熟悉，由于教育制度和社会大环境的变化，这里的人们对说苗语、用苗语没有特别强烈的自豪感，反而更倾向于说普通话。村寨中苗语的亲属称谓也渐渐被人们遗忘在历史的角落。

　　加池村目前的亲属称谓体系混合了汉语和苗语，亲属称谓体系大致把亲属分为房族和亲戚，亲戚一般是指妻方及母亲的亲属群体，因婚姻缔结而建立联结的人群；房族指父方一脉的血亲群体，因天然的血缘传承而形成的人群。

　　表3-1显示了加池村中亲属关系的苗语称谓。村寨中现实的情况是这一套亲属称谓体系已经逐渐被遗忘。随着时代的发展，外出打工的人越来越多，小学生的课堂多用普通话，实际上并没有实现双语教学（苗语和汉语），苗语的亲属称谓对于很多30岁以下的年轻人来说已经有些陌生。个别亲属称谓，如姨妈、姨父等，村中的老人也早已忘记苗语如何发音，40岁以下的中青年对其了解也有限了。

表3-1　加池村的亲属称谓

序号	亲属	汉语称谓	苗语称谓
1	FF	祖父	公
2	FM	祖母	卧
3	MF	外祖父	嘎公
4	MM	外祖母	嘎婆
5	F	父亲	粑/嘎老
6	M	母亲	妹诶

序号	亲属	汉语称谓	苗语称谓
7	FBe	伯	嗲
8	FBeW	伯母	妹诶嗹
9	FBy	叔	嗲
10	FByW	叔妈	妹诶攸
11	FZ	姑妈	嘚
12	FZH	姑爷	姑爷
13	MB	舅父	搭脵
14	MBW	舅妈	搭脵妹诶
15	MZ	姨妈	姨妈
16	MZH	姨父	姨爹
17	H	丈夫	（用孩子的称呼来叫）
18	W	妻子	（用孩子的称呼来叫）
19	Be	兄	嗟
20	BeW	嫂	捻
21	By	弟	念诶
22	ByW	弟媳	（直呼名字）
23	Ze	姐姐	诶
24	ZeH	姐夫	嗟
25	Zy	妹	妹
26	ZyH	妹夫	（直呼名字）
27	S	儿子	搭
28	D	女儿	配
29	SS	孙子	三
30	SD	孙女	三配
31	DS	外孙	三
32	DD	外孙女	三配

（一）奶名与学名

在加池村基本上每个人都有两个名字，一个奶名，一个学名。在村寨中，奶名的使用频率明显高于学名。这种情况也表现出明显的男女区别。在村里的小学，男孩都有两个名字，一个是写在作业本上和考试用的，是学名；另一个则是奶名，平时小伙伴之间、父母称呼孩子都是用奶名。奶名与学名一样，同一辈分的人也会不约而同地有一个相同的字作为"班辈"，如现在"母猪形"房族的"基"字辈，"基"是他们姓名中间的一个字，而奶名则是"汉"字辈；"金盘形"的"之"字辈，奶名中的字辈是"海"字辈。人们的学名和奶名两套系统并行不悖，且都有字辈可循。当初进行户口登记时，一旦上了户口就很难再改，而那种将奶名登记为身份证上姓名的也没有再改，所以有时候就给外面来的人一种错乱混杂的感觉。

对于奶名和学名，村子里面很多妇女一辈子只知道某个男性同村人的奶名，从不知其学名是什么，这让笔者有点想不明白学名存在的意义。村中虽然也有族谱，各大房族也分别召集过自己的族人统一字辈，但总是有人以不喜欢、班辈名字不好听等为由拒绝使用。由于奶名和学名两套姓名体系都有班辈可循，所以"金盘形"的奶名中的"海"字辈一度代替了学名中的"之"字辈，进入政府的人口户籍登记系统。

（二）不分辈分的女性称谓

这种奶名和学名混用的困扰在女孩群体中就少了许多。村寨中女孩的名字很多都颇为相近，"梅""兰""竹""菊""桃""香""仙"等是加池村父母较为中意的字。女孩子的名字一般也是三个字，第一个字为姓氏，第二字为名字，是最有辨识度的一个字，第三个字一般是平辈的人共用的一个字。女孩的名字基本上只有一个，村寨内日常生活中所使用的称呼和在学校、外面等的区别不大，但还是有一定的区别。比如一个女孩名为姜梅锋，那么村寨中的人多会称呼她为"妹锋"，又如一个女孩叫"姜凤菊"，那么其他人多会称呼她为"妹菊"。而且"妹+名字"这种称谓方式并没有辈分的区别，对自己的平辈和晚辈都可以用这样的方式称呼。从外面嫁过来的媳妇们互相之间也是这样称呼，对自己的女儿们同样可以用这种方式称呼。但这种称谓也不一定适用于所有人，村寨中有人突破这样的命名方式，因不喜欢三个字的名字，或者将三个字的名字改为两个字，或者称呼名字中后两个字，这样的情况都有，称呼方式多样且比较随意。

对于年长的妇人，一般指奶奶辈以上，苗语中以"卧"称呼。在加池村中，有两座墓碑，其中一个是"卧勇"，据说是姜姓先祖姜养蛮之妻；还有一座为"故我"，"我"应该音同"卧"，加池村村民也都说这是一位女性老人家的坟墓。"嬢嬢"也是加池村中常用的对女性的称呼，使用比较广泛，嫁入加池的女子的其他女性亲属，高一辈的都可以用"嬢嬢"来称呼。

对于兄弟姐妹间长、次、三的顺序，一般是在称呼后面加上"嘹"，以表示平辈且比自己年纪长，是老大；"攸"表示老二；"掰"表示老三；"缳"表示老四；"贼诶"则表示老五（见表3-2）。

表 3-2　苗语中的长幼顺序称谓

	老大	老二	老三	老四	老五
称谓	"嘹" 大姑母 "嘚嘹"	"攸" 二姑母 "嘚攸"	"掰" 三姑母 "嘚掰"	"缳" 四姑母 "嘚缳"	"贼诶" 五姑母 "嘚贼诶"

另外，在加池村，人们常常以"满"字称呼家里同一辈分中排行最小的孩子，如"满嗲""满妈""满公"，房族中同一辈分最小的孩子分支下来的房支也会被人习惯称为"满房"，村中还有句谚语："长房发得快，满房做老太。"当家庭中有了孩子之后，称谓上大都也会变成以孩子的称呼指称其他亲属成员。

二　过继：男性继嗣的延续

加池寨为典型的父系社会，继嗣作为房族延续的重要前提，在乡村社会中显得尤为重要。有学者指出，在汉人社会中，家的运行机制是分家，分家表面上看是一个家庭的分裂，但事实上背后隐藏着一个非常关键的字——继。这个"继"字正是中国家庭的基本特点，而以"继"字为主轴形成的新的小的家庭成为"上以事祖先，下以继后世"的团体。[①] 要成为一个可以延续香火的下一级小家庭，则家中的男丁显示出其重要地位。一般来说，一个家庭都会有男丁出生以继承家业，延续香火。同时，族产的权益只有创置者的直系后裔才有权分享，其余旁系族人则不得问津。但也有特殊情况存在，就是"见女不见男"，村落房族中如何解决这样的问题，成为我们分析房族组织结构的重要切入点。

（一）亲、堂兄弟间男嗣的过继

过继成了村落中无男嗣家庭解决家的继承和延续问题的重要途径。过继首先会考虑亲兄弟的儿子。一家中几个亲兄弟若还没有完全分家，大家会在一起吃饭，共用一个火炉，分家之后就会分开吃饭，自己开火，不再"共食"。在分家之前，由于兄弟们共用一个火炉，所有劳动和财产都在一起，兄弟们之间关系特别亲密。下一辈人对其父亲兄弟的称呼也是一样，称为"嗲"，只是会依据其在兄弟之中的排行加上顺序，如"嗲嘹""满嗲"等。因此在亲兄弟间过继成了无男嗣家庭的首选。

"母猪形"一房中的"四合院"那家，就是几代单传，姜开科—姜凤鸣—姜恩瑞—姜源淋，连姜源淋都是因为重新根据风水选了宅地之后才结来的"晚秋瓜"，到了源淋一下子生了五个儿子，

---

① 麻国庆：《祖先祭祀及其空间"场"：以闽北樟湖镇及周围村落的田野调查为中心》，马戎、周星主编《二十一世纪：文化自觉与跨文化对话》（2），北京大学出版社，2001，第560页。

"盛"字辈，分别命名为荣、华、富、贵、昌。这一辈人在男嗣上又出现了严重的问题，老大姜盛荣娶了裕和的李氏，生了五个儿子，却没有一个长大成人的，全都夭亡了，于是就将老三的第二个儿子接过来抚养，以继承姜盛荣的小家庭，延续香火。而老四、老五两人也在男继嗣上遇阻。老四姜盛贵娶了中林大官舟杨氏之女，仅育有一女后就被抓去当兵，客死他乡，亡于四川。老五姜盛昌则在镇远师管区学兵大队服役身亡，还未成家。"母猪形"的"四合院"这一支好不容易有五个儿子，下一代就缩小为三家，这让非常重视家族人口的"母猪形"房族非常着急和焦虑。但天不遂人愿，到了下一代，轮到"昭"字辈，睦昭又无后了，睦昭娶了文斗龙氏，仅育有一女，此女还嫁到文斗龙家。睦昭于是从他的胞弟姜举昭那里接来了姜基栋抚养，以继承他这一脉的香火。

一般情况下，收养、过继等社会关系的重新确定会以契约的形式明确下来，如：

> 立送继嗣字人□□姜连生，为因加池□姜凤灵系乏嗣续□承宗祧。今我胞弟名唤天培，与其树□泉源相共，不惟昭穆相当，而且爱敬相洽，凤灵愿收胞弟天培入继为子，我愿听伊出继为嗣。自承继以后，应遵养父养母之教言，盖为子为兄常道，在我日后以及房强外人□□□□□□异言。□口无凭，立此送继嗣字以□□执，远永存照。①

这份送嗣字签于1917年，契约中将送嗣这件事情的原因、双方权责都阐述得非常清晰：姜凤灵缺少男嗣继承宗祧，天培也出自同一血脉，而且两家关系"爱敬相洽"，凤灵"愿收"天培"入继

---

① 张应强、王宗勋主编《清水江文书》第1辑第8册，第292页。

为子"，姜连生亦"愿听"天培"出继为嗣"，并写明过继之后，应该遵"养父养母"教言，做好为人子之道。虽然双方均系自愿，但还是请凭中当作见证，请了房族、外人唐姓和舅家范姓共同作为这次收养、过继事件的见证者。

"母猪形"房族另一个小支中也有类似的情况。姜春昭的曾祖父和姜远昭的曾祖父是亲兄弟，后来姜春昭的曾祖父被过继给伯父，由于是过继的，自己一个人显得格外孤单，跟原来血缘家庭走得近也是情理之中的事情。直到现在，过了三代人之后，姜春昭和姜远昭关系还特别好。两个家庭中无论是哪家来了重要客人，都会互相请去陪客，吃疱汤①时也会互相先请去吃。

（二）外姓男嗣的过继

如果自己的亲兄弟家没有合适的男嗣过继给自己，就要从外姓人中找合适的男孩。加池村中也有不少这样的例子。如姜世昌家，现在已经不清楚他当年有一个女儿还是两个女儿，但是没有儿子，后来就接得剑河培永（培牛）龙家的孩子龙忠芳来"压长"。"压长"就是家里已经有一个了，肯定还会再有一个男丁来"压"老大，也就是肯定会有男孩的意思。后来孩子改了姓名，叫姜旺基，没过多久姜世昌果然生了一个男孩，取名姜旺辉。龙忠芳（也就是姜旺基）有三个儿子两个女儿，过继改姓后他的子子孙孙都姓姜了。

还有一家是姜梦旭家，也没有儿子，娶了一个媳妇是文斗李家的，一直没有男孩。新中国成立后，他经人介绍说南加柳基有一个合适的男孩，就去接来了。孩子的爸爸是土匪，名叫龙熙之，被抓住之后枪毙正法了。龙熙之有两个儿子和一个女儿，这三个孩子全部随母亲来到加池。后来这个媳妇改嫁，嫁给寨头姜家。女儿长大

---

① 农历新年前每一家都会杀猪，杀猪之后大都会请房族、要好的村寨成员来吃疱汤，也就是民间俗称的"杀猪饭"。

后出嫁到四里塘，三个孩子中的大儿子到 1962 年回到柳基，并改回龙姓，二儿子留在加池。

三　兄弟并不平等：家的扩展和分家

家庭是社会的细胞，作为社会构成的基本单元，家庭通常指"同居共财的亲属集团或拟制的亲属团体"，而宗族（房族）则是指"分居异财又认同于某一祖先的亲属团体或拟制的亲属团体"。[①]"火炉""灶"成为分家的重要标志，"共食"还是"分食"成为一个大家庭分家与否的重要依据。

待到家中的儿子逐渐长大，一个个娶妻生子，家庭人口越来越多，一个屋檐下的矛盾往往也越来越多，庞大的家庭越来越难以管理，于是分家作为解决这些棘手问题的简便易行途径成为加池寨内很多大家长的选择。对于这一区域内生活的苗侗人群，他们的分家原则和继承传统曾被概括为：

> 苗侗族兄弟分家，过去要先给父母留出"养老田"，因长子较早参加家庭劳动，有的也给长子留出"长子田"，然后平分家产（包括山林、田地、现金、生产生活用具）。女子无财产继承权，另有平时或出嫁后由父母赠给少量的"私房田"、"私房林"或帮助积累一些"私房钱"、"私房谷"，为女子出嫁后解决部分困难。儿子分家后，父母多随未婚或幼小的儿子居住，家庭用具、父母田产亦归小儿子所有。但父母去逝后，如果后事由兄弟共同负责处理，其父母"养老田"依旧由兄弟均分，如果由小儿子一人负责，"养老田"则归小儿子一人所有。无子女老人由房族侄子赡养，死后财

---

① 〔美〕莫里斯·弗里德曼：《中国东南的宗族组织》，第49页。

产归赡养的侄子。无亲侄子者，由房族供养的，死后财产归房族。①

费孝通在谈到中国乡土社会中的财产继承问题时，认为继承是根据亲属关系传递财产的整个过程，②通过分家，年轻一代获得了原属于父亲的部分财产，并对其拥有了法律意义上的所有权和专有权。无论是对于整个房还是房族成员来说，分家都是一个非常重要的程序，在清水江下游因木材贸易兴盛有着签订契约传统的社会中，大部分的分关需要写在纸上，留下字据，"永远存照"。为了公平起见，有的家长会将分给下一代的财产分成等份，以抓阄的方式进行分派。分家是一个家庭扩大和发展的结果，在分家的过程中一家之长自然也希望自己的子孙永远发达，世代昌隆，所以一般情况下在制作"阄"的时候，会给每一个"阄"冠以一个美好的字，如"母猪形"房族的一支在分关时就制作了"荣""华""富""贵"，"母猪形"房族"四合院"一支在民国后期分关时用了"天""地""元""皇"的吉利字。抓阄后，兄弟几人各按照所抓到的第号，"分落照字，各占各管"。如下面一则契约就是加池"母猪形"的"四合院"一支民国时的分家文书：

> 立分关发达字人姜盛荣、姜盛富、姜盛贵、侄姜纯烈四人等，为因家发人多，难以技持，各人自立门户，合商议，经请亲族当凭，将祖遗田地、园坪、油山、坐屋均分。其坐地基、寨中皆松地基、屋后地基、小屋之地基及仓屋地基，当议四人所共，其余分列第号天、地、元、皇四字，分落照字，各占各管，分别列计录于后：盛荣占天字，皆从乜拜田弍丘，约谷柒

---

① 锦屏县河口乡人民政府编印《河口乡志》，第76页。
② 费孝通：《江村经济——中国农民的生活》，商务印书馆，2001，第69页。

担，污榜桥头田一丘，壹石，五污榜岭田共四丘四石半，皆余田一丘五担，皆培计叁丘式石，乙培丢荒田式丘式石，合共叁拾式石；油山党加壹块，乜丹乙块，屋背乙块，园坪仓背火炉房左一间，除父亲养膳田塘田乙丘，约谷四石，乜中田叁丘，约谷五石，皆度明禾田乙丘，拾四石，皆党生田叁丘，谷式拾担，补省田式丘，谷陆石，共该田面肆玖石。党吼、党周一概归祭祀之田，冉中田乙丘、皆豆发连田乙丘归天字号管业，其有灶房四人所共。恐后无凭，立此分关合同为据，远永存照。

外批：高迫冲头田式丘除着盛荣大哥长子约谷四担，其有田边及油山之老杉木，叔侄四人所共，将老木砍尽以后，子木各管各业，叔侄以后不得异言。此批，山场杉木四人所共。[1]

这张立于 1944 年的契约中，首先交代了要分关的几人，通过田野调查得知，姜盛荣、姜盛富、姜盛贵为姜源淋的三个儿子，姜睦昭（即姜纯烈）是姜盛华之子，盛华早逝，所以这份分关文书中不再写他的名字，使用其继承者姜睦昭的名字代之，姜睦昭亦是其独子。其实姜源淋有五个儿子，最小的儿子名叫姜盛昌，当年在镇远师管区学兵大队服役，不幸身亡，未成家，亦无子嗣，所以他的名字并没有在分关文书内。契约中表示分关原因为"家发人多，难以扶持"，所以就请来亲戚和房族等外人作证，一来为了公平起见，有外人在场时分配财产更加公允；二来"凭亲凭族"，"亲"为女方舅家，"族"为兄弟族人，这两方在个人的社会关系中属于最亲近和最重要的具有亲属关系的联结，万一将来兄弟之间闹纠纷，亲戚和房族也好解决。分家时所分之物在性质上必须可分，我

---

① 张应强、王宗勋主编《清水江文书》第 1 辑第 2 册，第 342 页。

们在这份文书中可以看到，"各立门户"的四家要分的是"田地、园坪、油山、坐屋"，并且清晰标明了所分财产的"正当性"，它们的来源是"祖遗"，分配的方式为"均分"。田产是其重要的分配对象，分关文书中对于田产也做了极其详尽的描述，将田的名称、数量和产量都一一标明，如"皆从乜拜，田式丘，约谷柒担，污榜桥头田一丘，壹石，五污榜岭田共四丘四石半，皆余田一丘五担，皆培计叁丘式石，乙培丢荒田式丘式石"，这些田的名字为苗语所称，但奈何苗语并没有相应的文字，这里的人们一般也是用汉字记苗音，用这样的形式来表述对这块田的分配和管业情况。姜盛荣是姜源淋的长子，按照此地的习俗，长子因参加劳动较早，为家庭做了更多的贡献，相应的，在分家时都会为其单独留出一份"长子田"，以示对他的感谢和尊重。此份契约在外批中将"长子田"单独分派给姜盛荣："高迫冲头田式丘"，"着盛荣大哥长子约谷四石"。分家不是一个简单的过程，也并不是一蹴而就、一劳永逸的，因为有的财产在分家时可能因其本身的一些性质并不可分，如山场杉木，杉木要成材之后才可以砍伐，若分家之时木材并不能"砍伐作贸"，就先不分，或者以"分股不分山"的形式均分给几个弟兄。姜盛荣这份分关文书中兄弟"四人所共"的除了山场杉木外，还有地基、灶房，"其坐地基寨中皆松、地基屋后、地基小屋之地基及仓屋地基当议四人所共"，"其有灶房四人所共"，另外还有专门用来供祭祀开销的祭祀之田，"党吼、党周壹概归祭祀之田"。祭祀田也称作"清明田"，是专门为了供给清明祭祖所需开支的公共田产。祭祀田一般会轮流耕种，所得谷子，租种的人和清明会五五分成。除此之外，这份契约中还特意将"父亲养膳田"单独列出，这份"养膳田"和"长子田"的产量一样，均为"四石"。分家之后，老一辈的人还要老有所依，留下一块田给自己就成为这一区域内家长的普遍做法。

除了"祖遗"财产在分关时均分给弟兄外，儿媳们也可通过承担一些义务而获得另外的继承之物。"父亲—儿子"与"母亲—儿媳"这两条并行不悖的分配和传承方式共同延续了房族的发展。现将契约抄录如下：

> 立分发达之清单合同姜盛荣、盛富、盛贵与侄纯烈等四人，情因家慈葬此，合费共用洋叁仟叁佰叁拾元。今将此数四股均分负担，每人应负洋捌佰叁拾式元伍角。该此数系媳等四人所出，今将母亲私制之田式丘，地名大捕先，界至上凭元瀚之田，下凭本名未分之共田，左凭梦海之田与大沟路为界，右凭梦海之田为界，四抵分清。今将此田付与四个媳共同管业。日后四此合清，世袭为之发达，永远为据。[1]

这份"发达之清单合同"真正的意义并不在于"分"，而在于"继"。家母过世所花销的大洋为"叁仟叁佰叁拾元"，这份钱"系媳等四人所出"，因为她们共同承担了一定的义务，所以将家母的"私制之田""付与四个媳共同管业"。这份继承之约成书于二月十九日，实际上比真正四兄弟分派家产发生的时间二月二十日还早了一天。由此可见，在分家之时一般的原则也是将债务和后事开销算清，扣除之后将所余财产作为兄弟从父母那里继承下来的财富均分给所有继承人。

一个家庭积累家资的过程并不容易，分家却是将好不容易通过几代积累所集聚的家产分成若干份，这样的化整为零的结果就是每一个小家庭的力量都显得非常薄弱。表面上看分家使一个大家庭分裂成几个小家庭，由一变多，似乎是势力增大，岂知将财富分为几份之后，也就失去了作为"富户"的优势。下面一份同治二年（1863）的分关合同就表达了分家实属无奈之举：

---

[1]　张应强、王宗勋主编《清水江文书》第1辑第2册，第340页。

　　立分关合同字人姜凤羽、凤池、凤扬、吉兆、吉祖兄弟五人，照尊司□马有同衣之厚谊，姜肱有被之醇风，俱为兄弟，率循榜样，理谊共□，岂应分炊？然食指已繁，斯飨食难。理有树大者分枝，流长者□远。兄弟遵先祖遗命，荡□微赀，所有住屋、猪、牛以及什物器用等项，今凭房族面同□搭五股均分。长兄凤羽分占房屋老□间，又分占横屋内边右房一圈，一个□桱。凤池分占外老房半间，又占横屋内左边房圈一个。凤扬、吉兆、吉祖三人分占正屋楼上，又占横屋外边房圈三个。日后吉兆、吉祖之亲事不俱银钱、酒米、油盐，俱是兄弟五人共□，不得异言。自分之后，不得越墙起□，敬遵分关，用此年言，聊为警戒，永远存照□□。①

　　　　　　凭族：姜兆祥，血叔：姜开渭，王向离先生

　　姜凤羽（奶名吉明）、凤池（奶名吉光）、凤扬（奶名吉星）、吉兆（奶名吉照）、吉祖的父亲为姜开聪，姜开聪是姜之连之子，姜之连又名兰生，为姜佐才之子。兄弟五人本应该同衣同食，"岂应分炊"？奈何"食指已繁，斯飨食难"，人口增长之后，吃饭都成了问题。虽然分家是无奈之举，但树大分枝也是常理。或许因为家资并不丰厚，同属"母猪形"房族的这一支并没有像"四合院"一支那样采用"天地元皇"或者"荣华富贵"等第号，而是将所有兄弟所分得的家产列于同一张契纸上。兄弟五人所分的重要家产为房屋。由分关合同内容猜测，吉兆、吉祖二人在分家时还未成家，所以在分家产时明确了这兄弟二人亲事所需银钱、酒米、油盐都须兄弟五人共同分担，这也是相对公平的一种做法。这份五兄弟分关合同请来的凭中有三人，分别是同族姜兆祥、血叔姜开渭和王向离先生。由于材料所限，我们并不知晓这位王向离先生为何许人

──────────

① 张应强、王宗勋主编《清水江文书》第 1 辑第 10 册，第 185 页。

也，但是结合这一带多以经营木材为生，再联系王姓，不难想象此先生或许与三江主家或木材客商有关，或许为木材贸易的合伙人、生意伙伴，并且他被称为"先生"，应是一位有一定文化、有一定社会地位的绅士。五兄弟还请了堂叔姜大荣来执笔写就分关合同，众多的民间文献都一致地反映了姜大荣在地方事务中的积极活动，如《三营记》中就记载他功勋卓著，另外，姜大荣还参与了多场诉讼，也算是这一带有威望的人物之一。作为堂叔，在地方还具有一定的威望和影响力，这样的人来执笔分关合同也算是对分家的一种富有约束力和权威的见证。

加池寨内势力能够与"母猪形"房族相较量的也只有"金盘形"一族了，从村落中遗留下来的碑刻等物质性痕迹可以看出，乾嘉年间，"母猪形"的姜廷芳、姜廷德，"金盘形"的姜士周、姜松乔等人在村落及村际事务中举足轻重，在架桥修路及其他社会生活中占据一定地位。[①]"金盘形"房族的势力一直较强，尤其是在咸同兵燹之后，这在光绪年间姜显国、姜显韬、姜显贵三人的分关合同中可以窥见一二：

> 立发达分关字人姜母范氏所生三子，长男显国，次男显韬，三男显贵。为母自愿将祖父遗下房屋、地基、田园、仓廒、仓基、油山三股均派三子均分。自分之后，照于分关，各管各业，日后不许翻悔异言，愿我子各自努力，远发家资，篡裘克沼，俾使代代富如石崇，世世寿如彭祖，合□亲族。三股分所立分关三纸，亲付吾子，各执一纸，后代子孙永远发达存照。
>
> 三男显贵分占之业开列于后：

---

① 如乾隆五十六年，《文斗婚俗改革碑（一）》中，姜佐章（属"母猪形"房族）与姜士周（属"金盘形"房族）作为村寨的首人，其名字刻于石碑之上。参见锦屏县河口乡人民政府编印《河口乡志》，第72—73页。

占上排房屋显韬、显贵二人所共房屋地基五间，上抵凤来屋基，下显国屋，左抵凤来屋基，右抵显邦地坪门口，坪子在内，下三排地基乙块，上抵显国作干屋，下抵兄弟所共荒塘，左抵恩瑞荒坪，右抵甲兴屋。日后造屋一崇所余地基三人所共；占仓廒三人共式间半，显国占中，显韬占右，显贵占左，日后折旧仓，另起新仓，仓基照三股三间均分；竹园一块，显国占中，显韬占左，显贵占右，日后起仓，三间均分；占登鳌乜单田大小六丘，大笔从依多田大小五丘，冉善田三丘，污池溪边田一丘，谷垢田下二间，污依赖田一丘，培古田二丘，冉理党田一丘，迫南田二丘，皆党兴田中排三丘，皆理得路边田二丘，冉牛冲田四丘；占菜园皆故晚上一块，冉农常林屋脚园一块，从冉箕庙背后左边园一节；占油山补先一块，登鳌油山一块，从同由油山一块，党州油山一块，其有地基一块，上抵怀吉地基，下抵凤来地基，左抵发恩屋，右抵大阶，三人所共；迫南菜园一块三人共，皆党他粪坪三人共，其有余田党州报诘一田□丘，冉牛田二丘，皆敢田二丘，富皆松田一丘，余田十丘三人共，所余油山冉诘一块，皆左二块，皆绞一块，从伊多沟坎上一块，党加一块，所余六块三人共。

其有祖父遗下山场杉木三人共，祖父之业若有阴地三人共。

显韬、显贵二人起造下排房屋，将报从洋外边岭老杉木发卖三人共，除银四十两整与二人起造，显国一切不管，所余银多少三股均分，其有荒田荒坪，上下左右各自照田界管业，所有皆礼得依多田一丘约谷七石，议价银二十二两八钱，显贵出此田价银公用，此田显贵私占。

凭亲舅公范本秀，凭族侄作智；代笔杨恩荣

光绪拾□年拾壹□□□

　　光绪式拾十月十八日卖包□洋杉山，兄弟共，除银四十两与贵、韬收领起造清白。贵笔批。此银贵收二十两；韬收二十两。

　　光绪式拾年，三人所共地基乙块拨与显贵起屋，在发恩相连。

　　光绪式拾陆年，三人所共余田大小拾丘与迫南菜园一块补显国污什大田迁地，葬母之处三人共，所余两头之田，显国各占，二、三弟无股。国笔批。①

　　这份分关文书的特点非常突出，一份文书中记录了至少四个时间发生的与分家密切相关的事件，由此可见，分家并不是一蹴而就的，反而是一个持续的过程。姜显国、姜显韬、姜显贵是三兄弟，分家事务由母亲主持，不难推测或许当时三兄弟的父亲已经过世，所以由其母亲范氏将祖父遗留下来的"房屋、地基、田园、仓廒、仓基、油山"均分为三股，所分财产源自祖父，或许三兄弟的父亲是独子。从这份分关合同中，我们能够看出三兄弟中最小的儿子姜显贵所分得的房屋、仓廒、田、菜园和油山，除此之外还有未分的三兄弟所共之项："迫南菜园一块三人共，皆党他粪坪三人共，其有余田党州报诰一田□丘，冉牛田二丘，皆敢田二丘，富皆松田一丘，余田十丘三人共，所余油山冉诰一块，皆左二块，皆绞一块，从伊多沟坎上一块，党加一块，所余六块三人共。其有祖父遗下山场杉木三人共，祖父之业若有阴地三人共。"除了这些，在分派房屋之时也标明了房屋与地基并不是一致的，分得的房屋并不是连地基一起分配，"日后造屋一崇所余地基三人所共"，这与清水江下游普遍施行的山场所有权形式是一致的。也就是说，清水江下游地区独特的地权概念分为"上层之皮"与"下层之骨"，土地的

----

① 此契约系笔者于田野调查期间在姜啸海家拍摄，由笔者根据照片整理而成。

"上层之皮"可以转让或者租佃给其他人，但"下层之骨"始终属于其土主，外人无权买入。正如康熙四十三年（1704）时中仰寨写与文斗寨的一份"投贴"中所述的那样，"如肯出力勤俭挖掘者，得吃上层之皮土。倘蒙霸占之心，天神鉴察"。无论是租还是佃，此地方的地权之"骨"是最核心也是最重要的权利，一般情况下是不许外人随意取得的。此次三兄弟分关，同样也是请来"亲"和"族"共同作为凭中，"亲舅公范本秀"和"族侄作智"，范本秀为岩湾寨人，曾因在咸同兵燹时功勋卓著被授予"八品军功"，实为地方精英。① 此次分关还请来外姓杨氏恩荣作为代笔，也正是利用了"旁观者清"这样一种逻辑。这份分关合同签订的时间由于骑缝并不能分辨清楚，但是大致时间是光绪十几年。有趣的是，这份分关合同在之后的十来年内又分别写上了跟此次分关有关的其他重要事件。如在光绪二十年的金秋十月，兄弟三人把"报从洋"外边岭老杉木发卖了，二弟显韬、三弟显贵按照几年前的约定各分得银 20 两，可用于起造房屋。在将 20 两银子分别付给两个弟弟之后，大哥显国就撒开了责任。40 两之外，"所余银多少三股均分"。同年，三弟显贵起屋，拨付兄弟三人所共地基使用。又过了 6 年，母亲也去世了，母亲所葬之处还是三兄弟共，未均分。阴地在清水江下游地区人群的观念中非常重要，阴地是祖先们的安身之所，共享阴地，代表共同享有祖先遗留下来的一切，此一地方流传着"宁舍阳地，不舍阴地"的说法，也证明了阴地在当地人心中的重要位置。阴地实际上是一种可用的资源，亦是一种文化资源，是源自祖先的一种权利，在协调村落

---

① 笔者于 2014 年下半年在岩湾寨进行田野调查时拍摄了范本秀的八品军功执照。其全文如下："执照：府正堂多为给照事　照得本府督办黎郡防剿，兹查得府属范本秀奋勇出力，应即详请给予八品军功顶戴以昭激劝，合先发给执照，为此仰该军功遵照。即便承领准尔先行顶戴，俟军需凯撒另换功牌颁发，只领恤至执照者　右照给八品军功范本秀　收执咸丰七年三月十七日　给　府多。"

内和村落间的有关延续和继替的过程中都起着不可替代的作用。加池寨分阴地契约如图 3-1 所示。

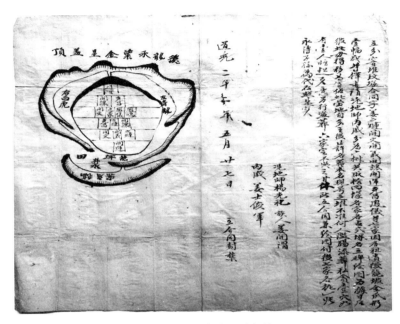

图 3-1　加池寨分阴地契约

从上述材料和叙述中我们依稀可见两条继承家产的线索——男性继嗣（儿子）和女性继嗣（儿媳）。黔东南地区陪嫁山、陪嫁田这样一种婚姻习俗所形成的私人财产形式，似乎将性别烙印在山林和田土上，男性继嗣将房族中男性的遗产分派，女性继嗣则将自己婆婆的私产均分，当然前提都是给老人养老送终。但这样一条线索似乎向我们展现了房族内部男女之间地位平等的意涵。当然大多数情况下，母亲的陪嫁山、陪嫁田也会在女儿出嫁时用作陪嫁，若是"还娘头"的婚配，这样的山、田也就隔代又回到了母方舅家。但并不是所有事实上发生的财产转移和析分都会按照人们设想的理想方式进行，如姜盛荣、盛华、盛富、盛贵四人之媳妇将其母私置田产二丘继承下来共同管业，就将一个家庭的财产分成了两个部分。当然这两部分并不平均，而且严格按照性别进行了区分，这明显和清水江上游地区母女之间将银饰作为嫁妆，实际上也是将家庭财产的一部分分给女性，在社会运行的内在逻辑脉络上是一致的。

第二节　房族的运作：以"母猪形"一房为例

综观以往学界对于宗族的研究，很多学者将宗族视为古老制度的残余与延续。近年来华南学派聚焦于珠江三角洲地区、具有历史人类学旨趣的研究却提出了不同的观点。刘志伟认为珠江三角洲的宗族是在明清时期兴起和发展出来的新制度。科大卫通过对珠江三角洲，主要是佛山地区的调查与研究，讨论了宗族是明清社会变迁过程中的一种文化创造；他还指出，中国商业制度史绝对是宗族制度史的延续，在商业相对发达的沿海地区，家族作为有实力的集资机构，利用祭祀和其他礼仪活动来实践控制家族所占有的实际资产。在我们想象中的西南，经济欠发达，这虽然是普遍情况，但清水江下游地区因地区性木材贸易市场的兴盛繁荣展现出"另一种西南"，该地区也普遍存在历史学、社会学、人类学学界所热衷讨论的宗族、家族，但在这里，它有了新的名称——"房族"。房族作为一种社会组织，自然也有它在社会运转中所扮演的角色、发挥的功能。

在清水江下游地区木材贸易市场小有名气的村寨中，文斗似乎"拔得头筹"。文斗下寨"三老家"在家庭的管理上，实行家长领导的民主会议制，凡有关家庭发展前程的重大事务，均由三个"主政"者开民主会议商议对策，会议由三家代表中的年长者负责召集，三"家"必须同时在场，不能由个人独断专行。买卖杉木、经营山场，都是由三个家庭组成的三个小房各自派代表同时出现在买卖的现场，所有决定和契约的签订必须三家代表同时在场，不能各行其是。所以，在文斗的契约文书中，经常可以看到姜映祥、映辉、映魁弟兄三人，映辉、映祥、绍吕兄弟伯侄三人，或者绍吕、绍略、钟英兄弟叔侄三人名字一起出现。三家作为一个整体共同出现在各种家庭经济事务中，若一家的家长过世，就由其儿子代替父亲的位置，无论谁缺席，三家的构成原则都保持不变。和其他许多地方一样，文斗下寨"三老家"中每个成年的家庭成员都有具体的分工，并结合每个人的专长，人人均不空闲。这一地域内由于地形所限，农田数量并不多，又因木材需求持续不断，所以经营活动以林业为主，农忙时节外，全体成员都将主要精力放在经营和管理杉木山场上。"三老家"名下有很多块杉木山场，距离村寨较远的多佃给别寨的人栽种，距离较近的多自己栽种管业。现存的文斗下寨"三老家"的很多契约都显示了"三老家"的家族成员与他人共同佃种自家山场的情况。

相较于文斗下寨的"三老家"，文斗上寨的"三大房"在经营、管理房族事务上分工更加细致，家里成员分工明确，家政由房族内德高望重者主持，此人必须精于管理之道，并且资产丰盈。在"三大房"内谁管理家族财务，谁管理山林，谁经营木材，谁耕种田地，由"三大房"主政者根据家庭成员的能力和特长爱好确定。在房族经济管理过程中，一般设有三类坐簿：山林田土坐簿、经济收支坐簿、田谷收成坐簿。山林田土坐簿主要登记山林和田土的买卖租佃及收益分成情况，也有将所有山场杉木买卖租佃的契约按照不同山场分类抄白，一来便于统筹管理，二来契约是珍贵的家产，是管业的唯一纸质凭证，随意示人和翻动会影响其安全性也不利于完好保存；经济收支坐簿主要登记现金的收入和支出，还包括别人来借钱粮的情况；田谷收成坐簿主要登记每年所收获的谷子和田租收入情况。"三大房"人口鼎盛时一家有 120 多人，对于这样一个大的房族，也需要有独特的管理之道，方能使一家之内的成员各显其能，相互之间和谐相处。

文斗上、下寨的"三大房"和"三老家"在经营山场的过程中，整个房族同心协力，家族实力不断发展壮大。"三大房"与"三老家"都是由男性家庭成员作为主要领导者，而且作为居住在半坡的寨子，两个房族也以经营山林为主业。在同一区域相距不过十里水路的南路寨，民国后期出现了一位较有影响力的女性房族领导者，名叫杨晚芝。杨氏亲自管理家庭财务，于每年正月初召开家庭会议，公布上年的收支情况，根据上年每个人对家庭的贡献将结余当众发给各子媳，并安排新一年的重要事务。

加池寨与文斗上、下寨及南路寨相距不远，在共同的大背景下面对的外部环境极其相似，因此也形成了类似于文斗"三大房""三老家"及南路李家这样的规模较大的房族。社会生活的内容极其复杂多样，某个房族在一个村落中立足、壮大并成为代表整个村寨的中坚力量，其过程必然也不是一帆风顺的，曲折反复也在情理之中。下文将聚焦加池寨内"母猪形"房族的活动轨迹，结合加池寨内"母猪形"房族后人的家藏文书和笔者的田野调查，试图勾勒出这一房族在以经营木材贸易为主的经济生活方式背景下是如何成长和运作的。

一　管理山林：契约中的房族

黔东南地区盛产杉木，人工种植杉木的技术早已非常成熟，但木植的栽种和成长需要一个过程，相对于农业社会中一年两季甚至三季的农作物来说，杉木的生长周期确实很长，一般需要 18—25 年，这是卖相普通的木材，若要更好、更粗壮的木材，所需要的时间还要更多。在这么长的周期内记录所经营的山场，就要用到各种契约与簿据。在清水江下游地区的文斗、加池寨内，很多势力较大的房族在经营管理山场杉木过程中都会有专门记录山场买卖与杉木砍伐的山场簿据、山场清册。加池寨"母猪形"一房就留下来许多簿据,笔者所见到并收录于《清水江文书》第3辑的有《山场总簿》《山场簿据》《清单合同总簿》《佐兴、之毫、之谨、开让祖公买山场总簿》《开让、沛清、沛仁、献义公买山场总簿》。这些具有账簿功能的册子记录了"母猪形"姜佐兴一支六代人的山场经营情况(见图3-2)。

图3-2 加池村姜佐兴房族家藏契约

首先要介绍的是"母猪形"姜佐兴这一支的六代人在山场经营和管理中表现较为突出的人的情况。诚如在清单坐簿命名方式中显示出来的,对这一房支贡献较大的分别是姜佐兴、之毫、之谨、开让、沛清、沛仁、献义、元贞。为了表述方便,现将他们的代际关系开列于下(见表3-3)。

表3-3 加池寨姜佐兴房支历代山场经营者概况

代际	学名	别名	生卒年	其他
+6	姜佐兴		未知	
+5	姜之毫	恩贤	1779—1844	授五品蓝翎职
	姜之谨		1782—1809	
+4	姜开让	天保	1809—1851	

代际	学名	别名	生卒年	其他
+3	姜沛清		1831—1868	清例赠承务郎
	姜沛仁		未知	
+2	姜献义		1865—1920	前清例赠登仕郎
+1	姜元贞	姜静	1892—1934	
0	姜坤荣		未知	

根据加池村目前所见契约文书，"母猪形"姜佐兴这一支的契约文书中买主的姓名以上述 7 代人居多。笔者在田野调查中得知，姜佐兴的父亲为姜甫臣（又写作姜辅臣）。姜甫臣在兄弟中排行第三，《姜氏族谱·姜姓世纪》中对他的个人事迹有详细记载。由于材料缺失，并不知道姜甫臣的生卒年，但是根据契约文书和家谱中记载的关于姜甫臣的个人生活轨迹，可以推测出他生于康熙末年或者乾隆初年。乾隆二十三年（1758）十月间，龙里司管辖境内加池寨甫臣与甫材、起奉、彩臣、明宇一起就"抗租殴打、劫抢拾物"一事将中仰寨陆良海等人告上司衙。① 据报单所呈，事情的大致经过是这样的：乾隆二十三年十月初一日，甫臣与甫材、起奉、彩臣、明宇五人去中仰寨租种加池寨的油山中收取租金，突然遭到中仰寨陆良海率领一干人等团团围住，"乱打行凶"，五人身体遭受不同程度的损伤。陆良海等人殴打加池寨五人还不够，还将姜五

---

① "具报单龙里司属家池寨民甫臣、甫材、起奉、彩臣、明宇等报，为抗租殴打、劫抢拾物事。情因民等历代以来各有山场界至，或种茶山，或栽杉木，或经地路，各管各业，各种各境，并无别人争持。无奈中仰寨陆良海等越界强种民等山场，蓄栽茶油树，民等屡年向山收租，毫无议论。突于本年十月初一日，民等往山收□，倏遭中仰寨陆良海统领通寨多人围民等在地，乱打行凶，现有形伤可据，并劫抢秧兰、口袋、帽檐等项，尽抢一空。似此不法之人，将来后患无底矣。只得报明塘爷塘前恳祈，转报以便行止。记开：口袋十个，帽檐三个，秧兰伍石。"见张应强、王宗勋主编《清水江文书》第 1 辑第 4 册，第 287 页。

人随身带的秧兰、口袋、帽檐尽数抢去。且不论这件事情孰是孰非，单从甫臣具诉这件事情上，我们便可以明显看出甫臣的"老成谙练"。《姜氏族谱·姜姓世纪》中也记载了一件至今被加池村村民喜闻乐道的趣事。当时甫臣任村中甲长，上宪拨土司丁粮归府署，按照惯例，加池与文斗、岩湾三个寨子共同缴纳丁粮。甫臣和三寨父老分派丁粮，完毕后向土司禀告。甫臣向府主诉说地方困苦，人户极少，"难同两寨一共"。此时，府主笑着说：你们村子的名字为"家什"，莫非只有十家么？甫臣公立即回答：去年还没到十家，只有九家半。府主当下震怒，斥责说：该民教化，戏侮本府，岂有半家之理？甫臣公马上分辩道：有一户中仅剩下一个寡妇了，怎么不是半家？顿时，府主转怒为笑，称赞甫臣灵敏，随机应变。这件事情的结局很美好，府主听了甫臣的述说，将地丁粮分作五爪当役，加池寨只当半爪，文斗寨三爪，岩湾寨一爪半，也就是说加池寨在这三个寨子所承担的全部丁粮徭役中只需要承担10%，这可谓甫臣的功劳。就算一家之内有这么厉害能干者支撑，也难免烦事缠身。乾隆十四年（1749），姜甫明（又写作姜辅明、姜辅名）就因为开垦田丘和同寨的两兄弟姜包蔼、姜俨蔼发生口角，最后赔了对方4两银子了事：

> 立和约人嘉石寨姜包蔼、姜俨蔼、姜辅名，为开垦田丘，二比争论，以致口角参伤。因请本寨姜云飞、姜天长，复请文堵寨六房姜永凤、中房姜元德、姜文科，上房张老晚，下房姜永和等，于中理论，凭中号定将岩头埋起为记。号记之内任从辅名开垦管业，号记以外不许辅名乱开。倘日后辅名之田有崩裂下去俨蔼之田者，不拘多少，在辅名捡撮中人从公处断。辅名四两之银与包蔼、俨蔼弟兄，自今以后，一了百了。如有那头复蹈前辙，再行混争者，任从纸上一干有名乡老人等送官惩治。今恐人信难凭，立此和约，各

付一纸为据，和约是实。①

因加池寨长期与文斗、岩湾关系密切，共同承担丁粮和夫役等公共事务，三个寨子早已形成联盟，于是这件事情在请寨中人商议不下之后，就请来了文斗"六房"姜永凤、"中房"姜元德和姜文科、"上房"张老晚、"下房"姜永和等来当凭中。凭中商议以埋岩的方式划定一个范围，范围之内任凭甫明开垦管业，范围之外就不允许他乱占了。甫明愿出四两银子给姜包蔼、俨蔼两兄弟，此举或许可以说明甫明是在开垦、扩扎田土，以4两之银买下了更多的田土，这一纸和约恰好也正式确立了他对于自己开垦出来的田丘的所有权。

有了这样聪敏贤德的先祖奠定房族的基础，那么后代发达指日可待。甫臣的三个儿子佐章、佐才、佐兴在四里八乡都算是有头有脸的人物，乾隆四十五年（1780），姜佐章被龙里司委任为乡约。乾隆五十六年孟冬，青山界四十八寨商议改革婚俗，十甲之首人共同商议，姜佐章就是加池寨派出的四个代表之一。嘉庆十一年（1806），四十八寨再议婚俗改革，此时姜佐兴接替佐章，成为加池寨唯一代表，名字被刊刻于石碑上。嘉庆十六年大修龙里司文昌阁时，姜佐兴为九品，捐银50两4钱，在整个碑上有名的100多位捐银者中，捐银数量仅次于生员范维彪的50两8钱。在加池村目前所存的很多修路架桥的碑文中，佐兴、佐章的名字经常出现，如嘉庆七年架乌漫溪石桥时，佐兴出银5钱2分；目前在加池小学内的一块刊刻于嘉庆十一年八月的记载扩宽道路之碑显示，姜佐兴捐银4钱1分，位列第三。

除了频繁出现在这些地方公共事务中，姜佐兴也为了家族经营山场杉木殚精竭虑，四处奔波。根据《佐兴、之毫、之谨、开让

---

① 张应强、王宗勋主编《清水江文书》第1辑第8册，第175页。

祖公买山场总簿》(见图3-3)所记录的,佐兴参与的交易有62次之多,占整个总簿交易次数的55.36%,可以说是为整个房族的山场经营打下了半壁江山。其中签订于乾隆年间的契约有9份,嘉庆年间的有48份,道光年间的有5份。姜佐兴购买的山场多在本寨、文斗、岩湾、塘东、韶霭、扒洞,这些成了姜佐兴这一支后裔的祖业范围,也成为其后续的六代人主要管理的山场。

图3-3 《佐兴、之毫、之谨、开让祖公买山场总簿》

下面以一块具体的山场——土名"尾包"为例,简要说明姜佐兴这一房支经营山场的过程。

《佐兴、之毫、之谨、开让祖公买山场总簿》关于尾包的记载有4处,[①] 而在姜佐兴这一支的家藏文书中则有相关记录13条

① 嘉庆十一年(1806),佐兴买岩湾寨范老什尾包,此山分为十股,买范老什所占一股。嘉庆十六年(1811),佐兴买岩湾寨范老占尾包,分为五股,买范老占所占一股。道光十七年(1837),买岩湾寨范绍粹尾包,分为十股,买范绍粹所占一股。民国8年(1919)十一月十九日,文斗寨姜周智弟兄与加池寨姜献义、姜凤翎、姜源淋、姜梦麟、姜永清等,共山尾包大山一块,二十大股,周智、献义占十七股,十七股又分为二十四股,周智十三股,献义十一股,余三大股源淋占一股半,余一股半分为二股,梦麟占一股,凤翎、永清共占一股。

（详见本书附录一）。在这 17 个关于"尾包"的山场记载中，"尾包 3"与"尾包 4"可能为一条，"尾包 3"来自姜佐兴一支现存契约文书，而"尾包 4"来自《佐兴、之毫、之谨、开让祖公买山场总簿》，但两者对于尾包山场的股数描述并不一致。其中"尾包 3"将尾包山场分为二十股，范绍粹将自己买德魁之一股与所分落之一股全部卖与姜之毫与开让叔侄。此外契约中还有外批，"此山分为五大股，又分为贰十小股"。按照黔东南杉木种植区的惯例，一般佃种地主山场的分成比例为地主占三股、栽手占二股，这种六四分成的契约占到九成以上。所以笔者推测此山分为五大股也是地主占三股、栽手占二股。后面一句"又分为贰十小股"，很大程度上应该是将地主的三大股又分为二十小股，再结合后面的几份分银清单，则可推断此山土股又分为二十。到民国时期，"股"被"两"取代，只是单位变化，实质上还是将地主之股分为二十等份。

从这 17 个尾包山场相关的记录来看，从 1806 年至 1947 年的 141 年间，此山场大约被砍伐 5 次，间隔时间分别是 31 年、22 年、29 年、29 年、30 年，这也符合杉木的实际生长周期。这包含了姜佐兴一支中六代人的苦心经营。嘉庆年间，+6 代姜佐兴于 1806 年买岩湾寨范老什所占的尾包山场 20% 的股份，又于 1811 年买岩湾寨范老占所占尾包山场 20% 的股份，在 1837 年 +5 代姜之毫、姜开让买岩湾寨范绍粹尾包山场之前，这一轮的栽种杉木可能已经砍伐作贸，只是没有留下记录而已。

第二次的栽种从 1837 年前后开始，于是 +5 代姜之毫、姜开让又买范绍粹所占尾包山场 10% 的股份，在 1859 年时砍伐作贸，这一年的贸易如何分银我们也无从知晓。尾包山场第三轮的栽植就较为清晰了。1859 年，姜福元、开运、开化、贵生四人将尾包山场佃种，当时尾包山场的主人是姜开义、沛清、凤仪、恩瑞众等，姜福元、开运、开化、贵生四人种粟栽杉，言定五年成林，成林之后五股均分，照例还是地主三股、栽手二股，这正如"尾包5"契约所言。咸丰末年，正值兵荒马乱之际，"尾包6"契约中姜福元、开运、开化、贵生四人分别将各自的一部分财产抵押给山主，这些作抵的财产有栽手股、地主股、水田等。契约中规定，"若不成林者，四人作抵之项任凭开义等管业，四人不得异言"。如此看来，咸丰末年佃栽他人山场还需要实实在在的作抵之物，这或许是经历了乾隆、嘉庆、道光三朝的稳定发展之后，清水江下游木材种植与经营制度日益完善，各个环节的竞争也日趋激烈。从"尾包7"来看，姜福元、开运、开化、贵生四人确实按照佃字，使尾包山场的杉树在五年之内成林了。1869年，姜贵生、玉连、平松叔侄、丁卯弟兄将上述姜福元、开运、开化、贵生四人的二大股栽手股一概出卖。栽手股的买主是山主，也就是地主，沛仁叔侄买乙股，余乙股分为四小股，遇昌、大明、凤飞、凤文四人每人买一小股。10年过去，签订契约的人有的变了，有的没变，但是从股数的分派来看，贵生占栽手股的25%未变，玉连、平松叔侄、丁卯弟兄应该是姜福元、开运、开化的后人，他们每一家都占到栽手股的25%。次年，凤飞将他所占的尾包山场10%的地主股和12.5%的栽手股悉数卖与长生、和生弟兄三人（详见"尾包8"）。到了光绪十四年（1888），尾包山场的土、栽可能经过了复杂的买和卖之后，在砍伐作贸之前，要将山场的股份清一清，"尾包9"就是这样一份山场股份清单。主导这次清查尾包山场股份的是格翁寨的范之伟和加池寨的姜大明。最后通过各种买卖契约的验对，格翁寨的范之伟占10%，凤仪叔侄占15%，盛义叔侄占37.5%，凤飞占7.5%，凤冠占7.5%，凤文占7.5%，凤来占7.5%（买凤岐之股），大明占7.5%。这就是尾包山场的第三轮杉树的种植与砍伐。

目前并未发现第四轮时的佃栽契约，但是见到了几份快到砍伐作贸时买卖股份的契约，这非常有意义。和第三轮耕植留下来的股份分派一样，到了1917年第四轮砍伐时，此尾包山场分作二十股，股份各自所占比例依旧如"尾包9"。"尾包10"中，范之伟所占的10%的股份传到了范如玺手上，凤仪叔侄所占的15%的股份到了元林手上。这个"元林"在汉字写法上虽然不同，但实际上就是姜源淋。盛义叔侄37.5%的股份传到了献义手上，姜大明、凤飞、凤冠、凤文、凤来各占的7.5%的股份也分别传给了下一代。来发与根发不知道是这五家哪家的后人，但是他们所占的7.5%的股份转手卖给了姜元贞。又过了1个月，也就是7月，如"尾包11"所载，献义又将恩光兄弟所占尾包山场的7.5%中的三分之一，也就是2.5%收入囊中，此时再加上献义之前就占有的37.5%，其所占尾包山场的股份已经达到40%。经过山场股份的重新分派，尾包山场卖与本寨姜纯义、送长等砍伐下河作贸，所有尾包山场的股东们又来清分山场股份了。

"尾包12"中记载尾包山场在第五轮砍伐时总共卖得银两162两8钱8分，除了栽手、马姓所占之股和聚餐花销外，"母猪形"一房共结余银两78两5钱6分，占到山场总值的48%。这样看来，在这轮耕植中，山场的栽手股份并没有被"母猪形"一房的人悉数收入囊中，他们所分的股份还是土股，并且不是土股的全部，"母猪形"一房占有尾包山场总土股的83.3%，其中还有3.34两山，也就是土股的16.7%被马姓买去。尾包山场按照土、栽比六四分成来看，土股在这一轮的杉木砍伐中应分的银两为97两2钱。为了更加清晰地表示这次杉木砍伐之后各个家庭、个人所得毛利，特列表3-4如下。

综上，虽然栽手股份不被掌握在加池寨"母猪形"一房人的手中，但其所得78.56两银子还是占到除合食费用之外的157两中的50%，其在附近村寨山场中的经营实力可见一斑。

表 3-4 山场分清单股份明细

单位:两,%

土股股东		所占山场两数	所占山场比例	银两数	合食之费	总计
土股	"母猪形"一房	姜献义	8	40	37.68	3.528	97.728
		范如玺	2	10	9.42		
		姜梦熊	1.5	7.5	7.06		
		姜源淋	1.5	7.5	7.06		
		姜元贞	1.5	7.5	7.06		
		姜秉魁	1.66	8.3	7.85		
		姜恩光	0.5	2.5	2.35		
		马姓	3.34	16.7	15.72		
栽手股					62.8	2.352	65.152
合计					157	5.88	162.88

在经营山场的过程中没有一帆风顺的,尾包山场卖了如此多的银两,就会有人看着眼红,文斗寨姜周智以"此山股数未分清白"为由来争山。在卖掉尾包山场之后的 10 月 27 日,文斗寨姜周智,加池寨姜凤林、献义、源淋、梦麟(又写作梦鳞)、永清就再一次来析分土股。这次土股股份合同清单显示的结果是,姜周智占 78%,姜献义占 7%,源淋占 7.5%,梦麟占 3.75%,凤林、永清占 3.75%。可是不知为何,这份土股股份清单又在 1919 年 11 月 19 日重新析分,这次分得的结果是,姜周智占 46.04617%,姜献义占 38.9583%,源淋占 3.75%,其余人占比未变。清水江下游地区山林买卖频繁,且股数析分较为混乱,如一块山场可分为土股和栽手股,双方五五分成或者六四分成,土股和栽手股又可各自再分,但基数以土股为一个完整体,并不涉及栽手股的情况,如土股单独分了几股之后,还可以再分,这样分上三四次也是非常正常的事情。一般的山林买卖在交易时要以老契为凭,老契上会写明此山的土股是怎样一层层分的,分了多少股,卖方本人占了多少股份。

这样的股份分配方法经常导致纠纷和混争，诉讼案件也特别多。不知道后面是如何处理尾包山场的，但按照黔东南的习俗，应该是找凭中、中人来调解，双方各让一步，达成和解。文斗寨姜周智和加池寨姜献义虽然在尾包山场股份占有一事上还存在分歧，但是因为山场已经砍伐，银钱也已经分到各个股东手中（见"尾包12"），而且姜献义所在的"母猪形"一房在民国初年势力不可小觑，所以，很有可能姜周智对于山场所占股份之事隐忍退让了。

在尾包山场的第五轮耕植中，由于第四次的土股股份已经非常分散，所以我们从"尾包15"和"尾包16"中可以看到姜献义的次子姜元贞和三子姜元瀚尽力将别人所占的尾包山场股份买到自己手中。如"尾包15"中，姜元瀚将姜永道所占的1.5两，元魁所占的1.5两，及有成、松成所占的0.334两买过来。通过"尾包16"我们可以知晓姜献义的长子姜元英早年将自己所占的尾包山场的土股0.9375两和元秀私买恩光之股0.5两，共1.4375两卖给了姜纯礼，1928年10月姜元贞又用银将其大哥姜元秀卖给姜纯礼的土股买回来自己管业。又过了20年，尾包山场在1947年再一次砍伐作贸，此时，姜元贞已经不是这次交易的主导者，但是他的独子姜坤荣成了尾包山场最大的土股股东，占了5.0625两，相当于土股的25.3%；姜源淋所占的7.5%也没有变，由他的儿子们姜盛荣等承袭；格翁寨的范家这次派出的得力后人为范得泽，所占土股10%也照旧；马姓所占的土股股份较第四轮耕植中有所提高，由16.7%增长到26%，可见有后来者居上的势头；梦麟所占的股份由锡禄接管，还扩大了一倍，由原来的3.75%扩大到7.5%。姜献义生有四个儿子，即姜元英、姜元贞、姜元瀚、姜元灿，出现在"尾包17"中的姜坤荣是姜元贞的儿子，姜坤伦是姜元灿的儿子，这样姜献义分下去的四个家庭所占的股份都可以在下一辈人的契约中看到痕迹。

尾包山场的五次栽种与砍伐情况如上所述，我们看到了"母猪形"一房的六代人在这一块较大山场中的苦心经营。在这个过程中，岩湾寨所占的土股为格翁寨的人拥有，到了民国初年，此山场土股由范姓、姜姓两大姓氏占有的情况被打破，马姓也参与到木材的经营中来，成为比格翁寨范姓占据股份还多的另一方重要的力量。在尾包山场的经营管理中，我们也看到由于子孙众多，山场股份被一分再分之后，所占比例越来越小的情况，以及股份外流的情形，尤其是+2代姜献义，在土股中占据了37.5%，实则成为控制尾包山场的实力首人。而+1代姜元秀的卖山行为，导致了在1947年的分银清单中，元秀及元秀的后代并没有出现在其上。对于一座山场的土股而言，一旦分派比例形成，其格局并不会轻易改变，如尾包山场二大股分为二十小股，二十小股中范姓占二股，"四合院"一支占三股，余下十五股由姜佐兴的子孙占据七股半，姜大明下面的恩光"五老家"占七股半。以后所有的小股再细分都是在这样一个分派基础上进行的，这样的分配格局至少维持了三轮砍伐，约100年。参与尾包山场种植与经营的"母猪形"房族有两小支，分别是姜佐兴一支和"四合院"一支，我们并没有看到这两支之间互相竞争的激烈情形，反而看到了两家各守各业，互相扶持，合力保护自身权益，防止外姓范氏、马姓侵犯自身权益。

1. 以坟管山：阴地与山场权属

在上一节中，笔者通过加池寨内的分关文书呈现了家族所占有的阴地如何分配和传承。阴地作为家庭财产的一个重要组成部分，不仅仅是安葬祖先的场所，还具有多种象征意义。"墓田制""以坟管山"历来是清水江流域普遍存在的一种山林管理制度，由于清水江流域开发较晚，且对山林权属的确立是一个漫长而复杂的过程，其中也上演了各个不同人群之间的合作与斗争。对于在此地域内居住的人群来说，有了坟山就确立了在此区域内的合法居住权，包括对于村寨资源的占有和使用权。阴地的获得往往成为人们定居某地最重要也是难度最大的一个步骤。在一个相对封闭的村落中，各种资源都是有限的，已经居住在内的人天然地排斥新人入住，以保护自己的既得利益，但是现实的情况是其并不能全部如愿以偿，下面一张文斗寨所存道光十六年（1836）的契约就显示了保护行为失利后的一种补救措施：

> 湖南元洲大腾敞，又搬至文斗之山。吴正明叔侄、凤学等先年居住井东，为因命运不幸，于道光十六年五月初一日母亲亡故，无处安埋，于音堆山并未讨过山主姜述圣、绍吕、大集、载渭、通戴、陆通、龙通理等。山主查知，请中理斥。我吴正明叔侄等实属强葬，未报山主。央中再三苦求，蒙山主念在已葬，自愿登门，亲笔立此强葬悔错甘伏字与山主，只许我吴姓葬此这一棺，日后不许强蛮再葬，又不得借故争论山场。今凭中哀求，山主之地左右上下四周连坟在内，只许五尺宽之土。余坟茔之外，恁凭山主招别客挖抉栽种，我吴姓子孙不敢妄为多事，以坟争论。日后倘人心不古，如有外加另葬等情，山主执此字送官，我吴姓自愿起扦搬往别处，亦不得借别情所害山主。今欲有凭，立此悔错强葬坟茔甘伏字为据。①

湖南元洲吴姓叔侄搬迁至文斗寨界内，居住在井东，道光十一年母亲亡故，在未经山主允许的情况下就将母亲葬在了姜述圣、绍吕、大集、载渭、通戴、陆通、龙通理等的音堆山中。山主得知后，请中理诉，吴姓叔侄自知理亏，就上门"悔错"。中国传统文化一向强调"死者为大"，既然已经入土，再挖出来双方都会感到难堪，于是折中的处理办法就是写一张"悔错甘伏

---

① 张应强、王宗勋主编《清水江文书》第1辑第13册，第7页。

字"。在这张字据中，吴姓叔侄一再强调自己的错误缘于"并未讨过山主""未报山主"，而文斗寨姜姓之山主担心的则是吴姓之人"借故争论山场"，吴姓叔侄也保证"吴姓子孙不敢妄为多事，以坟争论"。可以借"坟山"（阴地）之故争论山场，正从侧面说明了坟山（阴地）和山场权属之间的紧密联系。"墓田制""以坟管山"这样的制度正是建立在"祖先的权利"这一传统观念之上的，这也是黔东南这一区域内人们理解山场与人的关系的独特方式，祖先与土地之间的关系自然而然地通过代际传承延续给此祖先的子子孙孙，而且这种传承是非常正统和合法的，是所有人不得不承认的因继承而得到的权利。

清水江下游地区各种原因的迁移与定居事件颇多，是否在村寨内定居与能否分享村寨内公共资源密切相关。下面一块刊立于嘉庆二十三年（1818）位于丁达村中的判词碑向我们展示了对于移居出寨的人们所存共享村寨内公共资源的年限区间：

> 盖闻自景泰元年所居对江村以来，代有数拾余户。蒙先祖业，实有公山公土，东至叩向界欧家山、塘，南至叩朗界，西至地须，北至京映冲，宽□显达。不意有□□、□□弟兄迁居亮司拾有余年，是当地方公项起见。不料伯等翁心不遂，（居）反转来采点阴地数穴，并卖地稠吴宏义。讵料我众得知，当即登阻。业经控告中林司一案，叩蒙司官公断，语云：□向出采公山，将银两地土阴阳同退与各原主，日后如有异居者，限走十五年内皆有股分。若是异地居住，无论土主家户，拾伍年外，地方公山公土阴阳毫无系分。以□判决立息，刊碑为记，后代若再滋事，永远立念。①

---

① 锦屏县启蒙镇志编纂委员会编印《启蒙镇志》，第 872 页。

此碑中显示□□、□□弟兄迁居亮司已经十余年，后两人回丁达村中采了几处阴地，并转手卖给了地稠村的吴姓，于是丁达村中的首人就带头将其诉至中林司，司官下达了判词，规定"异居者"在离开原居地 15 年之内，公山公土皆有股份，"若是异地居住，无论土主家户，拾伍年外，地方公山公土阴阳毫无系分"。15 年作为一个时间节点，也是村寨内享有公共权利的有效年限。在此判词中，我们看到阴地、居住权和公共资源共享权的一个相互关系的情态，迁移出去的人 15 年之后就丧失了在村寨中的一些权利，尤其是公山公土阴阳地；而移居至此的人也不易获得此地的居住权，如这一带中广为流传的"半棺之葬"的说法，意思是外面来的人若死在此地，装有尸体的棺材只能入土一半，因为去世的人并不享有此地的地权，但又因确实死在此地，无法入土为安，此地之人也不至于狠心看到外地人抛尸荒野，所以折中采取了允许外地人"半棺之葬"的做法。

清水江流域开发时间较晚，在乾嘉时期发生这样的纠纷实属正常，但是由于清水江下游区域以木材的种植与经营为主要的生计方式，山场对于这一地区的人们非常重要，是人们赖以生存的生产资料，又因为山林权属与阴地之间如此紧密的关系，所以关于阴地之争的契约文书较为多见。发生在民国初年的一次由偷葬引发的诉讼或许可以给我们提供更多的线索：

> 为盗葬抗理，借坟诈搕，业不由主，愿请查验传讯判决事。缘民曾祖姜开让公于道光十年（1830）价买本寨众纲公山壹所，地名从故让，契据朗存。载明四至，历代管业无异。殊曾祖买得此山之时即于山内点取阴地一穴，立有窨堆碑记，逐年挂扫。至光绪廿年（1894）冬月内被移居住天柱属之姜化礼、化龙由彼处引地师来看祖坟，即连夜迁伊母骸偷葬民老窨堆穴场内。奈该山隔寨尚远，系属深山大岳，至次年乙未

（1895）春清明时，民父献义往彼挂扫窨堆，见有被人偷葬新坟，四处密查，始知确是姜东成祖父化礼弟兄连夜偷葬情形。当经上、下两营团甲姜超、姜世龙、姜盛广、范境湖、陆鉴堂、范如贤、姜贵卿并本寨姜显韬、姜恩瑞等理论，专人至闯洞再三赶伊，该化礼自知偷葬情亏，抗不向理，团众无法可制善功。民父让伊所葬此一棺，其余上下左右当凭团众砌累窨累大堆两排，永不准伊进葬。今年正月（1929或1930）内民母亲去世①，此地山向通利，即择期迁葬于斯。不料本月内竟被由柱奸拐人女逃匿黎属新化司居住，本年又犯勒吊羊②、勒搪重件之姜东成，拘囚黎狱数月，迄今开释，径奔民寨讨姜梦鳌之空屋居住，误听旁人挑唆，借偷葬之坟，飞天诈搪，反称民弟兄偷葬伊地等语。当经地方绅耆姜源淋、姜梦熊、姜恩宽等理论验明契据、窨堆、碑记，斥伊业不由主，倒行逆施，大不近情，劝令双方各照常各管坟茔，不可生端为上。该恶仍负凶横，不准公论。窃民山系众纲卖出，伊先祖亦是卖主之列，买山号堆经六十余年方被伊偷葬，今平空霸为己有，天理人情安在？明是胆大包天，奸拐吊羊，无所不为之徒，方离活佛，仍施魍魉，借坟飞搪，希图饱囊，兼恃刁唆之人为护符，犹为教猱升木，难免受伊等陷害也。情实难休，为此迫不得已，具情报叩。

区长电情作主垂鉴，赏饬丁传讯，并恳验明坟堆，以后主收而儆。□□阴阳，沾恩不朽。③

诚如姜元贞所述，从故让这座山场是其曾祖姜开让在1831

---

① 根据笔者的田野调查，姜献义之子姜元贞的母亲于民国己巳年十二月二十七日过世，即1929年，此时姜元贞37岁。可知此诉讼稿很有可能写于1929年。
② 吊羊，即绑票的意思。
③ 张应强、王宗勋主编《清水江文书》第1辑第5册，第476页。

年买的众人之山，光绪二十年被姜化礼兄弟偷葬。姜化礼兄弟在同治年间因为做了"火殃头"而被扫地出寨。元贞父亲献义得知偷葬之事后，立即召集三营上、下两营团甲姜超、姜世龙、姜盛广、范境湖、陆鉴堂、范如贤、姜贵卿并本寨姜显韬、姜恩瑞等商讨办法。除了已经葬的一棺，"当凭团众砌累窖累大堆两排，永不准伊进葬"。姜献义作为前清例赠登仕郎，与三营团甲关系要好，所以能够请来如此多的地方精英为自己申诉，本寨中的姜显韬、姜恩瑞也是村寨绅士，其中姜显韬是"金盘形"房族后期个人能力较为突出的拔尖人才，姜恩瑞更是名噪一时的"四大赌神"之一，家财万贯。能够将这些人悉数聚集，可以想见姜献义此人在地方事务中的重要地位。1930年6月，此时姜献义已经过世近10年，姜东成因在天柱犯事（奸女、吊羊），在时任团长姜登鳌的保护下回到了加池居住，"误听旁人挑唆，借偷葬之坟飞天诈搕"。而笔者更感兴趣的是"谁在挑唆"，很可惜，因为材料有限，没有办法探知其中详情，但这样的事实着实展现了民国中后期加池寨内复杂的房族关系。双方请来姜源淋、姜梦熊、姜恩宽主持公道。姜源淋是姜恩瑞的后人，作为"四合院"一支的成员，毕竟始终属于"母猪形"一房，而姜恩宽也是之连的后人，也算是"母猪形"大房的，姜梦熊作为"金盘形"房族后人，承继其房族之影响力和地位，三人共同"验明契据、窖堆、碑记"。在证据面前，姜东成一方还是狡辩，咬住他的母亲葬在那里，以有阴地就是祖业这样一种逻辑争此山。可见坟山、阴地与山场权属之间的直接关联。

现在中仰村的人仍然清晰地记得民国中期为了争山场，中仰陆姓同文斗姜姓告了一场恶状。那时文斗的姜明学仗着寨大人多，强行将他的祖母埋葬在中仰寨边陆志秀家契约管理的山内，文斗人还到中仰寨四周强蛮砍树，陆姓非常气愤，就凭着契约同他们打官司，打了五六年，最后打到重庆，结果陆姓人告赢了。

2. 以契管山：契约与山林

除了以坟管山，契约也是管理山林的重要凭据。加池村的老人常说，村中若发生火灾，首先要往外拿的不是金银珠宝，而是契约，因为契在山在，契没有了，任凭你怎么说，别人都不一定承认山是你的。在清水江下游地区，山场田土契约就代表了真实的山场和田土，有的老人会在过世前交代自己的儿子，在自己过世之后要请先生送些山林田土契约给自己，否则他在那边没田种粮，没山栽树。另外，在清水江下游著名的民间故事"三魁告一姚"中，姚姓衰败的原因就是六月六晒契时被卧底丫头把契约烧毁了，没有了契约，就没有了凭据，那么姚家所管山场也就都没有了。

加池寨"母猪形"姜佐兴一支经营和管理杉木山场的突出能力在聚落中有口皆碑，这也与笔者收集到和被收录的家藏清水江文书呈现给我们的事实一致。加池村现存最早的契约是乾隆年间的，将涉及杉木山场租佃、买卖、砍伐等经营活动相关的契约剥离出来，其数量如图3-4所示。

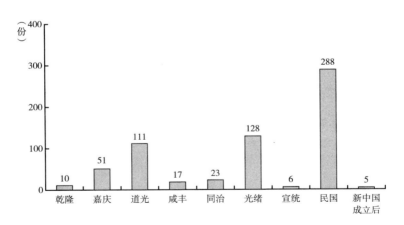

图3-4　加池寨"母猪形"一房木材交易契约数量

民间的经验告诉了我们契约在山场经营管理中的重要性，下面的两张契约则可以实实在在向我们展示契约的约束性和确认性功能：

1-2-7-061　立断卖山场杉木约人塘东姜廷英，侄必达、侄孙掌权，为因道光年间先祖士能名下将以前得买吴国贤所占上番现书山壹块，分为捌两，国贤名下占五钱，出卖与加池姜开让名下为业，[①] 至于光绪叁十叁年此山发卖，众山友将此山合同股数清明，未见有吴姓所占股数，只恐先人错卖。是以叔侄等相议，将本名所占之股叁钱壹分壹厘山补开让之后人姜献义名下管业，以后照字均分。恐口无凭，特另立此断字为据。[②]

1-2-7-062　立分合同字人塘东姜廷辉、槐森，加池姜献义叔侄等，因有共山壹块，地名上凭番现书，上凭顶，下凭犁嘴，左凭冲搭路砍脚短犁嘴在内，右凭番牛凹下冲为界，四抵分明。今恐人心不古，兼且两寨窝远，未能朝日照料，因此两家特立合同贰纸，各执壹纸为据。

此山着为捌两，姜兴周之后人占山玖钱叁分叁厘，着为叁大股分，姜辉、姜梁弟兄占叁钱壹分壹厘，姜槐森占山叁钱壹

---

① 笔者确实找到了这份契约，契约全文如下："立断卖山场杉木约人堂东寨姜士能，自愿将到党秧山名番现苏一所二截之山，此山作为捌两分派，士能早年得买吴国贤名下祖业五钱之山，今士能将这五钱复卖与加池寨姜开让名下为业，当日凭中言定价银五两整，领足收回应用。其五钱之山断卖之后，任从开让子孙管业，日后卖主子孙不得异言。倘有股数不清，俱在卖主理落，不干买主何事。恐口无凭，特立卖约为据存照。外批：上下左右界址照依众人所共捌两之山，四址管业无异。凭中：姜奇寿，姜士能亲笔。道光二十六年二月二十八日立　卖。"见张应强、王宗勋主编《清水江文书》第1辑第6册，第37页。

② 张应强、王宗勋主编《清水江文书》第1辑第6册，第65页。

分壹厘，加池姜献义叔侄占山叁钱壹分壹厘，系是得买廷英、必达叔侄等之股，合共玖钱叁分叁厘之数。

姜献义存一张、姜槐森存一张。凭中：姜锦隆、彭宏科，代笔：吴绳祖。

姜永贞、先和弟兄叔侄等占山五钱，姜锦先、锦奎、建德弟兄叔侄等占山一两伍钱玖分二厘，姜锦星、锦周、锦章弟兄叔侄等占山一两伍钱玖分二厘，姜锦相弟兄占山一两伍钱玖分二厘，姜时敏弟兄共占山八分，姜钦泰弟兄占山乙钱，姜建德、姜建安弟兄共占山乙两二钱，姜德寿、姜德仲弟兄共占山四钱乙分。[1]

本村寨内的坟山被别人偷葬尚不易察觉，那么若山场在"弯远"的外寨，必也不能"朝日照料"了。所以塘东寨这块八两之山就出现了错卖的情况。道光二十六年（1846）姜开让买了塘东寨姜士能所占番现苏（又名"番现书"）八两山中的五钱，而这五钱则是姜士能从吴国贤手上买来的。等到光绪三十三年（1907）此山发卖，众山友清股份时并未见吴姓所占股数，于是姜士能的后人姜廷英及侄必达只好将自己所占的三钱一分一厘补给开让的后人姜献义。次日，姜献义怕此山仍然股数不清，就召集众山友重新清查山场股份，这才有了 1-2-7-062 这份股份清单合同。按照合同内容，姜兴周所占山九钱三分三厘，分为三股，每一小股是三钱一分一厘，廷辉、廷梁占一小股，姜槐森占一小股，加池姜献义占了原属于姜廷英、侄必达那一小股。而后，姜献义又很有经验地将番现苏的八两之数分派情形开列于后，避免日后再出现错乱。通过这两则契约，我们可以清晰地看到契约在管理山林、确认山场股份中的重要作用，一旦股份发生错乱，便可另行签立新契，重新写定各

---

[1] 张应强、王宗勋主编《清水江文书》第 1 辑第 6 册，第 66 页。

人各户所占山场之股数，请中人见证，就完成了对山场股数占有的确认过程。

表面上看，这两则契约说明了由于错买错卖之后对于山场股数分派的重新析分过程，但细细推敲，道光二十六年到光绪三十三年，中间时隔 61 年，按照一般杉木的生长周期，这片山场应该砍伐过两次左右，上一次中未见任何关于这片山场的记录和争讼，为何在光绪三十三年却产生了纠纷？1-2-7-033 那份道光二十六年的契约①是不是姜献义伪造的？我们不能说这样的事情毫无可能，以姜献义当时的能力，作为清例赠登仕郎，至少在地方上还是与绅耆们一样，拥有较高的威望，加之姜佐兴、开让、沛清、沛仁三代人的财富累积，此时的姜献义应该亦是财力雄厚。官场中的职位和经济上的财力足以使这件造契混争的事情达成。当然这只是笔者的推测，真相还有待于更多的材料佐证。

3. 善管田地恶管山

加池村中经营过山场杉木生意的姜睦昭老人经常向笔者说"善管田地恶管山"，意思是如果你这个人平素比较善良，性情温和，就管管田地、种田种菜就好了，山林还是不要碰了。只有有势力的凶恶之人才可以守住自己的山林，在山林砍伐作贸之后才可以真正将银钱收进自己的口袋。因为山场的经营周期较长，一般是二三十年，在这漫长的周期内，山场中的栽手股和土股又可以自由买卖，经过多次转手，但每次签订买卖合同时并不能把所有股东全部召集到场，所以这中间就会出现很多"一山两卖""造契混争"的情况。在这样的情况下若是自己势力弱小，十有八九是护不住自己的那份山林股份的，所以山场经营过程中一般是以兄弟、叔侄等一起作为交易的一方，这样才能够在山场砍伐时保护自己的应有权益

---

① 张应强、王宗勋主编《清水江文书》第 1 辑第 6 册，第 37 页。

不被歹人撺掇，正所谓"种山容易，管山难"。

在固本乡境内，由于自然环境优渥，非常适合杉木生长，村寨中的乡民在务农之外，也种植杉木，所产杉木都经清水江运往外地出售。在新中国成立前，农民千辛万苦培植杉林，不但受商人的敲诈，还要受林霸的盘剥：

> 锦屏的林霸龙俊生就是靠掠夺农民的林木发家的。固本三村有户农民，父子两代培植一片杉林，1948 年杉林成材，砍伐一批顺河放往锦屏。不料途中遇到龙俊生巡河，他见木材质量好，一摆手，几个狗腿子蹿了过去，举起手里刻有"龙俊生"三字的铁锤，乒乒乓乓敲了起来，顷刻间，根根木料上深深印上了龙俊生的名字。就这样，一户农民二十年的血汗，一下子就全都变为龙俊生所有。那天，幸亏他们跑得快，不然性命也难保住。类似这样的事情在清水江下游经常发生。①

正因为清水江下游木材贸易获利甚丰，在经营和管理山场的过程中，不仅有强势的房族，还有强势的村寨，文斗寨就是一个比较强势的村寨。文斗寨的大户们爱欺辱周边小寨，中仰寨和隔壁九佑村的人都怕文斗人。由于中仰大多是外来人，他们是从天柱、湖南等地迁来的，过去都不敢多买山场，怕势力单薄守不住，多数都同文斗、韶霭等临近村寨的地主佃山来种。中仰寨坐落在山巅，文斗、加池等周边村寨用苗话称之为"招攮"（含有贬义，意为"招你就来，攮你就走"），文斗寨和中仰寨之间争山的官司非常多。岑梧寨也是一样，在买韶霭寨山场的过程中，被韶霭寨的人欺负了几次，他们大多以"父卖子翻"的方式，纯

---

① 此故事系笔者田野调查期间锦屏县河口乡政府龙某讲述，由笔者稍加整理。

系骗取善良弱小"来人"的钱财。所以岑梧寨的人将那些买山契约当作珍宝，从不轻易示人，生怕被别人看见之后，别人又借故翻悔，动摇自己的生存之基。

二 合两家之好：婚姻中的房族

婚姻是众多社会制度中必不可少的环节，它一直处于与当时当地的政治、经济与文化传统的紧密互动之中。清水江下游地区在明清时期虽然因为木材贸易兴盛，儒家文化也随着白银流动的方向渗入苗岭的崇山峻岭中，但此地固有的、根深蒂固的少数民族文化和习俗也在一定程度上影响和形塑着当地人的生活和意识。

（一） 自由恋爱与姑舅表婚

清水江边的苗族小村寨风景秀美，让人流连忘返。悦人的风景为当地年轻人谈情说爱提供了一个绝佳的环境，历经千年的古树见证了多少对青年眷侣的浪漫感情，幽幽的河水又带走了多少情人间的相思，这是一个充满感情的世界。尤其是以"年轻人"为主的游方，展现的是绵延一生一世的情感，并且形式多样，不仅具有地域社会性，更由于参与的人不同而充分体现了其个人性。游方的地域社会性体现在时间、空间和参与人等的组合形式。在时间上，首先分为白天的游方与夜晚的游方，除了这种划分，还可以分为平日游方、赶场游方和节庆游方；在空间上，不论是辗转于不同村寨的各个游方坡，还是在赶场天"恰巧"遇到心仪对象，都体现了当地苗族对情感的渴望与对传统社会规则的遵守；在参与游方的人员与游方对象维度上，参与游方人员的不固定性和游方对象的非专一性决定了情感不确定性与"多角恋"的结果，这也是社会复杂性的微观体现。游方的个人性维度主要体现在游方参与人的个体差异性上，与不同游方对象说不同的话题，抒发不同的情感，经由对歌—分别—再见面—互赠信物，直至男方正式向女方家提亲，每对情侣所经历的情感过程是不同的，个人主体性得到充分体现。

对于在坡上、"花园"① 里谈恋爱，苗族和侗族有不同的叫法，苗族称为"游方""摇马郎"，侗族则叫"玩山""玩姑娘"。虽然称谓不同，但从社会功能上讲，"游方""摇马郎"与"玩山""玩姑娘"是一样的，都是为青年男女提供一个正式而隐蔽、公开又私密的交往方式。

游方的正式性体现在这种交往方式是老者们都普遍认可的，它是"年轻人可以上坡吃肉、喝酒、打闹、得些热闹"的机会。② 而它的隐蔽性又体现在除了姊妹节期间，其余的游方活动多为夜里进行，并且要避开家里的老人和哥嫂，是"偷偷"进行的男女之间的交往活动。游方的公开性是指自家父母都知道姑娘窗前每晚都有小伙子来谈话，这是公开的秘密，却没有人将这层窗户纸捅破，父母也不会主动干涉姑娘或小伙子的游方。而私密性是指在游方这项活动中，除了亲近的人，一般不会直白地表达自己喜欢哪个姑娘，直到姑娘答应自己来提亲后才会公开。晚上进行的游方，和着皎洁月光，更增添了几分私密的情愫。

"玩山""玩姑娘"与"游方""摇马郎"一样，也是在晚上进行，"玩山"的活动区域较"游方"要广一些，姑娘们可以离开家，到附近的"花园"里与小伙子们见面、玩山、唱山歌。姑娘们带的饭菜要避免让爸妈、哥哥们看见，尤其是哥哥，要是弟兄们知道外寨子的小伙子来到自己寨子"玩姑娘"了，就会叫上几个本寨的小伙子将他们赶走。

1. 游方："花园"里的自由恋爱

游方（Yex Fangb）是清水江江边苗族年轻人生活的一部分。

---

① 加池一带将玩山的地点称为"花园"，在当地所有山歌里都是这样唱的。

② 简美玲：《贵州东部高地苗族的情感与婚姻》，贵州大学出版社，2009，第48页。

进入青春期后，年轻人在生理和心理方面都产生了巨大变化，月经初潮以后一般就预示着女孩有了生育能力，这个年龄段也恰好与可以进行游方活动的年龄段重合。游方作为一种制度化的恋爱方式，有其自身的规则。清水江苗族的游方首先具有固定的时间、地点，时间一般为农闲季节的晚上，地点就是游方坡或马郎场上；同时对游方的范围和群体也有规定，男孩要到别的寨子的游方坡上与那个寨子的女孩游方，而本寨子的女孩只能在本寨的游方坡上等着别的寨子的男孩来找她们。从性别上讲，苗族社会在恋爱和婚姻方面与汉族一样，一般是男性占据主动地位，如只有男性才可以主动出去串寨子游方，女性只能在本寨子游方，除了在赶场天可以出村寨，平日离开本村寨到外面去游方是不被允许的。在数量方面没有特殊的规定，但由于夜间山路难走，男孩们和女孩们都是三五成群地去游方坡，男女一般不会单独见面。感情发展到一定程度后，可以两人一对一唱歌，可以稍微远离对歌群体，但必须在彼此能够看到的范围内。①

个案 1

我们十七八岁时就经常去游方了，四五个、三四个、六七个人经常去附近"摇马郎"。大路没有修好的时候都需要很多人一起去，一个人会怕的，有鬼，要不然一个人不安全，有土匪的。枪毙了土匪之后就挖了一个洞洞，把那些人都埋到那里去，那时候我才 10 岁，抗日结束了。后来大路修了之后就好多了。经常去游方的地方有芳寨、偏寨、良田、河对岸的平地营。对歌的时候就问："你喜不喜欢我，要不要跟我去？"女

---

① 受外出务工潮的影响，平日生活在村寨中的年轻人数量急剧减少，像改革开放前那样热闹的游方夜晚已不多见，但节庆中的游方还是热闹非凡。游方的传统获得了现代科技的改良和帮助，网络聊天、打电话、发短信也被认为是游方形式的拓展与革新。

的就会答："你喜欢我我就喜欢你，想跟你走。"那时候都是夜里把女孩子领回家。四五个到了寨子后，就吹口哨，姑娘们就知道我们来了，有的人会吹木叶，我没会。这边的媳妇有了娃娃的也会跑，新社会解放了，只要养得活。过去没有走，也没有养很多老婆的。女的会问我吃过夜饭没有，如果没吃的话，女的就拿饭给我吃，有籼米，有糯米，如果有肉就带点肉，如果有菜就拿些菜。到了人家坡上之后就吹口哨，这样女孩子就知道有外面的小伙子来了。塘坝村的小伙子都要到外面找老婆，因为全村子都是兄弟，是不能开亲的。学唱苗歌时，就是一个教一个，大一点儿的人教我的，也没有向固定的人学。每天晚上都要去游方。几个女孩子都喜欢的男孩子要长得好看，而且嘴巴也要会讲话，要能使女孩子开心。女的同时被好几个男孩子喜欢的话就是要漂亮、勤快。女孩子有时候也会拿自己做的粑粑给男孩子吃。爱药没有听说过。年轻的时候十七八岁我撑过船，上下剑河、革东、盘海。1958 年、1959 年搞大集体，就没有撑了，1951 年、1952 年、1953 年一直在撑船。游方歌如下：

　　男："你爱不爱跟我来？"

　　女："你喜欢我我就喜欢你，我就跟你去。"（塘坝村张某，男，82 岁）

　　一旦进入游方场，必须能唱出动人的歌，苗族少男少女靠听对方唱歌、跟对方对歌来检视对方的智慧如何，人品如何，家庭如何。在这样一种寻求终身伴侣的重要场域中，无论是男人还是女人都非常重视自己的歌和歌所表达的情感能否被自己的意中人肯定，这对于婚姻能否成功是至关重要的。

　　2. 玩山：极具浪漫色彩的恋爱过程

　　清水江流域的侗族多将在田野中谈情说爱的方式称为"玩

山"，但加池村的苗族也将自己族群的这种活动称为"玩山"。① 加池村玩山的内容和形式与游方差不多，也多是姑娘小伙儿夜晚聚在一起对歌，挑选彼此心仪的对象，为结婚做情感积淀和必要的准备。

> 以前玩山就去做，几个的玩，两三个男，两三个女，就是唱歌，一唱一答，唱了多次了，先是一个爱到一个了，一个爱一个了就结婚了。不喜欢对方的话就不跟他玩了，就不跟他唱歌了，他也不会非要跟你唱，如果你不喜欢他，他自己就退了。（加池村姜梅芳，女，68岁）

从以上姜梅芳老人的叙述中我们不难看出，唱歌是加池当地苗族青年男女交流感情的主要形式，在一问一答中考验苗族青年男女的聪明程度，在交往一段时间后判断两人是否"一个爱一个"，是否告知家长去女方家提亲。在玩山对象的选择上也是比较自由的，如果女方不愿跟某个青年对歌，青年也会知趣地自己主动放弃。下面是姜梅芳老人对玩山的一些描述。

理想丈夫：

> 喜欢勤快的，爱搞劳动的，喜欢良心好的，不要打人，不要骂人，如果他在外面说得很好，到他家之后又不好啊，那就没有办法了。（就算真的嫁给一个）不好（的丈夫）也要做（活路）啦，不好不好又一年，不好不好又一天呐，

---

① 黔东南地区侗族和苗族杂居，生活方式互相影响，族群之间的界限已没有那么清晰，抑或苗、侗本来就是类似的。所以，笔者在调查中也遇到了这样的问题，尤其是相邻地域内的苗族和侗族，语言、生活方式及恋爱方式很相似，如锦屏县彦洞乡瑶白村的侗族和锦屏县河口乡加池村的苗族都将在田野中、山坡上谈情说爱、对歌唱歌的形式称为"玩山"，两个村寨只有一江（清水江）之隔。

就这么混过来，老了，还有什么办法？等有总了，你就看着你的儿就做了，死命都在他家做了。（加池村姜梅芳，女，68岁）

从上文可以看出，加池村老一辈苗族女性情感很朴实，为了儿女甘愿牺牲自己一辈子的幸福，错过了婚前的最佳选择期之后，苗族妇女甘愿承受自己的选择，愿意为它付出一辈子，哪怕是不幸的婚姻，只要自己能够忍，就愿意这么过下去，并且尽自己最大的努力做好。情感上是否真正和谐，在婚姻缔结前是非常重要的，"勤快、爱劳动、不打人、不骂人"这些都是对理想丈夫最基本的要求。而婚前的琴瑟和谐理想也许会被结婚之后的残酷现实打破，"如果他在外面说得很好，到他家之后又不好啊，那就没有办法了"。年近七旬的老人在自己的婚姻方面并没有那么多的牢骚，丈夫是自己在外面玩山时选定的，为自己的选择负责，对自己选择的命运采取了全盘接受的态度。两性之间的情感重心被十月怀胎之后一声响亮的啼哭替代，孩子似乎成了两个人甚至两个家庭的全部。一个女孩是一个点，一个男孩也是一个点，两个人结婚了，两个点就连成了一条线，等到十月怀胎，孩子诞生，三者就构成了一个三角形，一个家庭的稳定性随着孩子的出生达到了理想状态。继而已为人母的妻子将未能付到丈夫身上的情感全部转移到孩子身上，就算丈夫并没有达到自己心中理想的状态，但看在孩子的份儿上也不会有离开男方家的想法，"死命都在他家做了"。

玩山时间：

都是晚上出去玩山，白天不敢去，就去那些坡上啊，也可以出了寨子，男的带点糖，女的带粑粑，人家唱歌都是这样唱的："八月中秋郎送礼，九月重阳娇送粑，不是我娇偏盼你，也是一礼还一答。"男孩子八月中秋就去做，做了多次了，就买衣服啊，又买东西给她啊。那时候送了东西都不穿的，就像歌里唱的"岩板栽花都留骨气，郎送东西留古前，我等到老了翻来看，前前结过聪明人"。自己喜欢的男孩子如果送了东西要留起来。

我年轻的时候没有玩，我们年轻的时候正是红卫兵那时候（"文化大革命"时期），那时候不许可玩山。那时候我在红卫兵都是表演节目。我年轻时候没有玩山，我怕我哥哥，我哥哥很恶的。我哥哥是我伯妈的崽，他不让我去玩山，让我干活。如果我出去玩了，他就要打我的。他跟别人说："要是我知道我妹妹玩山，我就吊起她打她。"那时候很怕，不敢去玩山。

我没有哥哥也没有弟弟，伯妈家的哥哥就是亲哥哥了。我家周围的几个孃孃都带粑粑出去，就算我知道了也不敢跟她们一起，我怕我哥哥知道我拿自己家的粑粑出去了。

那时候都在集体，天天都要去干活要去劳动得工分哦，回到家还要看着娃仔和妹仔。1980年才分田到户，1979年的谷子还是集体收，1980年的谷子也是集体收，5月左右队长喊开会，要分田。"山歌好唱口难开，李子好吃树难栽。白饭好吃田难种，细鱼好吃网难抬。"

如何约：

如果今天赶场遇见，就说好什么时候见面。假如你是个男的，如果你到了她还没有到，就可以唱"望你望得眼睛花，等你等得脚都麻"。"场遇"在赶场的时候遇到，去走客的时候遇到，去砍柴的时候遇到，有很多机会的。在"场遇"的时候，女孩子唱歌请男孩子做，男孩子也唱歌请女孩子做。那时候姑娘和后生坐在一起唱歌的时候是对坐，分成两排，姑娘一排，后生一排，两排人面对面，相距1.5—2米。如果姑娘和后生对了几回歌，彼此较为熟悉后就可以挨着唱歌了。唱歌的形式基本就是"一问一答"。

和谁一起出去唱歌：

有时候跟堂姐妹、姑姑一起出去。

两个小伙子争一个姑娘：

如果两个后生同时喜欢一个姑娘，会在暗地里争，表面上不会表现出来。如 A 后生与 B 后生同时喜欢姑娘 C，两个人的关系就会逐渐因为心生的情愫相冲突，后生 A 和后生 B 都会在表面表现出"我心没有喜欢"，但是会气，会彼此生对方的气。气气就不跟对方玩了，于是两个人渐渐疏远。有时候比如是堂兄弟都喜欢一个姑娘，无奈又要天天见面，斗气都是在暗地里进行的，表面上都还是好好的，其实内心已经不喜欢彼此了。这时候决定权就在姑娘手中了，看姑娘喜欢哪个，就跟哪个去。

在农村，都是父母包办的多，姑娘自己同意去的少。

我们这一代有很多介绍的，就是说那边有个后生，你这个姑娘看看喜不喜欢，他家家庭好啊，有很多田，很多山，人生得也漂亮。

玩山对歌：

以前到坡上玩山的时候，都是对歌，对歌也很有意思，你一问，我一答，万一我答不上来我就回去再学来，跟那些会唱歌的人学，然后下次见到你，一定要答上来。很有意思的，那时候遇到一个会唱歌的人会觉得很有意思。（加池村姜梅芳，女，68 岁）

远离加池寨中心，更靠近清水江边，有一户普通人家，她们的故事浪漫纠结，在结亲过程中历尽曲折，所谓好事多磨，结局却也快乐、美满。

个案 2

我来自九佑，我们侗族唱山歌，他们这边唱苗歌，听得懂，腔是一样的。

女孩唱歌，男的也唱。那时候玩山的时候要带一些吃的到坡上吃，有的带糯米饭，有的带粑粑，有的炸的菜啊，还有腌鱼。那个时候从家里拿东西是不能让大人知道的。于是姑娘们就有了自己的办法。那时候舂米，每天都要舂，时间会很长，于是就趁别人不注意或不在的时候偷偷地拿两三碗，放在自己睡觉的地方。每次不敢拿多了，拿多了会被妈妈发现。等到哪天要出去玩山了，就拿水来泡米，然后拿到牛棚里面蒸，不敢在自己家厨房里做，因为怕爸爸妈妈哥哥看到。在牛棚里面挖个坑坑，就自己拿树枝引火，烧起火来煮饭。我在家的时候管牛，牛棚里面我都搞得干干净净的。

晚上唱歌会唱到很晚，有时候一两点，有时候三四点，等男孩子到家的时候，天都要亮了。

女孩子出门的时候都要自己准备一个手电筒，还要准备一块布，罩在手电筒上面，防止手电筒太亮，太亮了不行，怕老人家看到，怕别人来抓。用布罩上手电筒之后，借着手电筒的光，慢慢地摸路。等走出寨子之后，就可以把罩着的那块布拿掉，用手电筒全部的光来照路，走得就快了。

怎么约：

在路上遇见的时候就说一句："你到某空坡上来，我们在那里等你。"如果他们先到，他们就在那里等我们，如果我们先到，我们就在那里等他们，也没有吹口哨什么的。

约的时间：

不一定是天天都出去玩山的，要看怎么约的。比如说约定的是每个月的初十、二十玩山，那就数着日子，到了那个日子出去就可以了。比如那时候我每个月初一出去玩，我就等着初一，初一到了我就出去了。

两个人玩得感情好就可以送礼物，姑娘要送给小伙子袜垫、枕巾什么的，我们这里帕子也没有别的意思，就是说你跟我玩，你玩我，我玩你，你和我都很高兴，作为谢礼要感谢你，另外还要感谢你平时带来的饭和菜，还有糖果。男孩子有时候也会拿饭和菜到坡上，大家一起吃，比如今天二十，我拿了饭和菜与你一同吃，到了初八、初九，小伙子又拿来饭和菜和我一同吃。就像送礼—还礼一样，他就挑糖，我们挑饭菜。我们拿糯米，腌鱼用油来炸很好吃，肉也可以用来炸。

如果姑娘和小伙子很想在一起，父母又不同意，该怎么办：

这个情况是有的，有很多，两个人可以打退堂啊，一个都不要想一个了。

"不合般"：不同辈分

"合般"比如我嫁去舅妈家的儿子，就"合般"啦，嫁给嫂嫂的儿子就"不合般"。姑妈家的女儿和舅舅家的儿子就是"合般"，舅妈的姑娘嫁去表嫂的崽就"不合般"。大人就会不愿意的。因为不同辈分没有办法称呼，"没法叫"。

择偶标准：

生得漂亮，心思好，不跟别人吵架，忍耐，聪明。

姊妹孩子间的婚姻：

原来是可以的，比如我的女儿能够嫁给我亲姐姐的儿子，但是后来人家都说这样生出来的孩子比较傻，不聪明，现在这样的婚姻越来越少了。

晚上一般是两三个姑娘一起出去，也会来两三个男孩子，那时候我跟我堂姐（三叔家的）一起出去，我们的感情一直很好，现在我们还结亲家了。我的大女儿嫁给她的崽了。不是我的亲姐姐，和亲姐姐的崽结婚是不行的。

我最小的妹妹是 1971 年的，比我小 12 岁。我妈妈有 5 个孩子，1 个男孩 4 个女孩。一个嫁到启蒙那边，一个嫁到浙江那边，一个湖南靖县。浙江那个两三年都没有回来了，她们回家的时候，我就回九佑的娘家去看她们，然后带她们过来我家里做客。

晚上玩山的时候好玩，大家都打手电筒，男孩和女孩互相用手电筒照，远处的小伙子们看见手电筒的光也有人过来玩，在去玩山之前都会先赶场买来电池。

结婚的人去唱歌只是去唱歌，不是要跟你来。如果主动邀请一个已经结婚的小伙子挑酒挑肉到我家来吃，他自己就不敢了，不敢来了。

姑娘不能轻易跟男孩子去男孩子家，如果你去了，男孩子不让你回来了，就劝你到这里了。玩山的时候男孩子和女孩子是面对面坐的，不能拉手，不能靠得太近。

女孩子可以单独出去玩山，有了较熟悉男伴就不害怕了。

如果女孩子未婚先孕，就会被别人说"不正道"。在广东，我看到过两个男的抢一个女的，一个男的拽着女孩的左手，另一个男的拉着女孩的右手，就这样抢。（加池村林莲欣，女，53 岁，侗族①）

（二）"还娘头"：恋爱自由，婚姻不自由

"还娘头"是清水江下游地区姑舅表婚的民间常用说法。家庭是社会的细胞，婚姻缔结则是组成新家庭的理想形式。在清水江边苗族村寨中，房族的发展、壮大更加依赖于一段好姻缘，一个好媳

---

① 如果没有特殊说明，那么该受访者为苗族，非苗族笔者会依据实际情况做适当说明。

妇可以给家族带来荣耀，一个好女婿也是养大女儿所换来的硕果。婚姻历来受到人们的重视。在苗族地区，由于苗族自身的文化特质，其在婚姻方面也有特殊之处。

在苗族的婚姻关系中，姑舅表婚表现得比较突出。清乾隆年间撰写的《黔南识略》中有这样的描述：“婚姻多不避同姓，姑家养女定为舅媳，否乃卜他族，母家嫁女助奁多以田亩，终女之身仍归母家，相沿已久，未能尽禁也。”① 《贵州通志·苗蛮篇》也有记载：“婚嫁，姑之女定为舅媳，倘舅无子，必重献于舅，谓之外甥钱，否则终不得嫁。”② 这就是典型的姑舅表婚优先原则，民间俗称“还娘头”，有隔代交换的意思在里面。舅舅那边嫁过一个姑娘过来，于是在下一代，接收这个姑娘的这家人就必须还一个姑娘回去，以维持平衡。外甥女必须嫁到舅舅家去，如果不嫁到舅舅家，就要偿还一笔“外甥钱”，以换得再恋爱婚配权。简美玲在研究黔东南州台江县反排村苗族村寨时指出：“交表联姻的价值，在于以简洁的形式，紧密地结合一群人，并具有世代进行再生产与组合的一致性，这是人类社会结群的一种方式。”③ 姑舅表婚的结亲理想使婚姻的匹配有了保障，是属于大的亲戚族群之间一种“女人的交换”，只要这家有过姑娘出嫁，那么他家下一代的儿子就不愁找不到媳妇，因为出嫁的姑姑会还一个女孩子回来做自己娘家的儿媳妇。而且这种结亲理想和规范在一定程度上减少了婚姻的支付负担。因为新郎家与新娘家是有亲戚关系的，这门亲事早就被人们认可了，女方家也就不必以彩礼之名向男方索要钱财，故不会出现男方支付不起彩礼导致婚姻无

---

① （清）爱必达：《黔南识略》（道光二十七年抄本，与《黔南职方纪略》合刊），贵州人民出版社，1992，第178页。
② 黄家服主编《中国地方志集成·贵州府县志辑》编委会编《中国地方志集成·贵州府县志辑》（4）《乾隆贵州通志》（1），巴蜀书社，2016，第122页。
③ 简美玲：《贵州东部高地苗族的情感与婚姻》，第196页。

法缔结的情况。

加池村中现在 60 岁左右的妇人多是因"姑舅表婚""还娘头"嫁来的。如姜清风的姑妈嫁到平敖村，生有一女姜金桃，于是姜金桃就还嫁到了加池村。这种"姑舅表婚"已经没有严格规定在房族之内，而扩大到了村落范围。也就是说加池村嫁一个姑娘到平敖，那么这个姑娘以后生了女儿再回嫁到加池即可，简单地说就是定向到村寨，而非村寨内具体的房族、支、家。

个案 3

原来父母亲那时候都"还娘头"，现在都没有了，现在科学了，"还娘头"人们喊是"血统亲"，生出来的妹仔和娃仔都不漂亮，也不聪明，现在都没有那种结亲了。

堂姐妹之间的儿女是可以结亲的，亲姐妹之间的儿女也可以通婚。那时候如果姑娘不愿意嫁也要嫁，不敢不嫁，嫁过去之后就哭，就算哭着也要下田做活路。原来我们村有一个姑娘，嫁去夫家 3 天之后转脚到娘家，然后就不想回去夫家了，结果被娘家和夫家一起拽着两条腿拖过去了。那时候姑姑家的姑娘都要嫁去舅舅家，舅舅家就算是一个瞎子、傻子也要嫁去，无论姑娘有多漂亮。现在不同了，姑娘漂亮可以选配得上的后生了。

他爷爷和奶奶是包办的，不好，他的鼻子都有点像他的二爷爷，他奶奶就是有点矮，还算漂亮的，如果他爷爷当时能够娶到一个更高一些的，他就能够长得高一些了。（加池村林莲欣，女，53 岁，侗族）

（三）陪嫁山与陪嫁田

陪嫁山、陪嫁田是父母赠予待嫁女儿的一份财产，原意是想要女儿嫁过去之后生活顺意，衣食无忧。因为通婚范围较小，村寨距离也不算很远，当为女儿物色好良婿之后，在准备结婚的过程中，女方家的父亲就会在女婿家附近买一块田或者一片山送给待嫁的女儿。

在加池村中，笔者了解到下面一个关于陪嫁田的故事。姜春昭的祖太嫁一个女儿，就是姜春昭的姑婆，到平鳌，陪嫁了一丘田。这块田为什么会陪嫁给这个姑娘呢？因为这个祖太的儿子是过继过来的，不是亲生的，想着留这么多田给这个过继来的儿子也没有太大的意思，正好女儿出嫁也没有什么陪嫁给她的，就送了这块田给这位嫁到平鳌去的姑婆。平鳌离加池也比较远，于是把这块田租给别人种，后来就把这丘田卖给了同村的一户人家，刚好这户人家是姜齐柏的外公家。于是，姜齐柏的外公把姜齐柏的妈妈嫁过来这里之后，就把这丘田作为陪嫁田给了姜齐柏的妈妈。

不是每个姑娘都有陪嫁田，但是家庭富裕的和有其他情况的也会有陪嫁田，更多的是陪嫁山，那个时候田比山贵，所以陪嫁山多于陪嫁田。陪嫁山、陪嫁田在数量上也是随意的，这主要取决于女方家的家境。陪嫁田多的话能收谷 500—600 斤，如姜睦昭妈妈就有陪嫁田一丘，收谷 100—200 斤，地名从里拜；姜睦昭的祖母有陪嫁田两丘，可以收 400—500 斤谷子，在中仰那边，补省（补先）。民国时期，村中"金盘形"房族里有一家，家中还是有一些田，这家生有四五个姑娘，没有男孩。父亲爱体面，嫁一个姑娘就陪嫁一块田，嫁了两三个姑娘之后就只剩下一两丘田，是最大的一丘田，大概能产 2000 斤谷子，就一下子全部出卖，卖田来置办嫁妆。现在田和山都重新分配了，也就没有那些陪嫁田、陪嫁山的说法了。比如姜绍槐祖太送给他姑婆的那一丘田，后来有一团山，曾经是格翁寨嫁姑娘当作陪嫁山的，后来两个村子打官司，还是归了格翁。随姜齐柏妈妈从平鳌陪嫁过来的那丘陪嫁田被分给了坤明、坤海、坤生三兄弟。

陪嫁之田、山属于女儿的私置之产，这个女性就是这丘田、这团山的主人，以后凡是与陪嫁山、陪嫁田相关的事情都由这个女性决定。田里产的谷子可以私自卖掉，不需要经过房族内其他人的允许。这个女性去世之前会将自己的财产分配给儿女，如何分派也全凭这个女性的个人意愿。但一般的原则是只分给自己的子女，不会在分家的时候分给其他的兄弟。

拥有陪嫁山与陪嫁田，外来的女人通过掌握一部分财产而在夫家站稳了脚跟，而大多数家境殷实的人家都愿意为女儿置办陪嫁田、陪嫁山，一方面为女儿以后的生活打算，另一方面也能够为自己赢得面子。这也就不难解释在加池寨内"母猪形"姜佐兴一支始终与格翁寨范家保持世世代代的联姻关系了，两个势力较大的房族通过缔结姻亲，关系更加紧密，从而可以在更大范围的区域社会生活中合成一个整体，共同面对木材贸易中的风险，利用与官府之间的互动赢得房族名望，树立地方威信。

三 成为绅商：财富累积过程中的文化性策略

乾嘉年间，靠木材贸易发迹的本地居民按照传统中国的渠道（参加科举、买官等）取得更高的社会身份，兴修庙宇祠堂，周旋在地方与国家之间。从官府取得聚落内政治地位成为当地人获得地方控制权和话语权的重要契机。

清水江下游地区最重要的经济活动——种植与经营杉木山场，在这个过程中无论是招佃，还是分合同，抑或是山场股份买卖，都不能缺少一个可以执笔写字之人。曾几何时，代笔还要收取一定的银钱作为笔墨钱，若实在拿不出这些笔墨钱，还要去"求"人来为自己代笔。由此可见，文字对于这一地域内人们的经济生活的重要性日益凸显，所以学习书写文字，参加科举考试，就成为清水江下游村落中家境殷实之人的文化需求。教育和功名意味着知识和地位，功名成为进入国家官僚体系的资格，与官府的这种联系也使乡绅及其所在的房族拥有对地方的合法统治权。种植和经营杉木的这帮乡民，通过世世代代累积的财富，逐渐成为地方上的首人，对村落内外的地方性事务具有一定的话语权。正如前文所述，通过参与主持架桥修路等村落公共事务，这批经营木材生意的山客在不断夯实自己的物质财富的同时，还在社会、文化领域不断扩大自己的影响力，使自己及其房族在区域社会内声名远播。

加池寨内"母猪形"姜佐兴一支在村寨内架桥修路，赢得了在村落内的威信，但是他们并不满足于此，随着自身实力的不断增强，他们开始逐级向上争取自己的声望。加池寨在纳粮附籍后被划归龙里司管辖，不管是学习汉字、参加科举，还是发起诉讼，都要到龙里司进行，所以加池寨与龙里司之间关系甚密。《龙里司文昌阁碑》刻于嘉庆十六年（1811），其中捐钱者的名单着实引起了笔者的注意：

> 隆里司正长官以郡庠生承袭世职杨光玉，广旧姻戚也。今年六月之吉书来云：侄不量倡首营建文昌宫于司治之南，仰荷神庥，人心踊跃，趋事赴功。功将竣，思勒石垂久远，而苦不文。乞老前辈一言以文贞珉。

> 广为文昌之祀由来久矣。古者王立七祀，诸侯五祀。其一曰"司命天官"，《书》文昌第四星曰"司命"，五曰"司中"，六曰"司禄"。是司命即三台，三台即文昌也。载于《尚书》，详于《周礼》，纪于月令，杂见于汉制汉律。自五代来，始以"文昌"之名，专属七曲山梓童帝君，学士大夫以为是司禄，主文掌科第之神，咸筑宫以祀之。盛于蜀，遍于天下。其犹盛则相率祠于学宫，遇春秋二仲之月，既释奠于先师，则校官各虔恭致祭于文昌。或书神位，或塑神像，曰阁曰宫，名称不一，然未尝颁为祀典也。嘉庆五年，川楚之间奸民不靖，天子默念蜀中为神发迹之地，必将驱邪慝而

护善良，俾斯民免于兵戈水火之厄。宸衷所感，果显灵迹，而蜀之匪党悉平。于是嘉神之贶，特予褒崇，诏天下郡县皆各新宫殿，春秋二神祠，部颁示致祭之日，其经费皆得正赋报除，其仪视先师，略将而与关帝相埒。盖神既久着灵于士子之乡，会场进退予夺，默定于尔室，善滛之际而又能福庇乡土以补助我国家。其祀典之特隆，于今日宜也。兹龙里司正长官杨光玉等相度地势，营造宫阁，局面宏敞，气象巍焕，前楼后栋，左右回廊，布置周妥，克称神居。行见龙之人士德行文章蒸蒸日上，争自灌磨光显于世，而发为事功必卓然。有立于天下是则神所以酬答圣天子褒崇之盛典而阴相我士子辈于无穷也。是后也，正长官杨光玉为之首，助成其事，以捐资之姓名例得备书于后云。

生员　范维彪五十两捌钱　九品姜佐兴五十两四钱　姜济川二十八两　范德华二十两八钱　范现塘十二两一钱　姜松乔二十两八钱　……姜士周四两一钱六分　姜宗周四两五钱　……姜廷德三两五钱　杨应林三两六钱八分……①

刻字留名中的姜佐兴、姜松乔、姜士周、姜宗周、姜廷德都是同一时期在加池寨内的架桥修路碑上常见的名字，主要是"母猪形"房族和"金盘形"房族的祖先们。从捐银的数量上看，九品姜佐兴在整个文昌阁修建中捐银数量排第二，为50两4钱，仅次于一个范姓生员，可见当时姜佐兴家境殷实；而姜佐兴的侄子姜松乔也慷慨捐银28两8钱；姜士周、姜宗周属于"金盘形"先祖，他们兄弟二人分别捐银4两1钱6分和4两5钱；而"母猪形""四合院"一支的姜廷德，也捐银3两5钱。在嘉庆中后期文昌阁修建之

---

① 锦屏县地方志编纂委员会编《锦屏县志（1991—2009）》下册，第1512—1513页。

际，加池一个小小的村寨居然有五人（甚至更多）参与到司衙属文昌阁的修建捐款之中，所捐银也有近百两之数，经济实力可见一斑。姜佐兴的哥哥姜佐章也接受过清王朝土司的授职，乾隆四十五年（1780）时，姜佐章被龙里司委任为乡约。姜佐章接受乡约一职后，加池寨内一应大小事务在呈送给龙里司之前，都要给姜佐章过目，这样姜佐章就成了沟通土司与村寨内乡民的媒介，司衙一旦有诏令需要下达时，至少在村寨一级有了一个接应点。如乾隆五十八年，乌斗溪的银矿坡被盗采时，龙里司司衙就发了一张告示，让乡约张贴于加池寨晓谕各家。① 从姜佐章、姜佐兴的上一代甫臣、甫明开始，清水江下游地区的人们就主要靠种植杉木为生，"或种茶山，或栽杉木"，到了佐章、佐兴这代人，延续祖业，继续种植和经营山场，从这个角度来看，他们是"商"；同时，姜佐章接受了龙里司的委任，成为一村之乡约，姜佐兴也是"九品"，从这个角度来看，他们又是"绅"，是基层社会中的文化人、德高望重之人。由此观之，"母猪形"房族姜佐章、姜佐兴正是借由土司之政治力量，将自己由经营木材的"山客"打造成了"绅商"，使自己在由国家主导的地方性木材贸易市场中占据更加有利的位置。

自姜佐章、姜佐兴之后，"母猪形"房族基本上代代崇尚读书，考取功名，或者捐官（见图3-5）。如+5代姜之毫，号恩贤，授五品蓝翎职；+3代姜沛清，用89两银子捐得监生，例赠承务郎；+2代姜献义，捐银40两，得从九品，例赠登仕郎。"母猪形"房族中自姜佐章、姜佐兴始，在一村之内可谓"代代封侯"，"母猪形"房族的声望也可以说是几代人的努力和累积及传承的结果，可称为村寨中的"世家""名门望族"。我们注意到"母猪形"这一房族之人经过悉心经营，努力与国家建立联系，从单纯的"山客"，摇身一变成为"绅商"，以便在更大区域内获得发展，扩大

---

① 张应强、王宗勋主编《清水江文书》第1辑第8册，第184页。

房族的影响。如此，在不脱离村寨的情况下，尽量与官府和谐相处，当村寨内发生争讼时，可以进行调解，在房族经营山场时，也可以尽量避免被"林霸""恶霸"欺负。从"山客"到"绅商"是清水江下游地区经营山场杉木的当地人群的一种文化性策略，他们成功地将"商"与"绅"融合在一起，使之成为发展壮大自身、规避化解商业风险的政治文化铠甲。

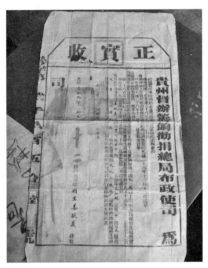

图 3-5　加池寨"母猪形"一房捐官执照及收据

四　万代留名：祖先系谱的书写

族谱作为一种书写记录，是借助"文字的力量"来展现自己房族的延续性与正当性，也是当地人因应历史变化选择的策略性方式。族谱亦满足了人们对于这个地方历史和先人的想象，建构了某种程度的血缘关联和命运共同体，亦是对自我身份的定义与再定义。

族谱的编撰是用文字的形式记录下祖先的子子孙孙，以达到

"和宗睦族，继承宗祧"的目的。在加池寨内兴修族谱的理由被记录如下：

> 窃维根培枝茂，承祖以流芳，春祀秋尝，乃是子孙之礼想。我祖成瑜公置遗拜扫之田，永为后嗣之祭会。因夫数年分谷各祭，何为一脉之同心，如分为焉能遗之会业？及至斯年，诸老善起美念，约合会以校先，同事祭场。大房作乐，今以收田之谷，年年入共，不诈起私拗分，各宜慎守，贻厥孙谋。自此以后，未准里内之人借贷会谷，以免亏缺生言。合同戒言，流垂不易，世世兴隆，远远发达。以是为序。
>
> 窃思东海源远，渭水流长。非祖有德而宗有功何以佑启我后，必追乎本而远乎源，乃可以承其先。溯我渭水出于峡西平凉府渭源县老鼠山，至安西府同洲入江。太公居于东海，封于齐，钓于渭。始祖原系江西籍吉安府猪屎巷居住，因食指已烦，迁入贵州。大始祖姜大启往安顺府，二始祖姜大用住黎平姜家屯，三始祖姜大兴入清水河，由来久矣。及至高祖崇祯，字文炳，于天顺八年始嘉池寨，宏开基业，大振家声，版图具载籍昭然。因同治十年，岁在辛未，孟春月遭失戮，老成凋谢，追本无由，仅祖堂而致敬，空过坟墓以兴悲。至光绪十年，甲申岁，仲春月，约我族长众子孙于一堂，序昭序穆追祖灵，于百世若见若闻，宗功永荫春秋之，享祀不忒，祖德常昭，宗祠之血食维新。凡一门宗亲，序其纪纲，分其条目，光前裕后，源远流芳，愿后孙贤兴祠□祭庶允奕□馨香。①

"母猪形"一房盛传"老三公"和"新三公"之说，据姜佐

---

① 《姜氏族谱·姜姓世纪》，贵州省锦屏县河口乡加池村姜永昭藏。

兴一支后人说，"老三公"指良富的三个儿子姜甫明、甫元（又写作辅元）、甫臣，"新三公"指的是姜佐章、佐才、佐兴。由于姜甫元早逝，留下了两个年幼的孩子浍保和文海，文海无后，所以甫元这一脉就只剩下浍保生育的两个儿子姜廷芳和姜廷德，这两个人成为现今加池"四合院"一支的奠基者。再看良富的大儿子和三儿子姜甫明、姜甫臣，姜甫明没有男嗣，于是姜甫臣的大儿子姜佐章被过继给姜甫明，继承宗祧。所以长子和三子即甫明和甫臣，他们的后人基本上认同自己是共公的，而甫元的后人，即现今"四合院"一支，在认同上就有了些许的差别。

现在全村保留下来的关于族谱修撰的文字记录不多，光绪十年有一份，2010 年前后有一份。2010 年负责编撰族谱的是姜佐兴这一支中坤荣的儿子姜永昭。编撰族谱是件辛苦的事情，不仅需要脑力的投入，还需要财力的支持。脑力的投入靠个人兴趣可以支撑并给予源源不断的动力，但财力上就需要每家出钱。当地把这种每家都要出钱的形式称为"斗钱"，当时每一户需要上族谱的人家都要交至少 20 元，谁不交钱以后族谱上就没有这一家的名字了。这里又一次说明族谱的编撰并不是严格依据血缘的继承关系，其中掺杂了金钱、权力等复杂的因素。在这些影响族谱编撰的因素中，血缘只是最低层次的基础认同影响因素，有这个房族的血统，只能决定你有了起码的入谱资格；若为房族出钱出力，则可以入谱，若没有为房族出钱出力，则直接负责族谱编撰的人就能够决定你是否入谱。

编撰族谱的另一个重要作用就是确认继嗣，哪一房有哪些人，哪些人可以享受祖先遗留下来的各种权益，哪些人不能。这对于房族势力渐大的整个人群来说非常重要。一般来说，族产只有祖先的直系后裔才有权分享，其余旁系族人则不得染指，是以，是否为祖先的后人这件事情就变得非常重要。由于这一带村寨内普遍存在改姓和异姓过继的现象，清查谱系又变成一件复杂而棘手的事情。

　　另外，族谱除了将房族成员的名字记载下来，还为房族中的杰出成员立传。用简短的文字说明这位先祖的英雄事迹，不仅能够使后代子孙不忘先祖英明，起到和宗睦族的作用，更重要的是书写的文字能够成为口传历史的辅助性工具，将祖先的事迹代代流传下去，这写在纸上的房族历史可以使为房族发展做出贡献的祖先"万代留名"。

小　结

　　本章利用田野调查资料和《清水江文书》中相关的契约文书，着重展现了清水江下游加池寨从乾隆中后期至民国时期这一时间段内"母猪形"房族的大致发展脉络。通过考察现存加池村内的亲属称谓，我们从侧面了解到现今具有苗族身份的一群人是如何组织、构建房族这个社会组织的。对于房族来说，家庭尤其是主干家庭，是组成房族的中坚力量，父母过世或者子女数量发展到一定规模后，就会分家。分家增加了房族的家户数量，但分散了财富，将完整的一份家庭财产化整为零，弱化了家庭的实力。但分家之后各个核心家庭经过一段时间的经营，又可以重新聚集财富。如此反复，从总体上看，房族的家户数量越来越多，各个家户都分别掌握了一部分财富，当遇到重大事件时，房族整体全部动员，亦可迅速聚集一定数量的人力、财力，房族势力就越来越大。现今村寨中普遍认为的实力雄厚的"母猪形"两支，姜佐兴一支与"四合院"一支，他们都因祖上兄弟较少，或者几代单传，所有经世累代的资本都沉淀下来，被较少的继承人传承，并没有因为兄弟众多而被瓜分为势单力薄的众多小份额家资。房族势力发展的一个重要前提就是家庭的延续，家庭的延续重点是男嗣，一个家庭若无男嗣，一般先从自己的亲兄弟中寻找合适的继子过继到自己名下，若亲兄弟中没有，再扩大到堂兄弟、房族中，最后的情况是从外村外姓人中寻找男性继嗣。

清水江下游地区以盛产杉木著称，这里的人们靠山吃山，房族也以种植杉木、经营山场为主要的生计方式和经济活动。任何经济行为都存在一定的风险，经营可能成功，但也有可能失败，房族将众人联合起来，便可以聚沙成塔，将每个人所掌握的财富聚集起来；同时又可以将风险化分成若干小份，降低每个个体承担的比例。加池寨内栽种杉树和经营山场至少都是主干家庭以上的规模，兄弟、叔侄等常常出现在同一次山林交易之中。在清水江下游少数民族地区特色文化的浸染下，山场权属成为一个既有特点又异常复杂的问题。"以坟管山""以契管山"成为确认山场权属的两个重要原则，因为阴地不仅事关山林权属，更关系到在村落内居住的正统性，所以经常会有偷葬、错葬、盗葬的事情发生，正是这样一个诉讼的过程，不仅重新析分了山林权属，也强化了人们的地权观念。

加池寨内的大户望族还通过联姻来提高自己和姻亲家双方在一定区域内的威望和势力。黔东南地区流行的姑舅表婚将联姻两家紧密联系，使之成为一个整体，世世代代荣辱与共、休戚相关。陪嫁山与陪嫁田按照姑舅表婚的原则，在两个房族中永续循环下去，在达到财产不外流的同时又增强了两大房族的感情，成为一个良性循环机制。同时，陪嫁山、陪嫁田作为出嫁女儿的嫁妆，成为女方的私置之产，继而转化成在女性代际间传承的财富，与男性代际房族财富传承并行不悖、相辅相成。

靠木材贸易起家的山客们逐渐意识到地方政治的复杂性和文字的重要影响，于是纷纷按照中国最传统的形式——科举跻身地方政权体系之内。无论是靠自身努力考取功名，还是借助朝廷开捐之门买得一官半职，总之，加池寨的精英山客通过各种途径转化为"绅商"，成为朝廷能倚重的村寨基层"乡约""首人"等。谁可以成为国家在基层的"代理人"对于村寨全体成员来说都非常重要,这是一件光耀门楣的大事。在村寨层级,"母猪形"房族正是通过世世代代捐官,努力与朝廷保持某种联系,才得以维持自身在村寨内部、村落之间甚至更大范围内的名望和威信。

第四章　村落生活与房族互动

　　共同生活在同一村落中的不同房族，它们之间的关系十分密切，又很微妙。一方面，由于不同历史时期相互之间持续的血缘延续与经济合作，特别是山场杉木所有权的共有和分股的关系，形成了共同的村落权益和经济利益，在一些和其他村寨共同进行的地方社会事务中，几大房族作为一个整体同其他村寨进行互动，表现出较强的同一性；另一方面，不同时期各个房族势力强弱不同导致的资源和利益分配不均、不平衡等问题，使不同房族之间也会相互竞争，明争暗斗。团结合作与相斗竞争的此消彼长贯穿了村落房族之间关系的始终，或许，明清时期特别是清朝中后期，随着清水江下游地区的渐次开发及发展，这样的一种生活渐成常态。

第一节　作为整体的房族：团结合作的视角

　　"八山一水一分田"的自然生态环境影响了清水江下游地区人群的主要生计方式，明清时期长江下游地区对于木材的需求量日趋增长，清水江下游区域性木材市场的形成等因素都有意无意地促成了清水江沿江两岸深山箐野人群的经济活动。他们种粟栽杉，蓄养杉山，等到二三十年以后砍伐作贸。在这个过程中，荒山荒坪渐次开垦，山林权属也日益明确。由于木材生产的特殊性要求，只有在栽种初期的五年之内需要投入较多劳动力，剩下的生长期并不需要投入太多资金和时间。再者，杉木的生长周期较

158

长，二三十年才砍伐作贸一次。以上种种特点使我们看到了山场经营过程中的整体性和规模性特征。在清水江文书中，山场多以"块""团"为单位，四至除了以自然的冲、岭、顶、河、路（洪路）、栽岩为界，还多以邻家山场边界为界。山场的整体性所有权可以分为"上层之皮"与"下层之骨"，山场的土股（地股）在砍伐之后仍归原主，上层之皮土可以租佃给外人。一块山场的整个经营过程如图4-1所示。

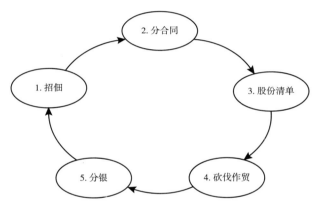

图4-1　山场栽种经营流程示意

一团山首先要招佃，地主、栽手一般五五分成或六四分成，等到栽手按照佃字使山场成林后，地主与栽手再订立一个合同，确定山场杉木砍伐之后所得银两的分配比例。之后，山场土股和栽手股都可以转卖，但可以确定的是土股、栽手股仅包含现在生长着的这片杉木此次的砍伐价值，等到山场砍伐完毕，"地归原主"，栽手股份也随着杉木的砍伐完毕而结束。依此，加池寨内山场因整体性和规模性并没有将整团山分成若干小份分派给每个个体，而是将山场的土股股份分派，父辈在分家时将自己所占之股均分给自己的下一代，儿子辈按照父辈们的做法再分，如此延续下去。正是因为分山实际上是"分股不分山"，所以一块山、一团山的经营还是一群人的事情，是一个房族的共同事务，大家还是共同经营和管理着"祖遗之山"。

一 合力经管祖业

山场的经营需要世代的共同积累，在上一章中我们已经看到姜佐兴、之毫、之谨、开让、献义等几代人的苦心经营过程。既然是"祖遗之山"，只要是先祖后裔，就有权分享先祖遗产。山场是一个可以不断循环产生财富的生产性资源，正因为可以源源不断生产出财富，其成为许多人"混争"的目标，这才有了"善管田地恶管山"的说法。

合力经营祖业，代表着具有共同血缘关系的世系群要团结一致，尤其是面对较为重大事件时更应如此。下面一张契约就讲述了光绪十年九月"母猪形"房族"三公"后裔与明高、秉忠所代表的"金盘形"房族争夺"冉底"之山，因费用不足，"三公"后裔协商将"三公所遗山场""翻七鼎"卖掉以筹集经费的事情：

> 立卖山场杉木字人三公后裔，长公姜克顺、克贞、凤凰叔侄，二公姜凤仪、凤至弟兄叔侄，三公姜开周、姜大明弟兄叔侄众等，今将三公所遗山场壹块，地名翻七鼎界。此山界址上下凭买主，左凭洪，右凭买主，四至分清。此山为因与明高[1]、秉忠争冉底之山，要钱费用，众等商议，愿将出卖与姜大明叔侄、献义叔侄共买。分为式大股，大明叔侄占壹股，献义叔侄占壹股。当日议定价钱四佰文。自卖之后，恁凭买主修理管业，众等不得异言。恐后无凭，立此卖字是实。[2]

---

[1] 姜世泰之子，笔者根据《姜氏族谱》注。
[2] 张应强、王宗勋主编《清水江文书》第 1 辑第 1 册，第 175 页。

按照加池寨所存光绪十年之《姜氏族谱》，此"三公"指甫明、甫元、甫臣，那么上述契约上的名字中辈分最小的人是凤仪、凤凰、凤至这些凤字辈的"三公"后裔，已经是"三公"的第五代人了。为了保住房族的"再底"山场，"三公"后裔商议将祖遗公山暂时卖给本房族的姜大明叔侄和姜献义叔侄。这其实是最好的办法，祖遗山场既没有落入外人之手，又达到了筹集经费的目的。这则契约实则是一个房族成员众志成城、合力护山的生动故事。

另一个值得我们注意的1-2-6-007契约①是关于先年佃山的刘明秀在栽种土名为"乌漫溪"的山场，嘉庆八年时因家中缺少用度，就将栽手股一股卖与山主。这块山场是"八主之山"，这八个主人分别是姜佐兴、仕周、宗周、华周、廷凤、德相、朝正、廷德，这些人是加池寨内"母猪形"和"金盘形"房族的代表。刘姓并不是清水江下游本土乡民的常见姓氏，按照当时的情况，刘明秀应该是溯河而上到清水江沿岸山岭中以佃山栽杉为生的移民，即外来人。一块山场栽种有杉木4200余株，也可见山场规模不小。由此可见，清朝前期，加池寨内"母猪形"和"金盘形"两大房族或许还未完全分离清楚，两个房族尚处在融而未分的情境之下，在经营公共之山时，还是以一个整体出现，无论是土股，还是栽手股，都是"八主"共占，并未完全析分清楚。

诚如我们在咸丰八年1-2-8-009这份佃字中所见，七公山确实系七个"公"所遗之山，但"公"并不一定就指两代人，很有

---

① 契约全文如下："立断卖杉木字人刘明秀，先年得佃加池寨八主山，土名乌漫溪山场一所，种地栽杉。其木分为式股，主家占一股，栽手占一股。今家中缺少费用，无出，自愿将屋对门一块再木四千式百根，上凭田，下凭老木，左凭田冲，右凭干沟，四至分明。将栽手一股出卖与八主姜佐兴、仕周、宗周、华周、廷凤、德相、朝正、廷德名下承买为业。当日议定价银式拾二两整，亲手受回应用。其木种地不得朽坏，休补成林，不得推躲。自卖之后，恁从买主管业，卖主弟兄人等不得异言。恐后无凭，立此断约一纸，永远为据。"见张应强、王宗勋主编《清水江文书》第1辑第5册，第328页。

可能超过两代，超过两代、三代以后，表现为被压缩的世代，也被当地人统称为"公"。那么我们从佃字最右方见到的七大股是土股的下一级分配比例："姜克昌弟兄三人占乙大股；开文、凤仪、恩瑞共占乙大股；开义、开周、沛清、开运众人占乙大股；福元、福忠、凤兰、兴兰、含忠、言忠六人共占乙大股；开祥弟兄二人占乙大股；开书、维远、廷相、老尚四人共占乙大股；龙文高、文明、长生三人共占乙大股。"而这七股没有哪一股是一人独占，都是兄弟或者众人共占，那么在招佃这件事上，大家自然都要参与，共同协商，齐心协力将祖遗之产业经营好。

另外，当村寨作为一个整体出现在区域性的公共事务和社会生活中时，村落内不同房族所有成员都表现为同心同德，团结御外。我们看到的另一纸契约，是对文斗河边场市"经纪收费"股份的确认，时间比较晚近，为 1931 年，其间当经过了复杂的继承、析分等。该契字云：

> 立分合同文斗河边场市字人本寨应占拾股之壹，我寨之壹大股再分为拾小股，日后场中经纪收费亦照拾小股分当，不得妄相争，其股分列于后：姜恩宽、恩溥、广德、长贵、献朝等共占壹小股，姜梦麟、梦鳌、梦海等共占壹小股，姜梦熊、梦兰、梦琪、纯善等共占壹小股，姜永明、永堂、显堂、永泰、贞银、永兴、合生等共占壹小股，姜凤翎、秉干、秉珍、秉魁等共占壹小股，姜元秀、元贞、元瀚、元灿等共占壹小股，姜作文、纯秀、纯义、纯敏、坤泽等共占壹小股，姜凤德、元魁、永道、继滨、献忠、献文等共占壹小股，姜继琦、继元、继贤、文忠、文科等共占壹小股，姜源淋、永清、金培、文举等共占壹小股。捌号老合同存姜恩宽手。①

---

① 张应强、王宗勋主编《清水江文书》第 1 辑第 1 册，第 261 页。

从这张场市股份合同中，我们看到加池寨占这个场市合同总股数的十分之一，因为材料有限，我们无从得知其他十分之九是被哪些村寨分占，各自占的比例又是如何。但是文斗河边场市的这十分之一股是如何又分为十小股的，我们可以看得非常清楚，其中"姜元秀、元贞、元瀚、元灿等共占壹小股"明显即为此四人的父亲姜献义所占遗之股份；"姜凤翎、秉干、秉珍、秉魁等共占壹小股"即为姜凤凰、姜凤来、姜凤翎兄弟三人所占遗之股份，其中秉干与秉珍兄弟二人为凤凰之子，秉魁为凤来之子。这张文斗河边场市股份合同多少含有"股份世系承继"的意味。合同中一共有47人，其中既有"母猪形"房族的，也有"金盘形"房族的，作为一个整体，这47人全权代表了加池寨全寨人所占有的文斗河边场市的管理股份。在场市中做生意、摆摊设点都要交管理费、卫生费等，即所谓的"经纪收费"，这些"经纪收费"也会按照各自所占之股份分配。

在经营祖产的过程中，祖产是一个整体，是一个虚拟的联合体，那么在其中运作和经营的始终是分散的个体，让具体而微的个体在虚构的联合体所占收益中分享实际利益才是一个虚拟联合体能够延续下去的关键。无论是山场还是场市，按股分配收益，实际上可以将整体中每个个体的积极性充分调动起来。这就类似于今天我们经济生活中的股份制，假设一个个体在整体中所占股份的比例是不变的，那么整体越大，个体所能收益的就越多，在个体看来，自己的努力实际上是可以有所增益的，所以个体就倾向于更加努力为整体利益增长而尽心竭力。

村寨作为一个整体存在的意义不止于此，村寨作为一个整体不仅对内承担着保护其内部成员的责任，还具有对抗外部压力的作用。不同房族虽然各有利益，但是在一些对外事务上，不同的房族也被看作加池寨整体的代表，无论是哪一个房族的哪一个个体，在这种情况下都会变成无差别的"加池寨人"，那么在一致利益原则支配下，不同房族之间自然同气连枝，一起合力经营祖业，共同处理对外事务。

二 南岳庙的建立及管护

加池村内原有一座南岳庙，村寨中很少有人见过它的真容。1947 年的一场大火将南岳庙烧得片瓦不留。据村中老人回忆，南岳庙是一栋二层的木质结构楼房，"里面供奉着四个神仙，有南岳菩萨、文昌菩萨、判官、小鬼"。作为加池寨内的信仰空间，南岳庙的建立就是在村寨内几个不同姓氏共同推动下促成的，中间的复杂变化因为缺少有效的史料支撑，留给我们较大的想象空间。笔者遍寻清水江文书，于资料堆中发现与南岳庙相关的记录文书 5 份，先列于下：

> 1-1-4-062　道光十捌年二月廿九日，世和、世道、世红、世杰、之豪、开文、开明、开让等存银九两四钱整，以敬南岳菩萨寿旦。十二月十六日，今众等同心合意，付与世明收存，每到寿旦之期，各人诚心敬奉。日后人人子孙发达，富贵双成。其有银两，日后不拘内外借代，先出当头，通知众等。一言银内大二定、小乙件件。恐口难凭，立此字为据。之豪九九平，开让笔立。
>
> 十九年寿旦用去五钱二分；二十年寿旦用去七钱五分；二十年八月初四，开文借去二两九十五分；二十八年三月初五，凤仪借去银乙两；廿一年寿旦用去五钱一分；廿二年寿旦用去五钱八分；廿三年寿用六钱五分；二十四年寿用七钱五分；二十五年寿用五钱一分；二十六年寿用去四钱一分；二十七年寿用去四钱；廿八年寿用去三钱七分。①

---

① 张应强、王宗勋主编《清水江文书》第 1 辑第 2 册，第 62 页。

1-2-6-100　立将山场充公字人本寨姜大荣、姜献瑞、姜凤仪、恩瑞、光朝、庚寿等所有共山壹块，地名冉皆豆，此山界止上凭土坎，下凭大荣叔侄之山，左凭世培之山，右凭大荣叔侄之山，四至分清。此为因争论，各山主自愿凭中将充与南岳庙管业。自充以后，各山主等不得异言。共有田坎下之壹幅，凤仪、光朝二家不得混争，俱系大荣叔侄管业。恐口无凭，立此充公字存照为据。光绪四年十月十八日立①

1-1-4-196　光绪廿五年借南岳会新宝本银叁两八钱正，每年该利夕壹两三钱六分八厘。从廿五年至民国十年共廿二年，合算该利夕卅两〇一钱，合本利夕该卅三两九钱正。

此夕从廿五年敬神用费至卅四年止，共用新宝夕叁两九钱六分。又从宣统元年至民国十年止，共十三年，敬神共用夕拾两〇三钱三分。

将新宝照六八扣，该夕廿三两〇五分二厘。又将廿五年至卅四年之收用利夕折老宝，该文二两六钱九分三厘。

两笔共收利夕拾三两〇二分二厘，除收之外，只欠会上本利□银拾两〇〇三分。②

1-2-5-022　签呈（民三六年十月二四日）　窃查加池寨确有南岳会、土地会、拯济会所有之田产、杉山，曾于民国三十三年本寨卸保校长姜纯香任内因建校舍费不敷，地方不能筹款，自愿提归学校，以作建校之用，并有会议纪录。以上几会所有之现金、现谷，业已动用完尽，仅余有拯济田伍石，尚存其有南岳杉山及土地杉山各一块，只意学校被禄得以又起。不

---

① 张应强、王宗勋主编《清水江文书》第1辑第5册，第421页。
② 张应强、王宗勋主编《清水江文书》第1辑第2册，第200页。

料今被本寨姜家望、姜纯熙卖入私囊，并不通知地方绅耆……①

1-2-5-021 案奉锦屏县政府本年七月十七日教（36）字第1054号，以据该保国民学校呈以加池之南岳会、土地会两公共产业，经全部提充作该保保校建筑之用。其中尚有杉山数块，现被痞徒私行滥卖，饬即先行封阻，并派员前往彻查等因。奉此，业经本所派员查明，南岳会之山，地名党秧岗套，曾经卖主姜元翰等卖与王寨王名成（此木未砍），又土地会之山，地名皆漏脚，（另名）果桉，曾经卖主姜纯熙等卖与文斗姜先贵（此木已砍未搬）。除呈复外，合行发给封条二纸，会仰遵照分别前往张贴，并随时看管具报。在未经政府开封以前，不准何人乱砍乱搬为要。②

从时间跨度来看，这5份关于南岳庙的相关记录从道光十八年（1838）持续到1947年，有100多年的历史。道光十八年二月二十九日，加池寨世和、世道、世红、世杰、之毫、开文、开明、开让等8人存银9两4钱整，以敬南岳菩萨寿诞之用。根据1-1-4-062的记录，每一年菩萨寿诞之费用都非常低，为3钱到8钱不等，何以这8个人筹集了9两之银？十个月之后，我们便知道了这些人"存银"的真正目的，"其有银两，日后不拘内外借代"，让银两借贷生息才是这群人合力筹银的重心。

此后，加池寨这些人便借着敬奉菩萨之名，每年得以聚会，查看南岳会之银的收支情况，可能也会将增收的银两按初始出银股份分红，"以神之名"让借贷生息这件事情变得容易操作，并

---

① 张应强、王宗勋主编《清水江文书》第1辑第5册，第189页。
② 张应强、王宗勋主编《清水江文书》第1辑第5册，第188页。

深得人心。虽然利息很高（年利率3.6%），但是可以解决山客们暂时的资金短缺问题，很多人还是愿意去借南岳会之银的。从文书1-2-5-021和1-2-5-022来看，南岳会除了有现金银两，还有山场、水田等，这些或许是由南岳会的主要负责人等商议购置，但毋庸置疑，这些山场、田产还有一个来源，就是将有争议的山场、田产充公而得。1-2-6-100便证明了这种情况的存在。姜大荣、献瑞、凤仪、恩瑞、光朝、庚寿这六人为山场"冉皆豆"争论，双方都没有充足的证据证明此山是自己的而非对方的。为此，只好将此山"充与南岳庙管业"。

　　从道光十八年至道光二十八年，共11年时间，每一年加池寨这些南岳会成员都会相聚在南岳庙内，试想，若是不能团结齐心，也不能维系这么多年。1-1-4-196这份计算利息的清单上没有姓名，我们无从知晓这到底是一份南岳会借贷整体的清单，还是个人借南岳会银两的结算清单。若是个人的借贷，那么此人从光绪二十五年（1899）借到南岳会的三两八钱新宝本银后，到了1921年还没有归还，共借去使用22年，时间未免略长；若是南岳会一段时间内的清算单，则可以看到南岳会内3两8钱新宝本银在22年后的本息情况。前面提到南岳会之银的贷款利率颇高，年利率为3.6%，比一般的"照月加三行利"相差不多。在这张清算单中，执笔之人用南岳会这22年的本息共新宝银33.9两之数，减去敬神的费用14.29两，结余之银再进行六八扣，这里的六八扣很可能是根据银子成色进行折兑的一个过程，最后得出的数字就是南岳会这些年的纯收益。此执笔之人或许就是南岳会专事财务的会员，我们可以模糊地看到这样一种具有经济功能的民间信仰组织逐渐生成的过程，这与清水江下游地区木材贸易市场机制的逐渐形成相一致。

　　依据1-2-5-021和1-2-5-022两份签呈和训令可以得知，村寨除了南岳会外，还有土地会、拯济会等其他神庙控产，村寨内口述资料也较为一致地显示出其他诸如"路田""渡田"等公共控产。关于各种"会"所控制的财产的运转，村寨中的老人如是说：

> 南岳庙有田，有庙会，有路会。庙会也有田，路会也有田，渡船也有田——渡船田。轮班管，今年是我，明年是你，后年是他。大家有个组长，大家来商议，大家决议，哪个来佃种那个田就可以对半分。借给庙会的是钱，要是自己有钱，就自己垫上，相当于租金，要是自己没钱交那一半，就把谷子收了卖出去，得了钱交给庙会。得了钱以后就用来买香、买纸、买炮，买酒、买肉、买米，有日期规定哪月哪天，大家都去吃一餐，日期我忘记了，年年都是那一天。

所有这些向我们展示了一幅生动的村落社会生活图景，村寨内各类各色的社会组织在社会互动中具有突出作用，它们与村寨内的房族相互联系、相互交叉，成为控制山场山林财产的主体，与其他社会组织协同作用，共同维系着村寨内的社会生活秩序。

第二节　论争：过去的"历史"与现在的"社会"

一个民族的传统史非常重要，其深层原因是过去的"历史"构成了今人思想的一部分，从而影响到今天我们人类学家能够直接观察到的社会生活。[①] 记忆作为人类的主观活动之一，具有极强的选择性，我们可以从人们所表达的"历史"中去窥见人们所"建构的过去"。哪一类事件会被牢记，它们与什么样的社会情感和权利相联系，普里查德提醒我们尤其要注意家族和宗族对土地的权

---

① 〔英〕爱德华·埃文思-普里查德：《论社会人类学》，冷凤彩译，世界图书出版公司，2010，第133页。

利。① 当然，以农业为主的乡村社会和以商业为主的乡村社会还是会有较大区别。清水江下游地区以盛产杉木而成为一个久负盛名的区域性木材交易市场，这一区域内有很多人以此为生，这种生计方式必然对这一地区人们的日常生活尤其是经济生活产生较大的影响。加池寨就是受这种林业经济影响较为明显的村寨之一，如同牧区把牛羊当成家中最重要的财富一样，在这一片杉树覆盖的土地上，山场杉木成为人们心中最重要的财富之一。村中 80 多岁的姜睦昭老人多次强调若村寨内发生火灾，房子内的金银细软都可以不去抢救，但是一定要在第一时间把契约抢救出来，因为契约是管理山场的唯一凭证，而山场是家中最重要的财富。既然山场就是财富，那么杉木在当地人眼中就是随时可以转化为现金的增值性经济产品，又因为山场在经营和管业的过程中，土股、栽手股及其再下一级又分为很多小股，只要在砍伐之前，股权随时可以转卖，这样很容易造成混乱，因此，村寨中关于山场杉木的纠纷始终没有中断过。本节拟将加池寨内"母猪形"与"金盘形"两大房族之间发生的几次影响较大的争讼具体而翔实地展现出来，以期呈现一种别样的少数民族林业地区的房族文化。

一　利益之争：以山场杉木买卖为中心的争讼

在第二章中我们看到在抵御匪乱、保护家园之时，加池寨内的"母猪形"和"金盘形"两大房族同仇敌忾，协同作战，其代表人物有"金盘形"房族的姜世泰（又写作姜世太）和"母猪形"房族的姜大荣，两人在咸同兵燹中都有突出表现，在地方上也是名噪一时。战事平息后，两人因为山场纠纷而对簿公堂，这件事情也愈演愈烈，由两个人的矛盾演变为两大房族之间的矛盾。在这场以抢夺山场杉木为核心的争讼中，我们看到在实际利益的驱动下，具有

---

① 〔英〕爱德华·埃文思-普里查德：《论社会人类学》，第 133 页。

血缘关系的同一房族成员"背离"了自己的房族，站到了另一房族一边，将曾经并肩作战的"小伙伴们"告上公堂。

（一）"菜书"：姜世泰与姜大荣的官司

"菜书"是文斗一块山场的土名，这团山引发了加池寨内以姜世泰、凤仪、恩瑞、明盛四人为一方，以姜大荣、作英（文斗人）、沛清、遇昌（又写作玉昌）四人为另一方的一场旷日持久的诉讼。首先笔者要交代一下涉诉的纸上有名之人的相互关系。姜世泰属于加池寨内"金盘形"房族，凤仪、恩瑞是叔侄关系，凤仪与恩瑞之父凤鸣是共祖父的，其祖父为姜廷德。姜大荣的祖父是姜佐兴，而姜沛清的曾祖父是姜佐兴，姜作英是姜大荣的姻亲。并且，姜大荣与姜世泰在咸同兵燹时是加池寨所在三营之中营的重要领袖，两人在抵御匪患的过程中偕同御外，相帮相扶，显示出同心协力与团结一致，而今两人却各自邀同其他人等对簿公堂，这其中原因为何？且同为"母猪形"房族成员的姜凤仪与姜恩瑞作为"四合院"一支的代表人物，在这样的紧急关头却"背弃"了自己的房族族亲姜大荣、姜沛清，转身站在了姜世泰一边，这其中的缘由又是什么？这件事情发生背后的社会机制和房族意识到底是怎样的？通过清水江文书，我们能够得到些许线索，依靠这些线索我们得以窥见清朝末年加池寨社会生活图景的片段。

附录二中所列 6 张诉讼词稿是散落在《清水江文书》第 1 辑中的，由于所有的状纸都没有具体的时间落款，笔者根据状纸内容作了简要排序。这 6 张状纸有姜世泰一方诉姜大荣的（菜书 1、2、4、5、6），也有姜大荣一方诉姜世泰的（菜书 3）。这次诉讼发生的时间大概是咸丰年间或光绪初年，诉讼内容本身就复杂，而且由于年代久远，当事人都已经长眠地下，村寨中的老人早已不记得其中原委，但是这些不确定性并不影响我们通过上述诉状来看当时的加池社会样态。

我们先通过双方的诉状厘清争夺山场的大致过程。在"菜书 1"

中，姜世泰、姜恩瑞、姜凤仪三人将姜大荣、姜作英二人告到官府，因为上一年姜世泰砍了自己祖父买的文斗寨菜书山场的一百余根杉木发卖，突然遭到本寨姜大荣、文斗寨姜作英的阻挠。大荣和作英并没有亲自上山，而是请姜光秀、兆祥（又写作向祥）二人上前，说正在砍伐的山是"伊之业"，姜大荣还说沛清、遇昌手上有此山卖契，且系与姜作英祖上共有。既然双方各执契约，就干脆拿出来比对，"不同界、址亦异"，而且姜世泰还有这片山的栽手作为"活证"。岂知姜大荣等并不讲道理，姜世泰没有办法，只好要求"入庙鸣神"，大荣等畏惧不敢。奈何姜大荣人多势众，强行砍掉数百根木头下河作贸，姜世泰只好求助官府。

既然已经走到对簿公堂这一步，姜大荣家凭借祖上姜佐兴的名望和殷厚家资，并不惧怕姜世泰的诉讼，于是随后以"倚山霸山"为名将对方诉至公堂。姜世泰一方也没有示弱，并把姜明盛拉进来一起状告姜大荣、沛清、作英几人"恃恶混争、串拴磕占"。这一次姜世泰将自己如何经营菜书山场一一道明：祖父砍伐三次，在道光年间自己又卖给姜光秀砍伐一次，去年当自己又一次砍伐山中木材一百余株时，姜大荣、姜作英、姜沛清、姜遇昌几人生出不良之心，光秀和兆祥二人作为中人前来阻止。姜世泰又说明这片山场的交易情况：同治元年，姜凤仪将自己所占菜书的股份卖给了世泰，姜大荣还是中人、代笔，如果中上截确是姜大荣的山，为何在契约内不写明"上抵大荣之山"呢？况且这次所砍之山的栽手尚在，可以前来对质。

得知姜世泰在"菜书2"中的种种诉词，姜大荣也按捺不住，遂将自己所持有的契约拿出来审验，说菜书山场的股份系自己祖父姜佐兴和作英之祖姜□玉买自文斗姜廷瑜所占之股。山场四至为"上凭坎，下抵岩洞，左凭岭，右凭冲"，姜大荣说姜世泰他们的山在右边，左边就是文斗的山了，上一次他们发卖的山也是右边，他大荣是栽主，还是和他们一起卖的山，他的先祖所买之山在中上截，世泰他们的山在中下截，且他们卖山的时候，他也确实是中人，若当时中上截也是他们的山场，世泰他们肯定连同中上截在内，一起砍伐下河了，何苦又等这么多年呢？另外，姜大荣还指出对方证词的不准确和不可信性，姜世泰说他祖父砍伐了三次，道光年间又砍伐一次，"未有廿年之久，能砍伐四次？"姜大荣对他们的说法提出了种种质疑。

如此一来，姜世泰似乎要再递一纸申明情况。这次一张状纸已经不能表达他内心的愤慨，于是"菜书4""菜书5"相继出炉。姜世泰除了继续坚持他在"菜书2"中的证词，还条分缕析陈述了如下三点。（1）大荣祖上买山的时间为嘉庆十一年，比世泰晚，若真在世泰山场之内，何不言明"上抵世泰之山"？（2）现在有争议的山场上届卖给光秀，为何大荣的父亲并无异言，也未争论呢？（3）大荣在有争议的这团山附近确有杉山一所，但在对面湾，他是"借总地名冒占""借总地名冒争"，姜大荣更是口出狂言，说只要是没砍伐的山都是他的。

这样接连两张诉状递上之后，并没有见官府有何举措，姜世泰心急如焚，他马上又写了一张简短的"续请派差拘拿姜大荣等到案听讯"的诉状（菜书6）。这一次姜世泰更是声泪俱下，诉说姜大荣、姜作英等人倚仗自己人多势众，家境殷实，并不到府城内听讯，他们用财物贿赂了官差，半路逃脱了。这还不止，更严重的是姜大荣回家后，还邀约了其他两个姜姓人到姜世泰家中闹事，闹得世泰家中老少心中惶恐不安，他还要世泰出具字据"包伊无事"。姜大荣确实"肆行无忌"，世泰也是实在没办法，只能继续申诉。

综观这6份关于菜书山场争执的诉状，不难发现，世泰在这件事情上一再苦苦倾诉，还搬出姜大荣等一向以强凌弱、横行乡里的事实："去岁，九寨难民逃到山中大棚居住，姜大荣还冒充山主，收取租金十余千。"此时的姜世泰已经年近七旬，况且他在城内

"候案二月有余"，身上的盘缠也所剩无几……但这样一来一回的状纸递上官府，结局又是如何呢？目前所见的文书中并没有相关的判决书，但光绪三十三年六月间与菜书相关的一张分清单合同间接告诉我们这件诉讼案并没有得到一个明确的了断：

> 立分清单合同字人嘉池姜凤文、显国、恩瑞、献义，文斗姜述圣、锦标等，为因先年祖父有山，坐落地名加池塘，另名赛书之山场一块，由咸丰年间凤文、述圣之祖父与显国、恩瑞等之祖父两下各执契据兴讼，未经断明，将木充公延缓。迄今木植复又长大，二比自相商议，不忍损伤族戚谊气，将此山着为式大股均分。此式大股又分为四小股，凤文叔侄五家与献义、元俊叔侄占壹小股；述圣、锦标叔侄占壹小股；显国弟兄作干叔侄占壹小股；恩瑞、恩泰、恩厚弟兄叔侄占壹小股。其有山界：上凭文斗姜姓山以小巅为界，下凭岩硐以显国、恩瑞山，左凭上破小岭、下破小冲为界，右凭岩冲直上两边，俱凭显国、恩瑞山为界。自分之后，两下契据总以清单，日后永远各执一纸存照。
>
> 　　凤文、恩瑞、显国、锦标四人各执一纸[1]

通过上述清单合同，我们看到了姜大荣与姜世泰之间这场轰轰烈烈的官司的结局：未经断明，将木充公延缓。木植又长大后，"不忍损伤族戚谊气"，就将此山分为两大股，这两大股又分作四小股，以凤文、恩瑞、显国、锦标四人为代表，各家分占菜书山场的25%。其中要说明的是凤文是大荣的后人，显国是世泰的后人，锦标则是文斗寨姜作英的后人，恩瑞未变。光绪三十三年，这团山复又成林，砍伐下河作贸，在上次祖辈们"执契据兴讼"的阴影

---

① 　张应强、王宗勋主编《清水江文书》第1辑第3册，第121页。

和隔阂下，两寨四家主要代表决定不计前嫌，各自退让，达成一个和平的交易，因为拿到银两才是最终目的，大家都是房族亲戚，也不宜伤了和气。这样，关于菜书山场的纠纷和争讼总算是有了一个圆满的了结。在这个过程中，咸丰年间的那场兴讼是官府渔翁得利，将木材充公，原告、被告均未分得利益；在光绪三十三年时，两方的后人或许是害怕历史重演，对簿公堂后都没有把握将对方压倒，便各自退让一步。

在有关菜书山场的这次兴讼中，我们看到了加池寨内两大房族、文斗寨姻亲和官府几方势力的竞争与角逐。官府虽然并未出示一纸明确裁决，但正是这种暧昧态度，使加池寨姜大荣、姜作英与姜世泰、姜恩瑞内心忐忑不安，摸不着头绪。菜书山场这次的数百余根木头最后的结局是"充公"，细细想来，这批杉木既然已经准备"下客商"，何故又入官府囊中？这里不得不提清水江下游地区木材贸易中独特的"主家"制度。主家即为"行户"，是锦屏三江木材集散地内被国家"许可"的买卖中介，沟通苗民山客与下河客商的"官媒"，所有要卖给下河客商的木材都要放在主家的排坞内，由主家开盘定价，然后减去吃喝住宿费用等，剩下的木材款项再由三江主家兑换给山客。三江主家与地方政府之间关系密切，所以一旦山场内出现涉及木材的纠纷，山客们首先要做的就是拦截木头，封阻木款。那么能够下达给三江主家封阻令的只有官府，所以山场纠纷在中人无法调解的情况下，多半会以官府介入的方式解决。虽然菜书山场争讼事件只是咸同兵燹之后清水江下游地区社会经济发展过程中的一个片段，但这并不影响我们由此窥见清水江下游区域内社会、经济和人的活动的"机制"。因为对相似事件不同时期、不同人群可能会有不同的处理方式，而且处理方式会受情境和累积的经验的影响。社会、经济和人的活动的"机制"，即人们办事时遵循的最基本的规矩，社会的内在运行机制就体现在人们如何平衡各种利弊得失以及深思熟虑之后的具体行动中。

　　房族之间一旦结下梁子，那么在村落这个有限的空间内，人们的记忆便会随着时间的流逝而发酵。姜大荣所代表的"母猪形"姜佐兴一支和姜世泰所代表的"金盘形"房族在接下来的时间内仍然表现得不甚和睦，"面和心不和"即是对他们这两群人之间关系的真实描述。两个房族之间的紧张关系还表现在日常生活中。

　　1933年初夏，加池寨内"金盘形"一房的姜纯义、纯敏、锡珍等人在木房子门口吹风，看着庭院旁翠竹长出嫩绿的新叶。这本应是一幅宁静乡村安逸生活的美好画面，谁知，姜元贞兄弟几人突然造访，说他家的横屋屋脊直射到元贞家的房子，这样对他家不利。两家人你一言我一语地吵了几句，不欢而散。此时，姜纯义、纯敏兄弟想起当年先祖姜世泰与姜元贞家先祖姜大荣之间打过官司，相争多年，往事浮上心头，愁绪万千。但问题还是要解决，既然两家都不服软，就请来中人从中调和。姜显堂、姜梦熊是纯义、纯敏、锡珍的长辈，又是同一个房族的，他们的话几个晚辈还是会听的；范锡盛是姜献义的亲家，是岩湾寨内数一数二的巨富，在四里八乡也是响当当的人物。这几个人同姜元贞、元瀚、元灿兄弟等一同来到姜纯义、纯敏、锡珍的横屋前，指指点点，口中还一直不停地说着什么。最终，姜纯义兄弟做出让步。木房子最重要的梁、柱还须自己动手才好，"倒柱竖柱"自然由纯义兄弟自帮，其他"木匠之拆板片，装修工价、食，均由元贞兄弟负担供应"。[①] 事件

---

① 契约全文如下："立分拆屋改移向合同字人本寨姜纯义、纯敏、锡珍暨元贞、元瀚、元灿等，情因先年纯义兄弟修造有横屋一重，在正屋之左屋角，而元贞兄弟又云此屋脊原系直射其屋等语，是以两家协商，将此横屋移向，与正屋平排，原立正屋山向，庶免两家相碍。其有木匠之拆板片，装修工价、食，均由元贞兄弟负担供应；而倒柱竖柱等工，而纯义、纯敏、锡珍三家自帮外，应由元贞讨人。本年正屋山向不利拆竖，须等来年春二、三月看好日期定夺修造。此诚出自两家情愿，不得压逼情事，亦不得翻悔异言。恐口无凭，立此拆屋改向合同贰张，各执一张，永远和好为据。外批：屋上盖半边瓦，日后元弟遣纯义、纯敏兄弟□盖装修。木匠务等一气做工，不可停手。凭中：姜显堂、姜梦熊、范锡盛。"见张应强、王宗勋主编《清水江文书》第1辑第6册，第349页。

虽然会随时间淡去，但给子孙后代留下的回忆及夹杂在其中的情感历久弥新。

（二）姜元瀚、姜梦鳌争田水事件

在清水江下游林区，人们用木材换取银钱，再用银钱换取其他生活必需品，其中稻谷、大米占据了相当大的比重，可见粮食对于在林区生活的人们的重要性。加池寨内水田本就不多，这有限水田的好坏多少直接影响粮食产量，继而影响村寨内人们的生活，尤其是在饥荒年代，几斤谷子就可以成为生与死的分界点。加池寨内"母猪形"房族姜佐兴一支的姜元瀚就和"金盘形"的姜梦鳌打了一场关于田水的官司。

对于姜元瀚和姜梦鳌之间的田水争端，锦屏县司法处的人曾前来加池寨内踏勘，由于交通不便或者其他原因，这位前来勘察的差人留宿在了姜梦鳌家，后来也未见传讯梦鳌到司法处问话。再后来，判决书直接下达到寨中，言"原诉人姜梦鳌之水利由大冲沟渠灌养，姜元瀚之水利自有田角之井水灌养，姜梦鳌不得混争。酌姜元瀚给姜梦鳌用费洋二十元，以免纠纷。诉讼费用由两造平均负担"等语。由上述判决可以看出，姜元瀚确系赢了，判决明文禁止姜梦鳌混争，但让元瀚觉得"模棱两可、判断不公"的是那20元大洋之费为何要给姜梦鳌，于是他连续写了两张请求状。或许，我们可以联想到这次争田水事件是两家祖上恩怨的延续。房族作为一种社会组织，其成员无论是在生理上还是在心理上，都有某种内在延续性，这种内在延续性可以影响一代或几代人。

加池寨内的纠纷还有一种解决方式就是神判，比如"抬菩萨"、砍鸡、砍狗之类。基于这样一种民间信仰和民间意识，对于"母猪形"姜元瀚和"金盘形"姜梦鳌之间争田水，村民们也有自己的看法：

　　姜永昭的公与梦鳌因为田水问题，双方就扯皮，都去王寨告状。梦鳌就坐排，又拿一个火桶，冬天时候非常寒冷，梦鳌就坐在火桶上。木排到了张化寨屋脚"沟花塘"的时候，有一个漩涡，倒水，不知道怎么的，火桶掉下水去，梦鳌就溺水死了。意思就是他们没有道理，才会出了这样的灾祸。说起来就是拿一个火桶放在排上，浪头大了，一个浪打上来，火桶难免要倒。这样的一种局面说明永昭家公是有道理的，梦鳌没有道理。①

十年之后的 1943 年，姜元贞、姜元瀚和姜梦鳌还为翻官顺、党周（冉勾皁）山场砍伐下河的木材打了一场官司。姜元瀚和姜元贞分别诉说了姜梦鳌如何伪造契约强占山场杉木之钱，还诉说了姜梦鳌如何刁钻霸道、横行乡里，且姜元瀚、姜元贞砍伐下河的五百余根木头全被姜梦鳌盖上了他的斧印，时下在主家王连顺行内，他们要求将其全数封阻，以免木银两失（见契 1-2-5-088 和 1-2-5-156）。实际上，姜梦鳌在 1943 年 11 月 29 日发生意外，葬身清水江。前面说到姜元瀚和姜梦鳌两人为田水问题争执不休，两家"抬菩萨"到南岳庙中，刚发过毒誓不久，姜梦鳌就发生了意外。不管事实如何，村民们心中已经笃信在这件事情上肯定是梦鳌没有道理，所以菩萨灵验，给人们断案了。

二　名望之争：养蛮坟茔引发的一场官司

新中国成立后，土改和"文化大革命"彻底打破了加池寨内山场林地的经营和管理传统，随着 20 世纪 80 年代以来关于林权的一系列改革，包括"山林三定""四固定"等，山林被划分得支离破碎，内中情形纷繁错乱。后来，国家施行封山育林政策，不准随意砍伐，村寨内这种传统的佃山栽杉、经营管理山场的营

---

① 2014 年 8 月 10 日笔者田野调查访问中所得。

生戛然而止，人们不能再以自家山场的杉木换得银钱来维系日常生活和累积财富。由此，各个房族内部成员的财富呈现出一种新的局面，原来几大富户平分秋色的村落结构被打破，这是村寨内各色人群"重新洗牌"的一次机会。

（一）破旧立新：一块墓地引发的官司

1990年4月10日上午，清明节才过去4天，有十多人在黔东南锦屏县境内一个名为加池的村子里聚集，他们站在一块苗语唤为"皆里得"的墓地旁，拿着铁锹、木棍、锤子等工具，将一座业已存在多年的墓碑砸掉。然后，几个人将一块新碑，包括碑顶、主体、左半部和右半部抬到旁边。墓碑依旧是石制，非常重，几个人跟跟跄跄，费力地弄好。见碑重新立好，几个人终于松了一口气，旋即在碑前摆好祭品，点上香火，祭拜完毕，满意而归。很快，另一伙人发现了原墓碑被破坏。他们围在新碑前观察了几分钟，看见新碑左右两侧刻了一副对联："正脉真血统永远发达，冒祖夺宗者灭族亡家。"读完，他们火冒三丈。于是，两伙人起了冲突，互相叫骂起来。一会儿的工夫，基本上全村的人都来到"皆里得"，有的围观，有的直接加入了这场冲突。

最终，这场纷争还是走了司法程序，原告、被告纷纷登场，公说公有理，婆说婆有理，各找各的支持者。对此，启蒙区公所首先要求双方和解，认为这只是一块古老的墓碑而已，坟墓里面也没有什么值钱的陪葬，更不涉及什么利益纠葛。而司法机关的工作人员认为那副对联不利于民族团结，于是判定写对联的一方毁掉对联、道歉，这场官司就算了结。启蒙区公所迅速出具了判决结果，一式四份，公所留存一份，村委留存一份，原告、被告各留存一份。

故事就这样结束了么？当然没有。虽然这件事情已经过去30多年，但这块碑始终没有被拆除，那副扎眼、带着某种诅咒的对联依然刻在石碑上。笔者初次进入这个位于清水江下游地区连绵起伏的山岭中的半坡村落时，就被村民们告知有这样一块墓碑存在。但是这个问题非常敏感，在没有确定可以敞开去谈这个话题的情况下，笔者不敢直接开口问，直到一年左右的田野调查快要结束时，不同立场的村民们才开口说了他们记忆中这件事情的来龙去脉。

（二）　毒誓诅咒："正脉真血统永远发达，冒祖夺宗者灭族亡家"

这块墓地的主人名叫"姜养蛮"。据说这块墓地风水极好，左青龙右白虎，直面河对岸的莲花山，地形好，一定可以庇荫子孙。新立的墓碑非常气派：顶部是一个"福"字，两边各有一只祥鸟，下面也是飞鸟，中间镌刻了"万古佳城"四个大字。墓碑的左右分别刻有"正脉真血统永远发达""冒祖夺宗者灭族亡家"，墓碑的内侧还有四段文字，左为"日月行□总由东，万里碧晴蔚蓝空，裔封祖公成马□，孝□坟落枝□叶"；右为"悠悠江水似玉带，耸耸奇峰绕佳城，蝶恋花暖翩翩起，英魂升座紫气莲"；上为"肝胆气节报祖宗，浮生乡村如蚁聚，竞来此地结灵钟，脉入昆仑入黔中"；下为"永佑儿孙作奇童，爵薄祖难报深恩，□谨将壿酒□□，坟□千□□□□"。

"正脉真血统永远发达，冒祖夺宗者灭族亡家"，刻在养蛮墓碑两侧的这副对联格外引人注目，它由"母猪形"房族的人撰写，就像一根刺一样，深深地扎在"金盘形"房族成员的心上。加池临近的文斗上寨有人劝解"金盘形"房族的人说，那句不像样的话是说给他们"母猪形"房族的人听的，不是在说"金盘形"房族的人，所以不要那么在意。令笔者感到诧异的是，"金盘形"一房的人竟然对这样一句诅咒性的话语容忍了 20 多年。经过深入的田野调查，当地"抬菩萨"这样一种山林纠纷解决方式才解了笔者心中的困惑。"抬菩萨"是当出现关于山林界线的纠纷时，纠纷双方各背一个菩萨到其认定的山界上，对着菩萨说一些比较狠的话，那么在接下来的时间内，哪家发生了较坏的事情，就是哪家理亏，自然就输了，山界就以赢的一方认为的界线为准。那么依此类推，那副对联就像一个诅咒，哪一家以后发展得不好，就会输掉这场祖坟之争。所以双方安于现状，任这副对联刻在先祖养蛮的墓碑上，也深深刻在两房人的心里。

（三）祖坟之争：一时的官司，永远的罅隙

按照"母猪形"一房的说法，他们的先祖养蛮是从江西迁来的，他有两任妻子，江西原配去世后，娶了塘东的一个苗族女子，这个女子嫁过来时带了一个孩子，所以养蛮算是这个孩子的继父。养蛮和其塘东妻子去世后，原配生的孩子是一房，也就是后来的"母猪形"；塘东来的继子另立一房，也就是后来的"金盘形"。养蛮的两个儿子各立门户，其中"佐"字辈是真正有养蛮血脉的后人，"梦"字辈则是继子的后人。两房的人谁也不服谁，但是在祭拜祖先这件事情上，他们每年清明都去祭拜养蛮。双方都想独自祭拜，但无奈两个房族势均力敌，这件事情就暂时搁置了下来。近年来，"母猪形"一房的人在新政策下逐渐崛起，很多人在村寨中当干部，甚至还有一部分人在县政府里任职，实力的增强和势力的发展使他们想在村寨中得到更多的话语权，于是就出现了这一场"祖坟之争"。

"金盘形"一房的人认为养蛮是他们的先祖。他们回忆说，当时到启蒙解决纷争，就把福通（"六房"）的谱、永昭（"母猪形"）的谱、"我们"（"金盘形"）的谱交给司法签字，他们两房的谱都错了。那是"我们"的碑啊，不晓得福通是怎么想的。后来锦屏司法的人就把谱都拿给齐银（在县里工作的"母猪形"一房的人）看。他说"我们"的谱从上面往下数也是对的，从下面往上数也是对的，他们两房的谱不对，"六房"里面有两辈搞不清楚。后来法庭就判定养蛮是"我们"的先祖，这是有判决书的。"母猪形"的人竖新碑的时候把旧碑砸掉了，这就说明他们心虚。若是嫌以前的碑不好，可以在旁边弄个新的，也不至于砸掉，或者在旧碑上面拓上新字。把老人家的名字都拆毁，重新立碑，不合

理，碑文中的那副对联的话也不好听。当时双方关系变得很僵。其实，养蛮、养楼、养物是三兄弟。养物没有成家，福通他们是养楼的后人，"我们"是养蛮的后人。现在福通他们在里头搞鬼，"母猪形"的人势力太大，他们不敢惹，就想和全寨的其他人联合起来，暗算我们。

"母猪形"一房的人刊刻了新碑，并计划在当年清明节前就将其竖立起来。消息传到"金盘形"一房后，由于他们人少、势单力薄，于是想到借助外力来帮助自己。他们写了诉状，将"母猪形"一族"毁坏历史铁证"的行为告到区县政府：

> 案由：为我先祖姜养蛮早年立有碑墓，今被被告等人再刊碑刻石篡改我先祖为被告人等的先祖，请立即制止由。
>
> 一、原告人的先祖姜养蛮安葬在地名皆里得这地方，早在雍正年间就安葬下来的，而且就刻有墓碑了。我原告深恐被告人毁没老坟墓碑，故此将照有我祖姜养蛮的墓碑原来的形象，存为证据。查此坟葬之后，距今已两百八十多年了，我全族年年清明扫墓挂清 [青]，历代毫无异议，更没有任何人来冒认和混争。
>
> 二、忽去年今春以来，该被告人等，妄图毁旧刻新，篡改我先祖养蛮为被告人的先祖，推翻历史的罪恶活动，是徒劳无益的。他们依仗人多势大，无理来压服我族人少，也是不行的。我全族坚决反对，决不容许被告等的胡作非为，来强夺我族的老祖坟。
>
> 三、今天被告不讲事实、不讲根据的蛮干行为，业经对被告人等再三劝阻，仍执迷不悟，不听制止，继续刊刻，坚持错误，自家祖坟都弄不清楚，来争我先祖养蛮，来冒认是被告的先祖，像这种擅自捕风捉影、混赖认人为父的可耻行为，我族人等决不许他们被告等毁坏老碑另立新碑的。

四、我先祖不是今年或者去年才安葬的，而是经过几百年的古墓了。难道当时被告等的全家族，几十户人，都是不懂事的、愚笨的？也有聪明的，也有当秀才的，也有年老到七八十岁的，为何当时他们人人不来混争，个个不来强夺，又不来清明挂扫呢？更没有议论半句。为何今天被告等才公然妄图推翻历史？硬拉横扯，把我们的先祖当作被告的先祖的卑鄙做法，是完全站不住脚的，我原告人等坚决要阻止到底。

五、被告人等篡改事实，我先祖的原立旧碑刊载的生年是顺治年间，没〔殁〕是雍正年间，现在被告人等公开假造生年是明朝年间，没〔殁〕是顺治年间，这岂不是当面篡改的活证明吗？

六、综上所述几点，被告是生拉活拖、牛头不对马嘴，完全与事实不相符合的，请亲到观察对照，那就明若观火。今天被告蛮刊横刻的新碑，将已竣工，正准备在今年清明节前竖立，原告等坚决阻止，必然得有一场的生死搏斗、人命流血事件发生在面前。为此特具控前来，速请鉴核，采取措施，立即制止，是为至威。①

墓碑从打造到竖立，需要一个过程。据"金盘形"一族的控告书所述，"母猪形"一房在打造新碑的过程中，"金盘形"房族成员就一直进行劝说，可是并没有起到什么作用。皆里得这块老碑从雍正时期到现在，"金盘形"房族成员每年清明都来此挂青。要来争祖先的话，为什么之前的老祖先们都没有争，偏要等到今天才争呢？况且"母猪形"一房把老祖的生卒年都搞错了，老碑上写的是生于顺治年间，殁于雍正年间，而"母猪形"房族新刻的碑

---

① 此资料系 2014 年田野调查期间姜啸海提供。关于此事件的所有文字资料系同一人提供。

则是生于明朝，足见其造假争夺之心。文斗乡人民政府在看到这份控告书后，怕村子里两族人发生群体事件，就先写了一张便签给加池村村委会，希望村委会可以先平息事端。

文斗乡政府将这一烫手山芋扔给了加池村村委会，村委会内当权的人是加池寨内除"母猪形""金盘形"之外的第三大房族——"六房"，事情变得越来越复杂了。村民们说文斗乡的人也来调解，但是没有调解成功，只好继续上告。

"母猪形"房族的人从 1988 年开始在姜养蛮的墓碑前放炮祭奠，把"金盘形"一房所挂的香纸和所放的祭品推到一边，重新挂上自己的香纸，烧香祭拜。1989 年照样如此。"金盘形"的势力没有"母猪形"的大，况且村委会中都是"母猪形"和"六房"的人，没有自己房族的人撑腰，所以也不敢轻易挑起事端。但重新刻碑、推倒重立已经触及"金盘形"房族的底线，两个房族的成员在"皆里得"这块墓碑前不断争吵。恰恰是争吵中的只言片语，让我们窥见了清水江下游少数民族村寨内的某些社会生活掩饰之下的逻辑和秩序，那就是坟山与山场权属之间的某种联系。"此山是我们的，这坟山也是我们的"，"姜养蛮之坟，四周都是我们的"，"此山地我们无股，你们也不让我们葬，你们无股，我们也不让你们葬"，根据这些话，我们隐约可以看到在当地人意识中山场权属与坟山之间的关系：山场有股才有进葬权，反之，拥有坟山，也可以证明对这片山场有股。"进葬权"和"山场有股"大概可以互为充分必要条件。"进葬权"和"立有坟墓"之间的关系更为复杂。清水江文书中常见到"错葬""盗葬"等情况，"错葬""盗葬"就是将自己去世的长辈葬在属于别人家的山场之内。这种情况的处理方式有几种，其中一种是写个"认错甘伏字""清白字"，山场主人和错葬一家之间言明坟墓前后左右尺寸，一般情况下山场主人都会因为已经进葬的既定事实而规定坟墓上下左右各 5 尺让给已经进葬之人，但除此之外的其他空间再也不许进葬了，并写明"只此一棺，日后不许再葬"一类的话，通常错葬、盗葬之人也会出些银两表示认错。据加池寨村民介绍，若是地理先生看好的山场内风水好的穴地，也可以用钱买来作为阴地，但要看山场主人肯不肯卖。

这起坟山纠纷在此刻突然有了戏剧性的变化，坟山的归属和山场权属发生了直接关联，这也似乎解决了很多人内心的困惑，而文斗乡政府经过两次调解之后，还是没有解决实际问题。因为年代久远，且双方都没有有力证据，彼此就奶名与书名的问题争论不休，调解意见书本着"有利团结"的原则处理问题。但对于这样的处理结果"金盘形"一房并不满意，于是他们决定继续上诉。"金盘形"房族众人在这次上诉状中指出"母猪形"房族在1987年新竖的祖先严富之碑被"金盘形"房族指出问题之后偷偷修改的事实，借以说明"母猪形"一房篡夺之心久矣，而且他们对于自己先祖并不是特别清楚。坟山纠纷马上进入庭审程序，法庭就该案的很多疑问与原告进行了问答。经过前前后后半年多的起诉、审问、上诉，"金盘形"房族终于盼来了《锦屏县启蒙区公所民事裁决书》，内容如下：

锦屏县启蒙区公所
民事裁决书

当事人甲方：文斗乡加池村金盘形族代表

当事人乙方：文斗乡加池村母猪形族代表

事由：坟山纠纷

双方于一九九〇年初为其葬于加池寨脚（地名：皆里得）之先祖姜养蛮坟归属发生纠纷。

本纠纷发生后，文斗乡人民政府积极进行调处，并决定乙方新刻的碑不能立，而乙方出动若干人于一九九〇年清明节期间强行将新刻的碑立了，造成双方矛盾公开化。甲方持克制态

184

度，诉至启蒙区公所。为避免矛盾激化，区公所即派员深入实地多方查证，于一九九〇年八月二十九日召集双方进行调处，调解无效。

区公所认为，根据双方珍藏族谱各自记载查明：姜养蛮是七世祖（乙方族谱按辈数记载也是⑦世祖，但新碑上刻为六世祖，有误）。姜养蛮之孝男，甲方记王保，乙方记丁保，双方各自以王保、丁保沿革记载后裔是正确的，双方不得互相歧视和争执。甲方原立在姜养蛮坟之旧碑，无从考究历史状况，不宜确切以旧碑为据认定姜养蛮只是甲方一方之先祖，双方谱本都是后人记载，又历史久远，因此，姜养蛮的生卒时间不作认定。

同时指出，乙方强行立新碑，并在该墓碑夹杆上刻有"正脉真血统永远发达，冒祖夺宗者灭族亡家"的对联是极端错误的。

总之，该纠纷是在双方于事发之前没有拿出证据（族谱）进行共同商议造成的误会，隔阂应予消除。

根据上述事实，为加强团结和社会稳定，特作裁决如下：

一、甲、乙两房都是姜养蛮的后裔。

二、乙方新立的碑必须拆除，夹杆对联必须销毁。

三、今后姜养蛮坟修整立碑，须经双方协商一致方可。

如不服本裁决，应依照《土地管理法》第十三条第四款之规定自接到本裁决之日起三十日内向锦屏县人民法院起诉。若既不按法律程序起诉又不履行本裁决仍滋事者，将视其情节追究法律责任。

本裁决一式十六份：即甲、乙双方各五份，加池村民委一份，文斗乡人民政府一份，区公所存四份。

此裁决

章：锦屏县启蒙区公所

一九九〇年十二月二十日

　　至此，"金盘形"房族以为终于打赢了官司。但是由于"母猪形"房族人多势众，且在村委会和县城中有人为官，倚仗权势，他们并没有执行裁决书中的相关事项，没有拆除碑文，也没有销毁夹杆对联。"金盘形"房族虽然表面赢了官司，但是在事实层面并没有发生丝毫改变，他们还是决定再做点什么。"金盘形"房族虽然没有"母猪形"一房的人口多，但每遇到大事，他们总能想到积少成多的办法。一年后，为了去启蒙区公所打官司，他们也进行了一场集资。村民保留下当时的一张《1992年2月7日收款支启蒙办有关的事家族收款登记》，里面详细记录了"金盘形"房族38户捐资的名单，每户捐款1元。38户几乎是加池寨内"金盘形"房族的全部家户了。在"同宗共祖"的号召下，全族人还是齐心协力的。

　　回过头来，前文已经介绍了加池寨内除了"母猪形""金盘形""六房"，还有其他两小支，它们在这场波及全村的风波中如何自处呢？当地村民说，"老虎形"一支是"金盘形"姜梦鳌救下来的，还曾经在姜梦鳌家帮工，字辈也是随着"金盘形"的排。但在这一次争坟事件中，"母猪形"一房的人说服了他们站在自己一边，保凤、保荣从此转变房族，在给下一辈起名字时，随了"母猪形"房族"昭"字辈。在争祖坟的事件中，被梦鳌救下来的这帮人是保凤、保荣，他们的下一代是鼎昭，"保"是"金盘形"的字辈，而"昭"是"母猪形"的字辈，显然他们在"保""昭"两个字辈之间有一个突然的转变。从"金盘形"转到"母猪形"，也是因为当时"母猪形"的势力要大大超过"金盘形"，房族强大往往就好办事在村野乡间也是不言自明的。但争坟风波平息后，"老虎形"这一支又选择了原来的"东家""莲花形"一房，这两家都属于人数较少的，或许这是"老虎形"与"莲花形"两个相对弱势的房族互相支撑的无奈选择。

　　或许围绕区分"母猪形"房族和"金盘形"房族祖源的养蛮

祖坟而展开的一些诉讼和故事，能够让我们对和睦共处与矛盾冲突、相互竞争与彼此依赖的房族关系的实际情态多一些基于当地观念的认识和理解。在这一事件中，可能养蛮祖坟本身属于哪个房族已经无关紧要，倒是其间表现出来的"房族"意识和界分"彼此"的潜意识及其可能在村落内产生的强化作用，值得我们在关注村落内不同人群之间的关系时予以重视。

咸同兵燹之前，加池寨内"母猪形"房族的力量相对强大一些，在这样的情形下，"金盘形"房族不断周旋在村寨各种社会关系之间，并在房族逐渐发展壮大中争取优势地位，加之在木材经营中世代累积起来的殷实家资，"金盘形"房族借助咸同兵燹期间官府对于地方社会力量的需求成功地后来居上，成为组织并控制一定范围内地方团练的主导力量，建功立业。参与三营团练，成为加池寨"金盘形"房族利用地方社会权力进行结构调整的机会，"金盘形"房族在这一时期内获得的重大发展，成为他们后来与村寨内"母猪形"房族一较高下的重要前提和基础。三营的故事和传说作为一种社会历史记忆，成为村民们述说加池寨内部人群关系的重要来源和依据。

第三节　"非功利的功利性"：加池社会的互惠体系

村落中生活的个人并不是孤立地存在，人与人之间、家庭与家庭之间，甚至房族与房族之间看似松散且相互独立，但实际上并非如此。个人、家庭、房族都因为日常生活中的各种琐事彼此联结，再经过无数次的联结，形成一个范围更大的人际关系网络。社会中人与人之间关系的构成是一个很抽象的议题，我们在稀松平常的日常生活中似乎并不能看清这种联结，但若透过具体的物或象征在人与人之间流动的情况，便能窥探人与人、家庭与家庭、房族与房族之间的关系构成框架与具体图景。人情往来是村落中人们生活的日常，互相请客送礼成为村落间人们保持联系、增强感情的重要方式，人与人之间的关系也透过物的往来而具象化。

时间，如同空间一样，是社会中最重要的维度之一，时间好似一条均质的线条，任何个体都是在属于自己的唯一生命线上度过此生。时间虽然是均质的，人的主观能动性却可以具有重要意义的人生仪式为节点，将均质的生命过程分成不同的阶段。本节拟以日常生活中个人的生命礼仪和村落生活中的岁时仪礼为中心，讨论在加池这一聚落空间内，人们在特定时间节点上的种种实践活动，并结合村落内不同的人群构成，分析这些重要的人生礼仪和岁时仪礼如何影响和塑造人群之间的关系。

一　人生礼仪中礼物的流动

（一）新生儿礼仪

众所周知，家中添丁添女意味着房族繁盛，是值得庆贺的大事。在加池村亦是如此，每逢新生儿降生，人们都会相互传达消息，将这样的好消息广而告之，以前还要专人去报喜，现在随着通信技术的进步，一个电话就达到了传达喜讯的目的。办酒是新生儿出生之后最重要的事情，从新生儿预产到出生，这家的人要预先准备杀猪买菜，为三朝酒备下足够的食材。

1. 三朝酒

新生儿出生后一两天内，家中奶奶或至亲妇女必须携鸡（生男公鸡，生女母鸡，双生则公鸡、母鸡各一只）到外公外婆家报喜。第三天早上，外婆持一只鸡前来贺喜，主家设一两桌酒席请房族中会唱歌的来会宴，俗称"打三朝"。这天早上烧香敬祖先，产妇抱新生儿到堂前见公婆。主人要杀猪大办酒席，俗称"三朝酒"。这天所有至亲好友都来恭贺，婆家即请房族来祝贺（每家至少来一人）。他们挑来盖箩大糍粑、甜酒、米、鸡、蛋，小孩背带、包被、衣服、鞋帽等，主人则组织房族中妇女办酒接待。席间，外婆受到格外尊敬，主人及众客向她唱歌敬酒。次日早餐先吃婆家带来的甜酒粑再吃饭。

2. 满月出门

月子内，产妇食物多为土鸡、蛋、猪肉、甜酒粑等，忌食辛辣和野味；在行动上不得外出串门，不得攀缘；穿戴上以宽松舒适为主，头包帕，脚穿袜穿鞋。新生儿满月后，要请先生选好日子给小儿剃头发、眉毛，背小孩出门敬天地、敬菩萨，谓之"满月出门"。背小孩出门要打一把红伞，奶奶或至亲妇女提香纸酒饭等，一起到吉利方位（一般为东方），找到古树下的岩妈妈或土地公或古庙去敬神灵、敬菩萨，自此，产妇才可出门串寨，下地干活。

3. 取名寄拜

新生儿出生后的一两天内，孩子的祖父就会拿着孩子的生辰八字去找先生"看"，若生辰八字犯关煞，根据关煞的含义和轻重程度，有的要请先生"改关煞"；有的需寄拜"保爷""保娘"，即"讨"干爹干妈才能保住长命富贵，易养成人；有的需寄拜古树、古井、古岩、古碑、渡船、庙宇、钟等；有的需要安指路碑；有的需架小桥、安板凳；有的需戴手圈、锁链等；有的为避免"破相"，先给小孩穿耳戴环等。

经过三朝酒、满月出门、取名寄拜，新生儿的庆典差不多结束。在这个过程中，新生儿母亲的家庭即外婆家尤为重要。甜酒是外婆家必须带的礼物，土鸡也是妇女坐月子最好的滋补食物，必不可少。加池一带养育小孩流行用背带。先将小孩严严实实地包裹好，母亲再将包裹好的孩子用长长的背带绑在背后，这样就可以边带孩子边干活，两者都不耽误。因此，背带作为重要的养育工具，也成为新生儿奶奶和外婆要为自己的儿女准备的三朝酒的重要礼物。

加池村内新生儿三朝酒过程中的礼金并不是很多，如 2001 年

"金盘形"房族内一家人办三朝酒时，单人送的礼金最大数额为40元，最小数额为2元。到了2004年，这一家中再办三朝酒时，最大礼金已经翻倍，达到100元，最小金额为5元。三朝酒时亲友所送的礼物还有给婴儿的衣服、包被、毛毯、布等，产妇滋补所需的米、糖、鸡蛋等。

（二）结婚

加池寨内的婚俗与周围村寨大致相同，从订婚到结婚，一般要经过问话、订婚、讨媒单八字、拜舅公、迎亲等礼节。

1. 问话

男青年有意于某女，家里得知后，便托一个善于言辞的中老年人持糖、酒、肉到女家，委婉地向其家长说"我们想来你家讨杯酒喝，不知肯不肯"之类的话，若对方将带去的礼物收下，并设酒饭款待媒人，即示"得话"；若以"女儿还小，不懂事"或"我们实在高攀不起"等为由退回礼物，即示拒绝。

2. 订婚

择吉日男方请媒人提一个篮子，用一张新帕子盖好，内装12个糍粑、一包糖、一壶酒、一挂肉到女方家，表示订婚。女方设酒饭款待媒人，请房族一二人作陪，吃一餐饭即回，女方将篮内东西每样收下一半回篮一半，另打发一双布鞋。男方家将这双布鞋赠送给媒人，表示感谢媒人走路辛苦。

3. 讨媒单八字

结婚前几个月，男方选择一个吉利日子，到女家去讨媒单八字（媒单即媒人、主婚人、证婚人等名单，八字即女方的生辰年月日时）。这次去2人，即媒人背一个口袋，内装八字、媒单帖和新毛笔2支、香墨2锭；另一人挑一对有盖的竹篓，内装肉10—20斤、酒2小坛8—10斤、礼包糖2包（用红纸封礼包面上）。到女家鸣炮进屋。这天女方的舅家、姑父家、姨父家和比较亲的房族来吃酒。饭后，女家烧香祭祖，请房族一位有文化、有名望的先生来填写媒单帖和八字帖。先生将男方拿去的两锭墨同时磨，两支笔同时点墨，先填写媒单帖，即主婚人、媒证、族证、舅父、姑父、姨父等名单；后填写八字帖。先生要把两支笔交换用，即一支只写一面，翻面就换另一支，写毕，先生双手将帖交给媒人，此时鸣炮回程。男方得媒单八字去后，请命理先生推择完婚吉日良辰，并转告女方。之后筹备婚事，男方得将彩礼（彩礼旧时限银子6两）在婚前交给女方。

4. 拜舅公

结婚的日子确定后，男方得去一人（父母或媒人），提一个篮子，盛几斤酒，持肉一挂或鸭子一只，在女方一人陪同下至女子舅家拜舅公，将结婚的日子告知舅家，届时舅家好去送嫁吃粑。拜过舅公后，他们又到姑父、姨父和其他至亲的亲戚朋友家"打五牲"，即持请帖和"红包"（10—20元）登门拜请，届时亲友前来祝贺吃酒。

5. 迎亲

结婚的前一天，男方派已婚有儿女的成年男女（要已育有一儿一女的，取"儿女双全"之吉）各一人去女家迎亲，称为"关亲客"。男关亲背一布袋，内装米2斤、黄豆2斤、葵花籽2斤、茶叶半斤，手提一个鸡笼，内装半大公鸡、母鸡各一只；关亲婆拿一把红伞、两节干葵花杆、两盏灯笼。这些东西表面贴上小块红纸，到女家时交给家长保管。女家那天客亲还没有来，只有伴嫁的姑娘。姑娘们见关亲客来了，立即关上大门。这时关亲客必须唱歌叩开大门，双方唱歌盘问，对歌后才开门，关亲递一红包（过去一般是一两元，现在多为5元），放炮进门，到堂屋行鞠躬礼，将两个求亲帖子放在神龛上，女家烧香祭祖，迎接客人。

吃晚饭时，姑娘们在一旁服侍关亲客，送来的筷子是木棍，舀来的饭只有几粒米或是加辣椒面，或在脸上涂抹黑锅灰，弄得关亲客啼笑皆非，姑娘们则拍手称快。饭后姑娘们唱茶歌要关亲客去炒油茶，关亲客一般都是歌手，能讲会唱，唱歌盘问炒茶根由。双方"对战"一阵后，姑娘们前呼后拥推拉关亲客去江边挑水来煮油茶，路上对其百般刁难。炒茶时要关亲客坐在受烟的那方，姑娘们则于旁撒火或加大火捣乱，架锅要关亲客交出茶叶来炒，关亲客将8元8角硬币分多次向锅里丢去，代表"茶叶"，姑娘们用锅铲舀去，称为"酿海"。现在酿海的价钱已经不再是原来的8元8角，也随着人们越来越富裕而水涨船高，每次丢5元、10元，整个过程下来也需近百元。等姑娘们满意后，主人才将关亲客带来的葵花籽、茶叶、黄豆、米等正式炒油茶，油茶煮好后，要"阿爷"舀来招待大家。吃罢油茶，时已半夜，姑娘们进坊陪新娘座谈，唱姊妹歌。

鸡叫三遍，关亲客便放炮催新娘起身，并交两个红包，一个是请陪亲婆礼，一个是请新人梳妆礼，新娘在发亲婆的指导下梳妆打扮。时辰到，炮声大作，新娘放生高哭，诉说父母生养自己不易，而今自己却离别父母而他走，哭调凄婉，催人泪下。在陪亲婆的搀扶下，新娘走到堂前拜别祖宗，由一先生来"封口嘴"，嘱咐吉祥言语，再由新娘的亲（堂）兄弟将之背出门，陪亲婆随旁打开新伞盖住新娘。出门时姑娘们又一次给关亲客抹锅灰，表示打发炊具带去新郎家。关亲婆到火边将带去的那两节葵花杆点燃，提灯笼照亮大家出门，出门几步后分一节葵花杆给主人照回家中，表示两家清吉，双双发达。新娘被背出寨边门楼便自走，这时关亲客要递一个红包礼给背者作谢。姑娘们送到半路等关亲客递红包后才回转，女家陪新娘去的只有陪亲婆一人。

抬嫁妆的队伍下半夜才到女家，抬嫁妆要随新娘一起出发。民国前，侗、苗家嫁妆甚简单，一般只有一只扁桶、一个火桶、一对水桶，扁桶装新娘的两套衣服和伴嫁姑娘们送的布鞋、布帕等物。在路上，若有同路的接亲队伍则尽量赶在对方之前；若迎头碰见接亲队伍，这时，接亲队伍和新娘得往高处退让，不让对方发现。新娘过沟过桥，都要关亲客背过去，至新郎寨外，若时辰未到，新娘则站等。男家放炮迎接，请一先生念吉利，另请一个已有儿女的妇女拉新娘手进屋。大门内放一个火盆，新娘必须迈过火盆，然后上楼到火边"坐席"。"坐席"是由先生选定吉利方位，放一个新制的四脚小板凳，拉新娘坐下后妇女给其打洗脸水、换新鞋。毕，男家又放炮，新娘和陪亲婆入洞房。

天将亮，男家房族全部过来帮忙，杀猪、打粑粑、打豆腐、贴红对、办酒席等。这天早上男方家派人挑猪肉半边（从猪头至尾平分）、两坛酒 80—100 斤、盖箩大糍粑 12 个、豆腐 2 锅以及糖果到女方家。早饭后新娘"回门"（陪亲婆不回），新郎必须同往"拜堂"。由两个姑娘陪伴新娘，一个后生陪伴新郎，送亲队伍 20 多人，到新娘家放炮进屋，女家客亲出门迎接。下午开饭前，女家烧香祭祖，这时新郎和陪伴的后生去双双拜堂，同声念吉利安慰女家公奶、父母、哥嫂、弟妹、房族、客亲等。"拜堂"要三鞠躬九叩首。最后再由房族内有文化的人在红纸上写上新娘的生辰八字，用红色信封包好，关亲客双手接住，说吉利话感谢。拜堂后就可以放鞭炮开酒席，宾主畅怀，敬酒唱歌，猜拳行令，喜气洋洋。酒席上每人分得一份鸡蛋和卤鸡脚或者扣肉。酒饭后新娘新郎和随来队伍全部转回新郎家。

这一天，男家同时办酒席大宴客亲。晚上新娘新郎回来后，年轻的邀约结队放炮进新房，向新娘新郎讨烟抽，小孩向新娘讨糖果吃，称为"闹洞房"。新娘新郎敬烟时，必须讲"小宝他叔（伯，哥）抽烟"等语。若扭扭捏捏或语言不恭、态度不诚，后生们不抽，直到满意才抽。讨烟中言语诙谐，平时男女青年忌讳的话此时亦"合法"，室内爆发出阵阵喝彩声。讨烟后，后生们借口渴要新娘炒油茶喝。炒茶得用新娘挑的新水，新娘挑水时后生作难，故意弄脏、弄泼，一挑水往往得费一个多小时。炒茶时要新娘新郎一同炒，这也被百般刁难捣乱，时时爆发出阵阵笑声。油茶熟后，新郎新娘要一同敬茶，先敬祖宗，次敬母舅，之后才敬其他至亲，最后由后生们"讨吃"，形式如"讨烟"。

婚宴中陪亲婆身价最高，次为舅公、舅婆，新郎新娘先向陪亲婆敬酒，再向客亲一一敬酒，以便认识亲戚。受敬者，向新郎新娘敬些吉利言辞或给红包。

第二天，新娘家的伴嫁姐妹（多是亲兄弟姐妹等）来接新娘和陪亲婆回门，男方特意留下两桌正席酒菜招待他们。吃罢饭准备启程时，新郎家于堂屋八仙桌摆上"酿海席"，即8盘菜、8碗酒，每盘菜盖上一朵红纸剪的花，每碗酒上架双筷子。陪亲婆、姑妈、姨娘及正客就座，陪亲婆坐上席，男家派几个善歌能言的妇女相陪，席间双方以歌代语，互相示谢，互相祝福，亦有互相责难玩笑的。此席是专门测试陪亲婆口才肚才的。陪亲婆双手持酒壶，给每个酒碗添酒，唱"酿海歌"奉赠新郎家人财两发、富贵双全，又以歌叩开每盘菜上面的花，称为"揭莲花"（见图4-2）。新娘、

图4-2 婚礼"揭莲花"习俗

陪亲婆起步出门时，后生们又于门口设障，陪亲婆又得以歌叩开。新郎家派一人提一篮子，内装酒、肉、粑、糖等物，送陪亲婆到家，作为谢礼。现在回门，男家要给陪亲婆和来接的姐妹兄弟每人"挂红"（陪亲婆是一个红色或粉色被罩和一条被单）。

　　新娘回家十天半月，新郎家即差人提一篮子（内装酒、肉等）去接她。新娘东躲西藏，佯装不肯去，在父母的催促下，还是去了。这样接三次后就自由去来，不用人接了。

　　无论是男子结婚还是姑娘出嫁，一般得置办整套木质家具，数铺数盖，数套高档衣服、摩托车、单车、手机、手表、金耳环、金项链、电冰箱、电炊具、电脑等，一场婚事得花五六万元。

　　在整个结婚过程中，最重要的角色就是陪亲婆。现在加池村内结婚一般是两个陪亲婆，陪亲婆要找自己房族内会唱歌的，如"金盘形"房族内办喜酒一般就去找"金盘形"房族内会唱歌的人，"母猪形"房族族人办好事就找"母猪形"房族内儿女双全、会喝酒唱歌的人去当陪亲婆。陪亲婆在婚礼过程中角色非常重要，在吃酒的过程中，陪亲婆一般要坐在神龛下面，长桌的一边。堂屋内神龛下面的一个长桌上坐的都是这场婚宴中最重要的客人，是由三四张方桌拼起来的长桌，围坐的人一般为女眷，和陪亲婆相对而坐的是男方房族内有儿有女、擅长唱歌喝酒的两位妇女。女方家来的重要客人会被安排到神龛的右手边，而男方家作陪的人则坐在神龛的左手边一排。

　　婚礼办酒需要大量的房族成员来帮忙，并且加池寨内有一套非常有意思的"借—还"机制，这种"借—还"一般发生在房族内关系较好的家庭之间。如 A 家今天办酒需要 3 头猪，可是自己家只喂了 2 头，还差一头，这时候家族的女主人一般就会选择近两年内也会有喜事的一家 B，商量借一头猪给自己，等到 B 家办酒的时候，A 家再还一头猪给 B 家。这中间会有一个时间差。这样的村落内房族内部的互惠制度同时缓解了双方的压力，解决了彼此的困难，可谓非常有智慧的一种互惠制度。如"金盘形"房族一家礼簿内记录"2002年6月14日与海银借猪肉129斤，壹佰贰拾玖斤整，2004年12月25日已还清，姜之猛"。笔者需要在这里详细说明一下加池寨内猪肉的内部循环流通形态。加池寨内基本上家家户户都养猪，养猪主要是供自己家办酒或者过年消费，且因交通不便，去市场买肉要受到很多制约。每天从加池开往市场南加镇的船只有3班，虽然平日里有船来来往往，但人们多会选择赶场天去置办日常生活用品，因为船费在赶场天是5元/人，非赶场天则是7元/人，而且赶场天物品种类和数量都比较丰富，可选择性较大。从南加市场上买来的所有物品都要用背篓背上村寨，这还是十分辛苦的，所以加池寨内每逢村寨内有人杀猪，村民们便相互告知，相邀去杀猪那一家买肉。加池寨内的猪肉价格非常稳定，一般为每斤11元，无论外面市场上猪肉的价格如何变动，加池寨内的猪肉价格基本保持不变。而且人们买肉都会是5斤以上，一挂一挂地买回去，自己再处理，分出肥肉、瘦肉、排骨等。由此看来，加池寨内这种时间上不对等的猪肉"借—还"模式正是加池寨在自身历史传统脉络下保存下来的一种生存策略，"借什么还什么"规避了市场价格波动的因素，让"借—还"的双方都感到非常公平，且是感情交换，是彼此给予对方的一种帮助，房族之间的成员由于这种"借—还"关系的存在而在日常生活和节庆中走得更近，关系也就更为亲密。

（三）葬礼

清水江下游加池一带，人们习惯上根据实际的死亡原因将死亡分为三种情况：善终、雄终、夭折。其中善终指老人在家中正常死亡。这种情况的处理过程分别是"放落气炮""上梦床""守灵""上山""除灵除孝"。下面以2015年春"金盘形"房族内一位过世老人的葬礼（参见图4-3）为例，叙述侧重在这一过程中房族成员如何分工合作，共同办好"大事"。

图4-3 加池寨丧礼灵堂布置

一旦老人落气，就要请房族内"会说话、能办事"的人当总管，制定一个治丧执事名单，在这个名单中列清哪些人负责哪些工作。内总管主要负责收礼、回礼、敬烟，有4人，因为涉及财务，多找房族内文化水平高一些、能写会算的人来帮忙。外总管2人，统筹其他工作。在这样一件大事中，包括主坛师、帮坛、香官、地理先生、封包、写对联、上祭、帮大力（39人）、打井（挖坟墓坑，也称"矿"）、盘路、炒菜、煮饭、洗碗、跑杂、扎花、撒花等一系列人物和工作，这些都需要内外总管商量协调，还要请一位房族内的长辈来"护丧"。"护丧"要找房族内死者的长辈，一般长一辈即可，最好是死者父亲的亲兄弟，如果没有则找堂兄弟。

外总管派人带着过世老人的生辰八字和落气时间去找地理先生，然后地理先生看好日子，写一张"登山安葬吉日"课单，课单上写明登山吉日、上梦床吉日、落土吉日、安葬吉日。这些吉日吉时的选择也有助于人们实现村寨内家户理想："阴安阳兴""人

197

财两发""富贵双全""子孙兴旺""万代兴隆""大吉大利"。

由于"金盘形"一房的坟山离加池寨较远，需要坐船才能抵达，且山路陡峭难行，常年无人行走，需要提前两天派人去"盘路"。盘路是一件细致工作，需要踏实肯干的人去做，不能马虎对付，外总管当时找了房族内的 4 个人盘了两天才盘出来。"帮大力"这一工作是指在上山过程中负责将棺材抬上山，由于山岭陡峭，平常人不负重也很难爬上坡去，别说负重抬棺材了。将装有死者的棺木抬上山是整个丧礼过程中最有难度的事情。棺木由 10 个人抬着，前面的纤绳非常长且粗，至少有 40 个人拉着，只有这样才能将棺木抬至阴地。上山时，死者的女婿或侄女婿们也要帮忙出大力（见图 4-4）。

图 4-4　房族和姻亲抬着棺木"上山"（帮大力者）

在整个丧事过程中，除了死者的房族成员要承担一定的义务帮工，死者嫁出去的女儿也要承担很多。如原来需要抬一头猪、几十斤米、几十斤酒，现在时代变了，人们有时候嫌麻烦，或者没有养猪，就折现就近买。对于帮大力的那些人，每个女儿都要给一盒烟以表答谢。这次丧事帮大力的人特别多，而且不限房族，很多"母猪形"和"六房"的人也来帮忙，加上其他女婿，上山的一共有70人左右，都为年轻力壮的男丁。

凡是家中有人过世的，当年年三十即除夕夜，村寨中所有家户都要去那家中看望，意为慰问失去亲人的人，让他们减少哀思，好好生活下去。除夕晚上去看望家中当大事的人时，不需要准备礼物，有条件的可以带一挂鞭炮，当大事的主人家也要准备水果、糖果招待这些房族邻居。

在所有这些有关人的生命仪礼中，无论是新生儿仪式、结婚还是丧葬，同一房族内的成员都有义务帮助主家，并且血缘远近不同，所提供帮助的程度也不同。一般来说，三代以内的房族成员关系最为紧密，这在礼簿中体现得尤为明显。记录者会明确标出哪些人是"房族"，在主人看来，如果是非房族成员，则注明"加池寨"，这样一种区分较为明显地显示了村寨内人们的亲缘和血缘认识。在有限空间的聚落内，人们总会遇到各种大事小情，会时不时需要别人的帮助，但是帮助都是互相的，要给别人提供帮助才能够在自己需要时获得别人的帮助。但这种互惠体系绝对不等同于交换，这种互惠并不是同时进行的，中间会有时间间隔，或长或短。除了时间间隔，还有一种更重要的东西随着这种互惠体系一同流动，那就是感情。在村落房族内部、房族之间、家庭之间的互惠并不是等价交换、斤斤计较的。村落生活是悠闲的，乡下的农民对于时间的概念并没有那么精确，他们只计算大概。帮工是以天计算，但除了时间，大家似乎更在乎干完活之后的"聚餐"，"共享食物"是这个静谧乡村日常生活中非常重要的事情。共食创造出的亲密感能够提供人们所有物质，哪怕再价值连城、贵重无比，都无法替代的情感交流和情感慰藉。这就是乡村社会中不具有功利性的互惠体系，但它使物资和劳动在乡村内维持了一种平衡和流动，达成了功利性互惠体系的现实。

二 岁时仪礼时人群的交往

黔东南少数民族地区节庆丰富，从年头到年尾，大节小节特别多。位于清水江下游的加池苗寨，也恰好位于"上江苗"和"下江苗"即"生苗"与"熟苗"的过渡地带，在每年的岁时节庆上独具特色。按照时间顺序，加池寨内的节日如表4-1所示。

表4-1 加池寨节庆

节庆名称	时间	节庆特色活动
春节	正月初一日	轮流吃酒
清明节	4月5日	挂青
三月粑节	三月初三日	吃甜粑
四月八	四月初八日	吃乌米饭
端午节	五月初五日	吃粽粑
尝新节	六月小暑后逢卯日	抓田鱼、摘禾苞、做竹筷
七月半	七月十四日	烧包、跳"桃园洞"
八月十五	八月十五日	聚餐、吃月饼
重阳节	九月初九日	做糍粑
除夕	腊月三十日	吃年夜饭

每年一进腊月，在外面打工的年轻人陆陆续续回村，家家户户着手准备年货，打糍粑、酿米酒、杀年猪、做香肠、熏腊肉。在杀年猪时一般都是四五个人合力，杀猪的当天要请房族的人来自己家吃疱汤。疱汤非常具有当地特色，是将猪的每一个部位都放一点一起炒，再做成火锅。猪肉为主，大肠、粉肠、猪心、猪肝、猪肺都要放进去一些，在煮火锅的过程中还要把猪血放进去。这个时候请

来吃疱汤的房族成员多为三代以内的，或者关系非常要好的非房族人，但这种情况并不多见。人们杀年猪都集中在腊月二十三日至腊月二十七日、二十八日这几天，这几天基本上家家都不做饭，房族内家家杀年猪，一天三顿吃疱汤的情况也是有的（见图4-5）。为了请客吃疱汤不冲突，有时还要事先商量好哪家先杀，哪家后杀。吃疱汤一般是全家都去，活动不便的老人除外。过三十也是房族之人聚在一起吃饭，也有的是主干家庭围在一桌吃，人们会在三十下午做好酥肉、丸子等过年特有的美食，等待除夕年夜饭时与家人一起分享。午夜刚过，家家户户还要去挑新水，拿香纸到井边祭奠，之后挑回新水煮茶敬祖先。出嫁的女儿第一年要在娘家过春节，等过几天才会去婆家。初二、初三、初四都是房族内轮流吃酒，大家商量先去哪家，再去哪家。每一家都会拿出水果、糖果、瓜子、花生等招待亲人，来吃饭的妇女一般都会帮助主人家一起准备酒席。酒席上米酒和饮料必不可少，饭后男士一般会划拳助兴，直到喝得开心之后方离开。

图4-5　杀年猪

201

在所有大餐、酒席开始前，人们都要先敬祖，祖先"吃"了后代们才能吃。喝第一碗酒时也要先用筷子蘸酒滴到地上，以示孝敬祖先。

初五以后，各个村寨之间互相走动，有文艺表演、斗牛、山歌比赛等多种形式。人们也会借此机会到举办活动的村寨中走亲戚。

清明节这一天主要是祭祖，村寨中所有人都在此之前买好香烛纸钱，一般是几家一起去挂青。"母猪形"一房家支较多，祖坟也多，没有集中祭祖，都是三四家、五六家同邀去挂青；"金盘形"房族由于祖坟较远，且须坐船才能到达，基本上所有去挂青的男女小孩都会集中在一家，然后再一起去挂青（见图4-6）。房族中每年会轮到一家置办伙食，"金盘形"房族按每家人口凑钱，原来每人交5元，现在每人交10元，小孩也算人头。这些钱由房族中大家信得过、能办事的人统一掌管，最后花销情况须向全族人说明，一般会有结余，结余之款项转入下一年挂青时再用。

图4-6　清明节挂青，坟前跪拜祭祖

　　三月粑节这一天人们制作甜粑，此前一二日，村寨中的妇女相邀去山上找一种叫作"构皮藤"的甜藤拿回家中，捣烂滤水，同时将糯米磨成粉和甜藤水混合捏成团，再放入锅中焙成粑块，或者用粽粑叶包好蒸熟，有的还在中间放入磨好的黑芝麻。还有的去荒坡采来开着黄色小花的"粑菜"，将其捣烂再泡甜藤水包成粽粑煮熟。人们制作好之后都会拿给房族成员和姊妹们分享，虽然家家都做，但是也会互相赠送自己家制作的甜粑。

　　四月八的主要特色是要吃"乌米饭"。关于乌米饭有一个传说。古时候有一个人坐牢，每次家里人送去的饭菜都送不到他手里，不是被狱卒霸占就是被监狱内的其他犯人抢走。为了让自己的亲人可以吃饱，有一位妇女就想到了一种叶子——乌米饭叶。叶子被捣烂之后，汁水乌黑。再用这些汁水浸泡糯米，糯米蒸熟之后看起来乌黑，将其送到牢房之后狱卒和其他犯人都厌恶地推开，糯米饭就顺利地到了家人手中。

　　端午节亦是打粑吃饭。加池寨的端午节粽粑里面没有肉，也没有枣子或者其他馅料，讲究的人会在粽粑上印上吉祥的红印，不印也可。家家户户门口悬挂艾草辟邪。

　　加池寨内的尝新节是在六月小暑后逢卯日的上午过。这一天清早，人们制作丰盛的食物，家家进菜园采摘新鲜蔬菜，男人到田里抓田鱼，摘三根禾苞，到屋外找几根细竹子用镰刀削成筷子。在这一天，要煮糯米饭。早饭前，将糯米饭、鱼、肉、酒、禾苞供奉给祖先，还要烧香烧纸，意思是让祖先先吃，然后子孙才能吃（见图4-7）。

　　七月半一般是在农历七月十四日那天过，傍晚时候人们纷纷在自家门口烧包，封包上写上自己祖先的名字，以确保在阴间的先祖可以收到，写在封包上的名字一般是四代人，也包括死去的嫁到别的村寨中的女性长辈。这一天晚上，年轻男女和中年妇女到会做"桃园洞"的人家中聚集，请上得"桃园洞"的人为自己答疑解

图 4-7 尝新节祭祀祖先的供品

惑。上得"桃园洞"的人，坐在一个四脚板凳上，称为"骑马"，手握三炷香，头伏在膝盖上，闭着眼睛，然后神思恍惚，双脚发颤，再后来就抬头直身，双手不停地拍打膝盖，谓之"神仙附体"。旁边围观的人、想要"问事情"的人就要不断地烧香烧纸，烧的香、纸也要有需求之人自己去买，这样才能表示诚意。烧香、纸时，还要在香炉外围放一些人民币，开始时不需要多，3元、5元，因为整个过程持续时间较长，所以钱也要慢慢放。跳"桃园洞"的人会在跳的过程中问人的姓名，家住哪里，然后就去同那边的神灵沟通，帮助有需求的人找到答案。整个过程以唱歌代替说话，据说平时不善于唱歌的人，一旦跳进"桃园洞"，也可以滔滔不绝。

古时候，加池寨的人是不过中秋节的，现在也慢慢流行起来，吃点粑，吃点外面买来的月饼，全家做一顿丰盛可口的饭菜，赏月或者举办一场文艺演出。重阳节亦是如此，打糍粑，吃一顿丰盛佳肴，女儿们回娘家看望父母，等等。

　　时间是没有止尽的，而人的生命是有尽头的，每个人都免不了生老病死。在无止尽的时间长河中，人们年复一年地重复着生活的轨迹，将每一个以年为单位的循环区间再用节日划分出来，这也是人类创造意义、赋予生命意义的过程。以一年作为一个周期，通过一个周期一个周期的不断累加，人生便具有了生命的意义。每一个重要的节日都是通过与其他人交换食物、共享食物、共度时间来制造共同的记忆，其他人可能是自己的房族成员，可能是自己的核心家庭成员，也可能是全村全寨的所有人。生活在群体中的个体便在这个编织关系、构造关联的时间设计中找到自己的位置和生存的意义。

三　日常生活内的互助相伴

　　乡村生活是静谧的，有时候也是无聊的，闲暇时光如何度过（kill time）便变得非常重要。加池寨的男男女女都非常喜欢聚集在一起聊天、打扑克、喝酒。村寨"包荡噶"上面及停车坪周围的三间小店（2015 年下半年其中一家关门了）成了人们买东西之余聊天的重要场所，是村寨的娱乐中心。村寨中中青年男人一般出门打工或者在村寨内干活（多是建房子），妇女们除了上午上坡干活，午后的时间是非常空闲和无聊的，如何打发这些时间呢？加池的妇女们也建立了一个个小圈子，以共同的爱好为基础、以房族远近和关系好坏为参考，她们成为村民口中的"那伙妇女"。

（一）绣花

　　夏天是个难熬的季节，白天很长，每天午后，村寨内经过烈日的暴晒后，每一寸土地都散发着烧焦的味道，仿佛要被这烈日烤化了。加池寨内"母猪形"和"金盘形"房族内七八个喜欢唱歌的妇女就在某一家聚集，有时候是这家，有时候是那家。大家各自带上自己做针线活的带子，慢悠悠地来到电话中定好的"集合点"。这群妇女是来"集合点"绣花的。绣花是对妇女们做针线活的统称，不管是绣十字绣，还是绣背带，统称"绣花"。妇女们一会儿议论谁的花样好看，一会儿又让别人指点一下配色问题，其乐融融。背带的制作过程烦琐，最重要的是上面的绣花都要一针一线地绣上去，所以制作背带的周期非常长，最快需要一个月，慢的话就要一年半载，甚至更长。这群妇女一般会在前一天商定好或者在电话里约定好第二天要给大家做什么好吃的，如汤圆、煮油茶、煮玉米之类的，其中油茶最多。或者天气热的时候，某个人带一个西瓜分给在场的人吃。夏日的午后，绣花总是绣着绣着就困了，有的妇女坐在矮板凳上打瞌睡，第一个发现之人就会嬉笑着让大家分享打瞌睡者的憨态，大家哄堂大笑。有时候大家绣花绣得累了，就会一边唱歌一边绣。唱歌的时候非常有趣，因为这些妇女都是从不同村寨嫁过来的，有的是从中仰，有的是从文斗河边，有的是从平敖，还有的从南路，也有从韶霭嫁过来的，大家唱歌的腔调并不一样。但这种多样性带来了更多欢笑和分享。正是在这种分享食物、分享欢笑的过程中，妇女们建立了一种自己的圈子，这个圈子很可能是跨越房族的。共同的爱好、"住得近"、"走得近"、"房族的"，不管是哪种原因使这些妇女走到一起的，人们在这个小圈子里是非常开心的，也正是这些欢笑和幸福抵消了村寨生活的单调和忧愁，成为村寨妇女一种情感上的慰藉、精神上的食粮。

（二）帮活路

这群妇女在每年的插秧和收谷子的季节都会互相帮活路，哪家想哪天请别人一起来做什么就会提前跟大家沟通，说的方式并非正式的、一板一眼的，而是在说说笑笑中就将帮活路这件事情定下来了。下面以帮姜金桃家水田挑粪为例说明这样一个帮活路的小圈子。在约定的这天清早，主家姜金桃就准备早餐给这些来帮活路的人吃。来帮活路的几个人有姜金桃的妯娌和叔妈，他们是"金盘形"房族的；另外还有姜绍豪的妈妈和姜齐美的爱人，他们是"母猪形"房族的；还有姜绍政的爱人，是单独一个小支的。这群互相帮工的妇女来自三个不同的房族，年龄相近，爱好相似。姜金桃在给儿子结婚办酒的时候还借了她叔妈家的一头猪，现在她的叔妈家还没有办酒，没有需要，就暂时先不还。但是所有借的猪肉的斤两会清清楚楚写在纸上，丝毫不差。请别人来帮活路，做的早饭要相对丰盛，足量的猪肉是必需的，另外还会有一个小菜，如炒洋芋、焙洋芋、酸蕨菜、腌酸菜等下饭菜。吃罢，几个人就将饭菜各自打包，然后带着几双筷子挑着上坡。

做活路累了就会聚集在一起休息一会儿，休息的时候人们也是互相调侃说笑，主人家拿出随身带来的瓜子糖果与大家分享，小憩之后就继续做活路。

等到中午的时候，大家就拿出从家中背来的炒菜和米饭，在山上砍三根结实的木头插进土中，做成一个撑架，在上面架上锅。然后用稻草点火，将在山上拾来的柴火慢慢点燃，再由体力好、年纪较轻的人去坡上找一把野菜在溪边洗干净，这样就成了山坡上的一顿"野炊"了。主人家有时也会背来饮料或米酒，这样在坡上吃饭的丰盛程度也不亚于家中。酒足饭饱之后，人们不会马上挑起箩筐继续做活路，而是围着锅继续休息一会儿，聊聊家常，叙叙感情。

休息好之后再继续干活路，等到活路干完就下坡回家，回到家之后的晚饭还是由主人家负责煮，依旧要比较丰盛。

（三）请客吃饭

除冬日腊月内人们走亲访友外，暑热的8月也是人们互相走动的良好机会。请客吃饭也是这样一个圈子，大家轮流到某一家中吃饭，这样的互相请客吃饭的人数一般在15人左右。这也是不分房族的，但基本上是"母猪形"和"金盘形"的人。这群人中有亲密的两妯娌，有叔妈和侄媳妇，还有婆婆和孙媳妇。这群妇女年龄都在40岁以上，按照辈分来说有三代人。大家互相邀约，每天下午唱歌，晚上集体商议去某一家吃饭。去哪一家吃饭，哪家就会准备丰盛的酒水饭菜招待客人，这些饭菜并没有因为是一群妇女之间的聚会而降低档次。其中有一位 70 多岁的老人家，她的岁数大但是辈分不高，在这三代人中算是中间那一代。加池寨内的蔬菜基本上是自给自足，但是这位老人家自己在家住，就没有种很多菜。大家都强调不要这位老人家做饭给大家吃，但是这位老人家觉得过意不去，而且大家来到她家热闹一下她会非常开心。于是，那天大家都不约而同地从自己家带了一些蔬菜过去，也帮忙在厨房中做菜。老人家非常开心，这群妇女也非常开心（见图 4-8）。

图 4-8 妇女们日常的轮流聚餐

饭后唱歌是必不可少的，人们描述苗族人"会喝水就会喝酒，会说话就会唱歌"，唱歌也是这群妇女的爱好，尤其是在喝了一些米酒微醺之后，唱歌的兴致就更高了。唱得开心的时候甚至持续到深夜还不肯散去。聚餐结束后，大家拿着手电筒三三两两地走在田边的小路上，笑声不断在夜空中回荡。

人类是群居性动物，个体总是无法脱离群体而独立存在。加池村内这样一种具有柔性的妇女团体，她们的日常生活和互帮互助，打破了由血缘构筑起的生硬的房族区隔，将房族之间的矛盾用这种柔性的"共享"机制弱化了，成为房族之间的黏合剂。

小　结

本章主要描述了加池寨村落内部房族之间的互动关系，展现了传统社会的结构与原力。作为一个整体，村寨内不同房族由于历史发展过程中有祖遗共股的山场，所以合力经营祖业成为具有共同祖先的这群人的同一目标。契约中常见的"三公山""五主之山""八主山""七公山"等可以让我们清晰地看出山场之间的代际传承和共同经营痕迹。在以村寨为单位的地方区域事务中，同一村寨的人们也会不分房族，彼此同心同德，如原来的文斗河边场市分股合同就展现出加池寨内十股较大房族分支共同管理河边场市的场景。乡村生活中缺少不了民间信仰的在场，南岳庙在加池寨中形成了一个神圣空间。虽然是神圣空间，但是具有经济头脑的乡村"野夫"以南岳庙为契机，以"敬神"之名成立了南岳会，南岳会可以放贷生息，类似于"钱会"，是一个典型的互助性地方经济组织。南岳会有会产，这些会产包括山场、水田、土地、现金等，可以通过租佃、借贷生息等各种方式支撑南岳庙的敬神活动和做寿诞活动。

传统社会的结构和原力，是指传统社会的结构在一定时间内具有稳定性和延续性，在短时间内不容易改变。加池寨内"母猪形"与"金盘形"两大房族的关系，据契约文书记载，从乾隆十四年开始至今，每个世代都多多少少会发生一些不愉快的纷争，而且这样的纷争和区隔具有延续性。两大房族之间的争执始于田土和山场之争。菜书山场、田水之争这两个由诉讼文稿记录的故事诉说着两大家族从咸丰年间到民国时期近百年的龃龉。这种关系随着村寨所处的外部环境的变化而变化，如咸同兵燹时，两大房族之间的竞争就有所缓解。战争平息之后，房族之间内部矛盾就会被放大。两大房族之间的竞争不仅体现在山场利益、水田灌溉等具体的经济利益方面，在名望方面的竞争也逐渐凸显出来。从 1988 年到 1992 年，加池寨两大房族关于争夺养蛮祖坟的诉讼使它们之间的罅隙日益加深。加之改革开放后分山分田到户，山场的共股状态也消失了，没有了共同的利益，只有相互的竞争，两大房族的关系空前紧张。

具体的、具有情节的事件及日常生活可以集中体现村寨内部房族及房族分支之间的关系。在人生礼仪和岁时仪礼中，分属不同房族的成员在不同的场合出现，觥筹交错，推杯换盏，在三朝酒、婚宴、丧礼等不同场合，将生命的意义蕴藏在不断交换和流动的钱、布、酒、米之中，同时也在这样的过程中体悟了人生的意义。

自然界以一年为一个自然周期，农作物周而复始，树叶绿了又黄，人们根据岁时安排各种生产和生活活动，节日庆典就是这平淡如水的日常生活的染色剂，给纯色生活涂上绚烂的色彩。节日庆典与农事关系密切，很多节庆是根据农事的节气安排的，而农事正是农耕社会文明的重要基础，是农民的生活保障和物资来源。节日庆典中对于食物的交换、分享和共食塑造了一种亲密感，加深了房族之间、亲邻之间的感情，也创造了建立关系、保持关系的机会和条件。

妇女因为婚姻缔结而从属于某一房族，在加池寨内的房族社会生活中具有独特作用。黔东南地区姑舅表婚这种具有民族特色的婚姻缔结规则和习俗，一般会在一定范围内形成一个个固定的婚姻圈，由此，同时长大的两姊妹很可能嫁到同一个寨子成为两妯娌，或者嫁到同一个村寨成为两个不同房族的成员。正是基于这样的一种社会制度设计，婚后的女性就变成房族明显界限中的模糊地带，将房族之间清晰的边界模糊化，在一定程度上连通两个房族的情感，起到了缓冲的作用，甚至会在化解房族隔阂中起到关键作用。村寨内的妇女们基于共同爱好形成一个个较为固定的小群体，群体内的成员不定期进行集体活动，如绣花、轮流请客吃饭，还会在需要的情况下互相帮活路，进行劳动交换。这种"换工"表面上看是交换，实际上蕴含了不可计算的情感成分。在所有这些人生礼仪、岁时仪礼中我们可以看到一种互惠原则的痕迹，人们的日常生活包含着各种各样的"交换"，但这些"交换"又和现代市场中的"交易"不同。"交换"中一旦掺入情感因素，这种实质层面上的功利性就被表面的非功利性掩盖了。

房族之间的关系无论是以竞争为主，还是以合作为主，归根结底都体现在具体的个人生命之中。在一个相对封闭的村寨聚落内部，以血缘关系为基础组织起来的房族在日常生活中不断展现着各个房族群体内部成员之间的关系，这些关系在经过一段时间之后变成记忆存储在人们脑海深处，或者会随着时间而改变，或者随时间保持下去。属于不同群体的个体生命在共同的时间序列、岁时更替中演绎了绚烂多彩的生活实践。

第五章　地方社会整合：房族、村落
　　　　　与区域社会

具有一定数量且内容庞杂的契约文书表明，加池寨与邻近村寨之间有着复杂的经济联系和其他社会联系。相邻村寨不同人群之间频繁的日常经济活动加强了彼此的互动关系，一定区域内不同房族所代表的村落势力在复杂互动关系下此消彼长，其间必然夹杂着由共同区位因素而形成的高度一致的紧密关系，同时也存在因不同历史时空条件变化彼此竞争和矛盾激化而引发冲突的紧张关系。正是这种团结一致和矛盾冲突彼此交替，轮番占据村落关系主旋律的状态，进一步神话了村落之间的关联，使之在不断互动和冲突中持续调适和整合，形塑了在历史发展进程中一定范围内的地方区域社会认同。

第一节　清水江下游地区的社会结构过程

将贵州东部高地与湘西的丘陵地带连接起来，使之成为具有某种独特关联的整体性区域的，正是清水江这条独具特色的河流。明清时期，随着国家对西南边疆地区，尤其是云南省的关注与经营，清水江流域经由国家"开辟新疆"的种种举措而被纳入其直接控制之下。在此过程中，尤为重要的是清水江中下游地区区域性市场网络的形成，以卦治、王寨、茅坪三寨为中心的木材市场在国家、地方政府及地方社会的共同组织和介入下逐渐形成。在这个复杂而漫长的过程中，沿江两岸的当地居民逐渐参与到这个市场体系中，种粟栽杉、伐木下河、扎排放排、开盘当江成为这一区域内人们重要的经济活动。这一具有某种商业化色彩的发展过程对地方社会造成了重要而深远的影响。

卦治、茅坪、王寨这三寨组成的木材集散地的上游地区成为清水江木材市场内木材生产的重要基地。明清时期，当地居民多从事挖山锄坡、种粟栽杉、买卖青山之类的经济活动。在参与经济活动的过程中，外来移民、世居乡民在清水江下游区域性木材市场这一特定空间内演绎了许多精彩的故事，这些故事虽然都发生在绿林山野中，却在某种程度上向我们展示了清水江下游地区地方社会秩序的型构过程。

接下来故事的发生地是清水江沿江两岸的几个小村寨，它们分别是文斗河边、文斗、中仰、党秧、加池、岑梧。据文斗河边的村民回忆，他们"大多数是靠给文斗上寨的大户人家种山或打鱼为生的穷苦人，都没有什么山林田土，现在所有的山林田土都是土改时政府从文斗上寨硬划过来的"。这里所说的文斗上寨，即在康熙中期在村中凤台公带领下，与平鳌、瑶光、韶霭等村寨共同"输粮入籍"的村寨之一。类似的记忆也被党秧村的老人诉说着："我们以前的老人家是在清朝中期从湖南、天柱等地逃难到这个地方来的，主要是给加池村种山栽杉，才慢慢在这里落脚的。"他们口中所说的加池就是党秧的邻寨，相距不远。加池村老人的说法也与"逃难至此，靠种山栽杉落脚"相印证。一位深谙村寨历史的老人回忆说："原来从党秧到乌什一带，经常有老虎出没，那一带虽然是我们加池的地盘，但是由于距离较远，不便去栽树和管理，老辈人不愿意看着那些山荒着，就送或者佃给外地人栽种。那些人在那里住久了，人口慢慢发展，也就结成了村寨，就是现在的党秧寨和乌什寨。他们所佃种的山场慢慢也就变成他们的祖业了。党秧人被加池、文斗等老寨的人看不起，不准他们进寨居住，只能在所佃种的山场上搭棚住，① 老寨的人更不愿同他们结亲。"岑梧村是离清水江较远的一个村寨，这个村寨的人自称"三偢"，他们至少会说三种方言，在讲述自己如何来到这里定居时，他们的说法亦如之前的两个故事："清朝初期从湖南逃难过来的，当初到来时，连一块打麻雀的泥土都没有。先是在扒洞给姜姓人当佃户种山，同寨早、扒洞、平鳌买山场田土。"康熙初年，湖南、江西等地的贫穷汉人大量移居至清水江下游地区，被世居在这里的苗人、侗人称为"来人"。由于被迫迁徙到这里求生，这些"来人"没有土地、山场等生产资料，只能给此地的苗人、侗人佃种山场以维持生计。或许"林粮间作"的独特经营模式正是这些"来人"解决食物来源问题时发明的生存性策略。

如上所述，文斗河边与党秧这两个村寨的故事可以生动地展现所谓"来人"与"世居乡民"之间的交往与博弈，那么中仰与文斗之间的一张康熙四十三年的"清白投帖"则更能阐明村寨与村寨这种阶序性差异：

> 立清白投帖字人龙梅所、陆富宇二姓，为因往外无地方安生，立意投到文斗寨界内地名中仰住居。蒙众头公姜祥元、姜现宇、隆宇、姜科明等把我二姓安身，大家相为邻寨兄（弟）。自投坐之后，无论前后左右寸土各系文斗地界，我陆、龙二姓不过借以安居，莫生歹心。如肯出力勤俭挖掘者，得吃上层之土皮。倘蒙霸占之心，天神鉴察。假使文斗众等不许挖

---

① 佃户不准进村居住，只能在所种山场上建棚居住的习俗，在多份契约上都有体现，例如下面一则契约："求帖字人林登富，为因佃种文斗主家李兴才之山，缘彼处陡险未便居住，情愿请亲友人等，于中求借到主家姜之谟、之正、启周、启华、启勋等之山，地名难污思色，住坐盖棚，日后不得为非作歹，停留面生不法之徒。如有此情，将字传官。今恐无凭，立求帖字是实。凭中：李世荣、唐和高、林俊位，嘉庆二十年七月十四，代笔：德贵。"参见张应强、王宗勋主编《清水江文书》第2辑第1册，第47页。

种者，亦天神鉴察。所有管不到之处，任凭中仰打草打柴、过活、挖种取租等情。如兄如弟，大家不使以强欺弱。恐日久人心不古，立此清白投字为照。①

清水江文书中"清白字"多为强调说明性质的文书，而这则立于康熙四十三年的"清白投帖"的一个"投"字，说明了这两个寨子此时的一种类似主仆关系的约定。"得吃上层之土皮"则暗示了在中仰居住的"来人"只可在此地暂居，拥有暂时性的山场使用权和收益权，并没有所有权，倘若起了"霸占之心"或者"文斗众等不许挖种"，那么"天神鉴察"，这些"来人"就不可以在这块地皮上继续"挖山栽杉，刨土取食"了。

虽然世居于此地的乡民相比"来人"而言，在清水江下游区域内拥有一种"先到者"的天然优势，但是从湖南、江西、天柱等地迁来的"来人"，大多来自汉人居住区，熟悉汉人的社会运行逻辑，同时，随着清水江木材贸易的日渐繁盛，这些"来人"越来越多地参与到木材贸易的生产经营活动中。财富的日渐累积和人口的繁衍是一个量变的过程，量变达到一定程度，必然会引起质变，这些"来人"会争取参与当地地方事务的话语权和决策权。"来得早不如发得好"这句在当地流传甚广的话更能说明在这块土地上，世居乡民与"来人"在漫长的历史发展进程中错综复杂、不断纠葛的情态，展现出"来人"在更具有历史根基的世居乡民面前"后来者居上"的发展势头。而这一切情势的逆转或许与以杉木的种植和采运为主要经济活动的区域性市场网络密切相关。正是这样一种市场体系下对于人力、智力的需求，才导致这些"来人"来此地谋生、发展，产生了流传于清水江两岸坊间的各种传说和趣事。

---

① 王宗勋：《文斗：看得见历史的村寨》，第34—35页。

第二节　村落间的博弈：联合与对抗

清水江下游地区由于地形所限，被称为"八山一水一分田"，人们要安身立命，也必须靠水靠田而居，于是人群聚落就散布在山岭间水源和田土条件较好一些的坝子上，如果没有坝子，哪怕地势稍平、稍宽阔，也会成为人们定居的佳所吉地。由于地处"苗疆"边界，如果三江苗民为"熟苗"，那么三江以上这些地方也就是"生苗之境"了。既然是交界地带，社会秩序亦比周遭繁乱复杂些（见图5-1）。明清时期，这一区域内存在"款"组织，人们依据"款约"行事，款约组织也负有"保境安民"的重要职能。

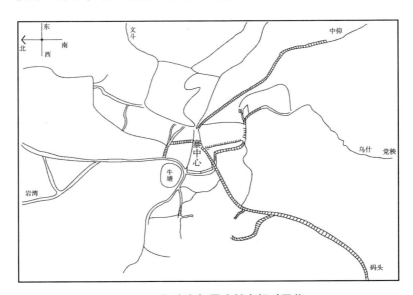

图5-1　加池寨与周边村寨相对区位

一　村落联盟："安靖地方以保身家"事

乾嘉苗民起义给清王朝治理苗疆平添了许多烦恼和麻烦，自此之后，王朝国家对民众"聚众烧香拜会"极为敏感。至道光初期，苗疆地区的匪患作乱地方，以杨定龙（号称"草上飞"）为首的数十个湖广恶匪占领平略、张化、南包坳地方，勾结沿河一带地方恶棍，"掳掠妇女，霸斫杉木，强放木排，劫寨拱屋，捆人索价，偷牛盗马"，无恶不作，具禀官府，官府亦无能为力。于是在 1837 年的一个冬月，"文斗寨姜济歧、姜载渭、姜绍齐、钟华、（钟）英、春发、起滨、绍吕、本清、姜荣先、姜廷映、姜开泰、述圣，平鳌寨姜起灿、姜起书、姜宗烈、文煌、姜彩、姜烈、国轩、世华、治宏，岩湾寨范绍学、范绍昭、献琳、献璧、范文秀、老为，加池寨姜之谟、之林、之毫、姜廷瑜、开明、开让、光秀"等创首捐资，共同以"聚匪抢劫"为名请求官府"差兵严拿"。四个寨子最后一共募银四千余金，向官府递交了四十多封诉状，官府派出官兵抓住匪党数十人，其余的匪党逃至靖州，这一带地方终于"始得安然"。有道光十三年（1833）同心合意契如下：

> 立合同文斗、平鳌、岩湾、加池四寨人等为安靖地方以保身家事。近因地方人心不一，故外境匪徒结党，时或数十人，时或数百人，扰害地方，偷盗木植、棚，阻木排，牵耕牛，磕油火，凶万横行，地方受其欺压，无可奈何。窃思我等地方山多田少，贫富全靠木植养活身家。遇客商来则砍木放排，虽无大利，而每日获钱亦可早晚资用，免受饥寒，且大则拨本钱行买卖，小则削木皮资炊爨卖柴薪，生意多路。今遇匪徒如此，将山木砍尽，何以为生？且本处并外乡客贩，凡作木植生理，屡被匪党惶情，强阻强放，东家闻知不发资本，众等岂不束手待毙？是以齐心聚议，书立合同。凡遇外来匪党阻排偷木等情，必须齐为努力追捕擒拿，倘至斗殴杀伤，不拘彼此，不得怨悔退缩。如有等情，众等将此怨

悔退缩之人捆绑呈官究处。恐人口难凭，特书合同四纸，各执一纸为据。

当凭神灵罚咒，如口是心非者，神灵鉴察，必受谴诛。①

可以想象，清水江下游 4 个小小的苗寨在道光中期居然可以拿出 4000 两银子来请官府派兵剿匪，确实可见这一方财力雄厚。地方募集银两的方式是"除捐项不数外，四寨卖木见十抽一"。如果按照这样的方式计算，这四寨木植的成交总额有 4 万之多，足见木利之厚。正是由于这么丰厚的回报，清水江下游四寨内富户、山客、木商才会如此出财出力维护自己几十年栽种的杉山以免被匪徒强砍。匪盗横行也冲击了整个木材交易流程，"本处并外乡客贩，凡作木植生理屡被匪党惶情，强阻强放，东家闻知不发资本"，没有资本之后，这群山客就不能再到林区去收购木材，生计便会中断，如果坐视不理，就等于"束手待毙"。所以四寨之人"齐心聚议"，写下了《四寨同心合意契》。这份《四寨同心合意契》一式四份，保存方式也比较有趣：文斗姜春发存加池一纸，平鳌姜启书存岩湾一纸，岩湾范绍学存文斗一纸，加池姜之模存平鳌一纸。这样交叉保管彼此契书的方式，加强了村寨之间彼此约束的力量，有利于确保联盟成员增强对联盟的忠诚度。

口述资料也显示，类似于青山界四十八寨这样的款组织下面还包括范围更小、关系更密切的小款组织，如岑梧（shēi zè）、韶霭（shēi nǐ）、塘东（shēi rǒng）、瑶光（shēi sā）、宰格（shēi xī）、云照（shēi sào）、加池（shēi xí）这 7 个苗寨在称谓上都有一个"shēi"，且具有相似的地理地貌生态环境（见图 6-2），以前为同一个款组织。

---

① 张应强、王宗勋主编《清水江文书》第 1 辑第 8 册，第 205 页。

图 5-2　岑梧、韶霭、塘东、瑶光、云照、加池相对位置

二 应对市场：村落间贸易中的房族

明清以来，随着三江木材贸易市场的逐步兴起，三江地方的"熟苗"沿清水江而上，到达所谓"生苗"地区收买杉木，商贾往来络绎不绝。既有商贾往来，那么场市就可能随之兴起，文斗河边场市很有可能就是在这样的契机下逐渐兴盛起来的。有关清水江河口巨富"姚百万"姚继周的口述材料表明，姚继周的父亲姚克元在乾隆前期举家从黎平迁到文斗河边，文斗河边村临江而设，素来工匠往来甚多，逐渐形成集市。2004 年的统计数据显示，当时文斗河边村有 3 个村民小组，109 户共 510 人，有黄、姜、李、舒、向、马等姓。2005 年因三板溪水电站蓄水，河边村整体搬迁，建制随之撤销。村民口述资料显示，文斗河边村曾经为场市，但尚未有翔实的资料显示此场市何时兴起，集期如何。可以肯定的是，既有集市，便有管理收取经费之人。下面这张《文斗河边场市合同字》可以让我们窥见文斗河边场市运行及管理的大致样态：

1-1-2-146 立分合同文斗河边场市字人本寨应占拾股之壹，我寨之壹大股再分为拾小股，日后场中经纪收费亦照拾小股分当，不得妄相争，其股分列于后：

姜恩宽、恩溥、广德、长贵、献朝等共占壹小股，

姜梦麟、梦鳌、梦海等共占壹小股，

姜梦熊、梦兰、梦琪、纯善等共占壹小股，

姜永明、永堂、显堂、永泰、贞银、永兴、合生等占壹小股，

姜凤翎、秉干、秉珍、秉魁等共占壹小股，

姜元秀、元贞、元瀚、元灿等共占壹小股，

姜作文、纯秀、纯义、纯敏、坤泽等共占壹小股，

姜凤德、元魁、永道、继滨、献忠、献文等共占壹小股，

姜继琦、继元、继贤、文忠、文科等共占壹小股，

姜源淋、永清、金培、文举等共占壹小股。

捌号老合同存姜恩宽手。①

从上引合同中，我们可以看出以姜恩宽为代表的加池寨共占有文斗河边场市经营管理股份的十分之一，这份合同是 1923 年重立的，还有一纸老合同存于姜恩宽之手。重立合同的原因大抵是房族成员数量越来越多，一股又向下一层级再分为几股。但无论如何析分，村寨以房族之力经营管理场市，享场市经营之利，是这一区域内场市经营和管理的显著特点。

　　1-1-7-066　立佃栽字人党秧寨杨胜荣、杨胜旺弟兄二人，今因佃到加池寨姜凤凰、凤元、凤沼、献义、献魁、恩瑞、恩泮、生发、来发，党秧杨秀江并杨胜荣、胜旺名下等所共之山壹块，地名番培蓬。其山界限上凭凹劲颈，下凭田横过土埂抵献义等山，左凭冲下至重保之田为界，右凭凹劲颈分界凭冲下至田为界。自佃之后，言定五年栽杉成林。如不成林，无股细分。如有努力栽成，木植长大伐卖与客，伍股均分，地主占叁股，栽手占贰股。其山之股分照光绪二十五年山友等分出清单合同管业。特立佃栽字四张为据存照。②

　　1-1-2-127　立佃种字人中仰寨龙祥春，自己上门问到加池寨姜献义、恩发、来发、祖发，张花寨范克荣、范克华弟叔侄等，中仰寨陆茂富、龙祥春众等所有共山壹块，地名补朵。其山界限上凭台田，下凭田以横过土埂为界，左凭冲与献义之

①　张应强、王宗勋主编《清水江文书》第 1 辑第 1 册，第 261 页。
②　张应强、王宗勋主编《清水江文书》第 1 辑第 3 册，第 228 页。

山为界，右凭冲八主山为界，四至分明。其山土栽分为五股，土主占叁股，栽手占贰股。此山佃种之后，限至五年栽杉成林。如有不成林者，栽手并无股分。恐口无凭，立此佃字为据。[①]

1-1-7-066 和 1-1-2-127 这两份佃字都是加池寨内"母猪形"房族和其他邻近村寨共有山场租佃出去的证明。中仰寨、张化寨和党秧寨都是加池寨的邻近村寨，寨子两两之间多有来往，包括佃山租山、买卖山场股份等。加池寨"母猪形"房族成员和其他村寨的人合力经营山场，共同占据山场土栽之土股，这样虽然收益方面可能会随之减少，但是风险亦可以均摊，在市场风险越来越大的情况下，也不失为一种明智的决策。

除了共同经营一块山场，我们还经常见到某一房族和邻近村寨的另一房族在种植和伐运整个山场的经营过程中合作的情形。如加池寨"母猪形"姜佐兴一支就与岩湾寨范姓一房保持了较长时间的合作。一旦山场股份发生纠纷，多半是岩湾寨范姓一族出门调解，最终都能达到对加池寨"母猪形"房族姜佐兴一支更加有利的结果。

杉木山场的种植与经营，从栽种到砍伐这样一个周期，整个过程都是非常复杂的，参与其中的人也非常多。遗憾的是并不是所有的关键过程都会留下契约，留下契约文字记录的多为佃山、成林后分股合同及砍伐前立股份清单、分银单。一块山场在一个完整的杉木生产周期并不需要将所有的关键步骤都用文字记录下来，但就目前所见的清水江文书中的相关内容，依稀可以看出中仰、党秧两个村落内成员多去佃种加池寨、文斗寨的山场。我们暂且不管出于怎样的具体原因形成中仰寨、党秧寨的人去佃种加池寨、文斗寨山场的局面，或许可以把这样一种类似于分工的合作步骤当成是清水江下游地区村落之间的

①　张应强、王宗勋主编《清水江文书》第 1 辑第 1 册，第 240 页。

山场经营结构，在共同应对清水江下游木材贸易市场时，有的村落专门租山佃山，如中仰寨、党秧寨，有的村落专门提供山场，如文斗寨、岩湾寨，还有的村落专门负责伐运，等等。诸如这样的一种村落之间的合作或许并没有贯穿整个清水江下游木材的繁荣时代，但在这一区域内特定时间段，这样的一种布局和设计确实存在过。或许这就是三江上游杉木种植区域内较有特色的村落之间互相合作来应对清水江木材市场的诸多社会运行机制中的一种，所有这些区域社会运行的实际情形，都在不同程度上促进了这一地方的社会整合。

三　村落纠纷：围绕山林田土争夺与界线纷争的系列事件

在清水江下游地区的广袤山岭中，地权和林权的确立是一个缓慢的过程。在树木森林并没有成为一种有巨大经济价值的资源时，人们对于它的权属析分并不明确，所以黔东南地区在勘分地界时流行采用"骑板凳"的方式，相同时间内，板凳的移动轨迹就是界线，这是一种较为原始和自然的划分界线的情形。当然这是传说故事，不能尽信，但是传说并不仅仅有娱乐功能，在一定程度上，它反倒更加接近真相。传说故事往往来自人们内心的想象和联想，是当地人内心观念和社会秩序的反映。因此"骑板凳"划分界线这一传说故事或许根本就是杜撰，但它为我们呈现了一个"真实"的当时当地的人的观念世界和人的内心世界之社会秩序。张应强在研究清水江下游地区村落的地权时指出："在传统中国社会结构中，地权关系是王朝典章制度背景下社会关系构成的重要基础，是标识地方社会土地所有权来源合法性及其关系转变的关键性因素。"[1] 张佩国也曾提出类似的观点："地权是乡村社会历史变迁的全息元，即地权蕴涵了乡村社会历史的全部信息含量。"[2] 他们的

---

① 张应强：《木材之流动：清代清水江下游地区的市场、权力与社会》，第 8 页。
② 张佩国：《近代江南乡村地权的历史人类学研究》，上海人民出版社，2002，第 2 页。

观点一致向我们传达了地权关系在地方社会及乡村社会结构与变迁中的重要作用，这一点毋庸置疑。经历了漫长的历史变迁，"千年田八百主"已然变成一种常态，地权的频繁变更使这一地区的林权与地权呈现出异常复杂的情态，关于山场、田土的纠纷也特别多。在乡村社会中，人口的多寡往往成为势力强弱的重要标志，作为亲属关系建构与应用的房族，自然在山林纠纷及解决中发挥了重要作用。

（一）"上山是仇家，进屋是亲戚"：山林纠纷下的人群关系

田野调查中的口述资料显示，清水江下游地区被称为"好讼之乡"，人们针对山场杉木的纠纷特别多。但是在这样的纠纷真实存在的情况下，村寨之间人们依旧会通婚、结亲，形成了"上山是仇家，进屋是亲戚"的独特关系。据加池寨村民讲，加池寨与周围村寨的关系大都比较厚，但是中仰寨比较例外，中仰寨的人霸道、蛮横，不仅和加池寨关系不好，和周围其他村寨的关系也不好。因此，笔者对中仰寨产生了很大的兴趣，尤其是它如何在历史上形成了这样一个"坏名声"，以及在这样的一种"坏名声"下，它又是如何与邻近村寨相处的。第一节中，清朝早期康熙四十三年的一则"清白投帖"显示中仰原是文斗界内的一处地名，龙梅所、陆富宇二人所代表的两姓之人因为没有地方安身，求到文斗寨姜祥元、姜现宇、姜隆宇、姜科明等人，以允许他们在中仰地方"安身""投坐"。立此"清白投帖"字的意思便是要将中仰这一地方的所有权说清，即龙、陆二姓之人在此地"投坐"，"勤俭挖掘""打草打柴、过活""挖种"等，只是"得吃上层之土皮"，但"无论前后左右寸土各系文斗地界"不容商议，也不准存有"霸占之心"。再联系中仰寨独立建寨之实际，我们似乎可以推断出中仰寨由文斗界内之地到独立成寨的事实。或许正因为如此，中仰寨需要不断地扩大自己的地盘，而在勘分界线之后再去争夺，免不了发生一些冲突：

1-2-3-001　具报单龙里司属家池寨民甫臣、甫材、起

224

奉、彩臣、明宇等报，为抗租殴打、劫抢拾物事。情因民等历代以来各有山场界至，或种茶山，或栽杉木，或经地路，各管各业，各种各境，并无别人争持。无奈中仰寨陆良海等越界强种民等山场，蓄栽茶油树，民等屡年向山收租，毫无议论。突于本年十月初一日，民等往山收□，倏遭中仰寨陆良海统领通寨多人围民等在地，乱打行凶，现有形伤可据，并劫抢秧兰、口袋、帽檐等项，尽抢一空。似此不法之人，将来后患无底矣。只得报明塘爷塘前恳祈，转报以便行止。记开：口袋十个，帽檐三个，秧兰伍石。[①]

　　这是一张清代早期的"报单"，所记之事发生在乾隆二十三年，加池寨内甫臣、甫材、起奉、彩臣、明宇等人共同控告中仰寨陆良海"抗租殴打、劫抢拾物"。据控词陈述，这一带地方的山场素来是有界线的，而且人们根据界线各自管业，并不见多少争执。可中仰寨的陆良海等越界强行在甫臣、甫材、起奉、彩臣、明宇等人的山场界内种植了茶油树。茶油树已然长大，成为既定事实，加池寨山场的主人姜甫臣等也"无奈"，只能以"屡年向山收租"的方式维持自己与山场的关联，并取得一些银钱弥补损失。等到这一年冬月甫臣等人再到山场内收租时，却遭遇了中仰寨人的集体殴打，不仅没有给租银，还把他们随身所带的口袋、帽檐、秧兰抢劫一空。

　　1948年的一份文书（1-2-5-024）[②]显示，当时瑶光乡加池寨"母猪形"房族的姜元瀚将500余根杉木捐给了锦屏县参议会以供建设使用，这看起来较为大公无私的做法实际上与同中仰寨陆宗辉、陆宗镒的纠纷有关。这团山位于扒洞，土名"柳荣后"，1930

　　①　张应强、王宗勋主编《清水江文书》第1辑第4册，第287页。
　　②　张应强、王宗勋主编《清水江文书》第1辑第5册，第191页。

年时姜元瀚买了姜世吉、姜世祥之土股后，又买了姜文辅、姜文举、姜顺望三人的裁手股。不料1947年时，中仰寨陆宗辉、陆宗镒将此山杉木悉数砍掉，已经运抵加池溪口，准备"成排运放"。姜元瀚本想通过司法程序将陆宗辉、陆宗镒诉至锦屏县司法处，但又恐"牵延时久"，故灵机一动，将所有杉木尽捐县参议会，这样一来中仰陆姓之人不能得杉木之钱，二来姜元瀚本人又因捐献杉木赢得司法处有关官员的感念，岂不一举两得？

嘉庆末年，姜佐兴将自蓄山场乌漫溪杉木砍伐并在张化河边出售，几个月后，溪水猛涨，杉木被冲散，姜佐兴雇人打捞，但还是有来不及抢捞的木材漂流下河。当时王治浩等人或因赶场，或因探亲，走到河边时见到漂流之木起了贪心，几个人相互商议，将木驱赶到比较窄的河面处，再行拦获。他们一共捞获了183株，还打上斧印作为记号，堆放在岸边，想着要是有人来问就索要酬金，无人来问就自行卖掉分银各用。两天后，姜佐兴、姜廷芳闻讯赶来，王治浩等人并没有否认，而是说他们几人在抢捞时费有工力，索取谢金二三十两，姜佐兴不肯给那么多，允诺二三两之金，而王治浩等人嫌三两太少，最后双方发生争吵，不欢而散。姜佐兴又想起去年他就因从固宠山场、从绞杉木一案具控过王治浩，王治浩输了，中仰寨陆廷贵也参与其中，因为陆廷贵讨种了王治浩的田来佃种，这块田土名"就又"，两块山场与田挨着，所以王治浩才有机会得知木材砍伐的消息并"越界混争"。这一次姜佐兴又怕被王治浩"挟嫌勒谢"，一时情急就将上次之事添油加醋，以"王治浩烧香拜会，聚众抢劫"为由就近具控。"聚众烧香拜会"是当时朝廷所忌惮之事，因为乾末嘉初红苗作乱地方，给清朝的统治带来沉重打击。或许是因为没有据实控诉，姜佐兴心虚不已，在审讯之前就"赴案投悔"，这样的行为情同自首。最后，知县的判决如下：姜佐兴申诉不实，仗一百，加号一月；抢捞木材并勒索谢金的王治浩、王朝瑞、姜华周、姜朝英、姜朝弼、蒋老杆、唐老三，笞四十；姜佐兴将 183 株木头领回，王治浩等不准相阻。[①]

据中仰寨村民介绍，寨中有一部分人是从黎平迁过去的，还有祖坟上的碑文为证。这样也就不难理解为何会有一群隆里所的人与加池寨的房族打这么一场官司。

嘉庆中后期发生的这起加池寨"母猪形"房族之人与隆里所王姓兄弟之间的争讼，让我们看到了加池寨作为木利丰厚的杉木产区，受到来自不同地方的人群趋利相争。加池寨内"母猪形"一房，包括姜佐兴、姜松乔、姜之连在内联合起来，共同保护自己房族成员的利益，使之不受外寨人的侵害。在这个过程中，房族成员不是单打独斗，而是依靠房族内有能力之人与自己一起应对外寨人的挑衅。房族成为个体对外事务中的强大后台，支撑着其成员在与他者所造成的侵犯、威胁、伤害中维护权益，保护自己。

除了与中仰、隆里所在历史上有着许许多多你争我夺的山场纠纷，加池寨还与文斗、塘东等寨有着或大或小的纠葛。一份道光年间加池寨众人卖"从右让"山场筹集银两以支持加池寨与文堵寨（文斗寨）争夺"布先"诉讼费用的契约也证实了加池寨与文斗寨之间确实存在山场争端。[②]"母猪形"一房先祖曾与塘东寨因争地

---

① 张应强、王宗勋主编《清水江文书》第 1 辑第 5 册，第 179—183 页。

② 契约全文如下："立断卖杉木山场字人本寨众等，被文堵寨姜通盛霸占我众等布先境界，空乏银两店账，寨内十四甲众等姜世璜、之连、世连、光秀、奉友、龙现彩、世昭、开礼、世培、开明、世明、世宽、之毫等并买主人名等，无处所出，自愿将到众往山场杉木乙块，地名从右让，上凭大路为界，下凭元方与之毫为界，左凭岭为界，右凭冲上以田角为界，四界分明。此木分为贰大股，众等占土主乙股，栽主占乙股。今众等将土主乙股出卖与寨内姜开让名下承买为业。当日凭中议定价银廿乙两五钱整，亲手领回应用。自卖之后，买主上山管业，众等不得异言。倘有不清，俱在众等理落，不干买主之事。恐后无凭，立此断卖字约为据。凭中：姜光秀、姜世宽、姜奉友，代笔：姜世泰。道光十一年十二月十三日立　卖。"参见张应强、王宗勋主编《清水江文书》第 1 辑第 1 册，第 142 页。

界毙命，导致两寨之间的关系一直不太和谐。《姜氏族谱·姜姓世纪》中记载了良富与塘东的紧张关系：

> 良富公，勤俭持家，善于理财，创业治产，家颇小康，其时富盖一村。又能勇而有谋，不畏强御。与邻村塘东争地界，两相对敌，持戈杀伤彼村兄弟二人，俄而毙命。公亦被伊重围，不能走脱，亦受标杆刺伤肚腹，脱出大肠数尺，遂自收肠入肚，以口含肠头跑回到家，医治数日，不效而死。后我寨分界占至污罪半冲，横过黄土坡，至上党秧村边为界，是公有勇谋之功效也。公生平好善，济急救难，睦姻恤邻，所以公之后人乐享富庶，二百年来支派绵延不替。公葬大凤形沟坎脚，坟堆筆砌夹窨沟，即三公发福之吉地也。

田野调查中笔者也听到人们尚有记忆的发生在加池寨"母猪形"房族与塘东村之间的一次血案。1993 年，加池寨发现塘东寨的人在砍伐他们山场界内的杉木，于是加池寨"母猪形"房族挺身而出，与塘东寨砍山之人发生冲突。"母猪形"房族的人拿着炸药，扔向塘东寨的人，但并没有炸伤他们。加池寨"母猪形"房族的人在回寨的路上被塘东寨的人追赶，几个跑得慢的人被塘东寨的人砍死。加池寨把塘东寨告上法庭，塘东寨有两个人被判刑。这件事情闹得很大，自此加池寨以"母猪形"房族为代表，与塘东寨的关系进一步恶化，甚至把已经嫁到"母猪形"房族内的一个媳妇退回塘东寨。

（二）一田二主三寨：加池田产纠纷案

这个案例发生在 20 世纪 20 年代，加池寨姜元贞先从本寨姜作琦父子手中承典一丘三间田产，地名"冉佑"，将其租与姜作琦父子耕种，每年秋收时分花。典足三年之后，典主就可以用价赎回。

后来姜盛朝找到姜作琦、纯美父子，表明想买冉佑之田。姜作琦说只收了平鳌寨姜盛朝尾银 4 两，便将田卖与姜盛朝。同时姜盛朝将田付给加池寨姜梦海耕种管业。姜元贞争田不得，一纸诉状将相关人员告上官府，历时 6 年时间，从局一层告到县一层。现存的相关买卖典字、诉讼调解书共 10 份，被分散地收录在《清水江文书》中。笔者根据时间、事件等内在逻辑，完整地抄录如下：

1-2-8-051　立典田字人本寨姜作琦、纯美父子，为因生理，缺少银用，无处所出，自愿将到祖遗之田一丘三间，地名冉佑，其田约谷六担，界止限上凭文斗姜周智之田，下凭山，左凭典主之田，右凭冲，四抵分明。今将出典与本寨姜元贞名下承典为业，当日凭中三面议定价银陆两三钱八分，亲手收足应用。自典之后，便放典主耕种管业，每年到秋收之日，任凭银主上田分花管业，典主父子不得异言，其田典足三年，价到赎回。倘有不清，俱在典理落，不干银主之事。恐口无凭，立此典田字为据。

凭中：姜恩光

民国六年正月廿日　　　亲笔　立①

1-2-8-052　立断卖田字人本寨姜作琦、纯美父子，为因缺少银用，无处所出，自愿将到祖遗之田乙丘三干，约谷六担，地名冉佑，界限上凭田，下凭山，左凭水沟与卖主之田，右凭冲与买主之田角为界，四抵分明。今将凭中出卖与姜元贞名下承买为业，当日三面议定价银贰拾六两八钱整，亲手收足应用。其田自卖之后，恁凭买主修理上田耕种管业，卖主父子日后不得番悔异言。倘有抵当不清，俱在卖主理落，不干买主

---

① 张应强、王宗勋主编《清水江文书》第 1 辑第 6 册，第 220 页。

之事。恐口无凭，立此断卖字为据。

内添一字

凭中：姜恩光

民国六年二月廿三日　　　亲笔　立①

　　1-2-5-017　为典当有主，恃富霸耕，陈请建议，以昭公道事。窃维业各有主，买卖可以通商。元贞于民国六年用价得典本寨姜作琦父子之田一丘三间，约谷六石，地名冉佑。自典之后，仍佃与作琦父子耕种，逐年□收分花管业，并无异议，通地皆知。元贞家门不幸，被盗劫财，在城候案。本月回家，始知有乘井阱石之姜梦海，仗父兄之势，霸耕元贞得典之田，即亲身登门跟问。而梦海声称系有平鳌姜盛朝招佃耕种等语。似此业不由主，理法难容，只得请求贵局饬丁传唤姜梦海一干到此对质，免生巨祸，以重主权。情迫不已，为此陈乞。

团防局长台前公鉴　民国十年

具原书加什寨姜元贞，年三十岁，距局十五里②

　　1-2-5-114　为计笾谋买，抗价不赎，恃富混争，请诉传公判事。缘朴于民国六年备价典获本寨姜作琦父子之田一丘三干，地名冉佑，约谷六担。自典以来，仰附作琦父子耕种，逐年分花，毫无别议，现有佃主活证。于去腊突有平鳌寨姜盛朝来寨托请姜□□□□等问朴，□提及□赎田等，因朴当即根问典主作父子根田，正真有无卖否，琦云卖特先除典价在外，只收伊尾数银四两等语。嗣后盛朝并未提银来赎，延及本月突被前该为富不仁之盛朝，不体自爱，反以先法制人，胆敢勾串姜

---

① 张应强、王宗勋主编《清水江文书》第 1 辑第 6 册，第 221 页。
② 张应强、王宗勋主编《清水江文书》第 1 辑第 5 册，第 178 页。

梦海强种此田，邻闻骇异。不思"先典为业，后买为谋，实抗价胜"，似此计笔谋买，抗价不赎，若不请传公判，不惟典价无着，诚恐祸生测。不得已投叩。

　　局长台前赏准丁传姜盛朝一干到局经公判决施行①

1-2-8-197　元贞弟台鉴：日前解决田价之事，业经盛朝已遵了息，无如再不多事，故特养丁到来，弟台务于明日可清断契纸过来领价。切勿拖延，免遗后悔。此致刻安。

　　五月初五午，团防分局印章　公启②

1-2-8-195　为买清卖明，诡谋越霸，续恳究追事。缘民于早年用价买获本寨姜作琦之田，地名冉佑，当管无异。去年突被仗势诡谋之姜盛朝，明立豺狼之势，暗逞魑魅之谋，逼勒民之卖主作琦，复将此田写为恶有，于去岁当经局长理论，直斥恶非恶，仍然唆使姜梦海，倚势霸耕。贞不得已于去岁到局理究，蒙局长慎重厥事。恶乃阳奉阴违，仗有军官膀背，包天之胆，一味蛮占。贞卧病在床，嗣经我局长理究劝，亦莫奈恶之何。窃我局长以法律为宗旨，以公理为本志。贞业落心惊，通地周知。然该恶仗势强收贞买获田谷，当即经地方阻恶不依，硬占横行。贞无可奈何，现在秋收在途，若不续恳追究，势必谷业两空，将来化为乌有，则买业前途何堪设想。为此续乞。

局长台前作主，赏准丁传恶到局追究，以免谷业两悬施行③

1-2-8-200　具诉禀：民姜元贞，年三十四岁，住加池寨距城六十里，为先买为业，后买霸耕，诉恳传究，业有攸归事。

①　张应强、王宗勋主编《清水江文书》第1辑第5册，第301页。
②　张应强、王宗勋主编《清水江文书》第1辑第6册，第392页。
③　张应强、王宗勋主编《清水江文书》第1辑第6册，第390页。

缘民先年备价买获本寨姜作琦父子之田亩，地名冉佑，约谷六担，价足契明，历管无异。不料本年正月内有平鳌寨之恶富姜盛朝信旁刁唆，计托□□□□等来民家逼勒要退该田，不然即要将该田捐着官长，尔必受害一届等语，彼时民身染重病，莫可为何。窃思正当买卖，何能曲从甘退与伊？该盛朝图谋不遂，即招□□霸耕民田，独不思先买为业，后断为谋，明系窥民愚朴。该盛朝与□□串成一局，仗金凌人，倚势霸耕。银业两空，情万难可，不得已诉乞。

县长台前作主，赏准传究一干到案，
业有攸为施行，沾恩不朽①

1-2-8-145　劝得姜元贞与姜盛朝争持冉佑田业乙丘三间。姜元贞所收姜盛朝典价足银式拾陆两三钱八分，仍然退还姜盛朝，待姜盛朝将本年田谷收讫，任姜元贞明年正月内将典价赎回，至姜盛朝得买姜作琦子纯美父子冉佑一契田业八丘，一律归姜元贞为业。姜盛朝当呈冉佑一丘三间卖契一纸，当面交清，俟明年正月内姜元贞将价与姜盛朝赎，所有本年田谷归姜盛朝收。此劝。

民国十五年夏历七月十三日文斗姜登鳌解劝②

1-2-8-144　立断卖田字人平鳌寨姜盛朝，为因移远就近，将得买加池寨姜作琦、纯美父子地名冉佑田，一连大小八丘，约谷十四担，界限上凭姜凤沼与姜周智之田，下凭山，左凭山，右凭冲小田为界，四抵分清。今将出卖于加池寨姜元贞名下承买为业，当中三面议定价足银四十八两二钱八分整，亲手收足应用。其田自卖之后，任凭买主耕种管业，我卖主以后

---

① 张应强、王宗勋主编《清水江文书》第1辑第6册，第397页。
② 张应强、王宗勋主编《清水江文书》第1辑第6册，第322页。

232

人不得异言。倘有不清，卖主理落，不关买主之事。恐后无凭，立此断卖田字为据存照。

凭中：姜登鳌、周礼

民国十五年七月十三日　盛朝亲笔立①

1-2-8-198　元贞办田业合食单

记开　元贞办田业合食列后

盛朝出钱□□，元贞出钱□□，共计□□，归元贞出钱开销。牛肉三斤□□　沙盐四两□□　白米四件□□　酒二件□□　干鱼二两□□　共合□钱三□□②

据姜元贞的陈述，同寨姜作琦、纯美父子将祖遗之田一丘三间，约谷6担，以典价26两3钱8分典与姜元贞。冉佑田仍由姜作琦、纯美父子耕种，元贞每年秋收分花即可。4年之后，也就是大约1921年，邻村平鳌寨富户姜盛朝联合本寨姜梦海等人霸耕姜作琦、纯美之田，并上门威胁。而梦海却声称自己是在佃种平鳌寨姜盛朝之田。元贞虽卧病在床，仍心有不甘，一纸诉状将姜作琦父子告到局里（见1-2-5-017）。这个团防分局应该是咸同苗民起义时清水江下游地区的武装组织悍练三营在起义平定后的变体，设在平鳌寨，姜元贞诉讼词中的"军官膀背"就是指在咸同兵燹中平鳌寨立有军功之人甚多，一时间势力大增。虽然状纸1-2-5-017和1-2-5-114没有写明具体时间，但根据农事耕种多为农历三月间，故两个月左右之后，农历五月初五时，局中便审理了此案，"日前解决田价之事，业经盛朝已遵了息"，通知姜元贞"可清断契纸来领价"。本以为该案到此便可终结，没想到秋收在即，元贞

---

① 张应强、王宗勋主编《清水江文书》第1辑第6册，第321页。

② 张应强、王宗勋主编《清水江文书》第1辑第6册，第393页。

又有一纸诉状（1-2-8-195）。因平鳌寨姜盛朝"阳奉阴违"，"强收贞买获田谷"，姜元贞担心谷业两空，遂又将其告到团防总局处。囿于资料，不知 1921 年所得之谷到底归入了谁的仓中，但 1925 年时，姜盛朝又着人来到姜元贞家要退该田，并威胁说若不依从，便"将该田捐着官长"，姜元贞没有办法，见局长"亦莫奈恶之何"，就将姜盛朝告到了县里。这时候文斗寨内较有名望的姜登鳌来解劝，写了一纸解劝书（见 1-2-8-145）。他的解劝方法是：首先，姜元贞所收姜盛朝典价足银 26 两 3 钱 8 分，仍然退还姜盛朝，待姜盛朝将该年田谷收讫，任姜元贞明年正月将典价赎回；至于姜盛朝得买姜作琦、纯美父子冉佑一契田业 8 丘，一律归姜元贞为业。姜登鳌毕竟是有名望的人，处事公断，双方依照了他的解决办法。1926 年 7 月 13 日，三方在一起合食，姜盛朝也写下卖田契约（1-2-8-144），这件长达 6 年的争田案总算告一段落。

在这件涉及一田二主三寨的纠纷案中，加池寨内"母猪形"房族的人作为原告从头至尾占据重要角色，在与本寨姜梦海、姜作琦和平鳌寨姜盛朝为另一方的诉讼过程中，表现出较为坚忍的耐力，加池寨"母猪形"房族成员在面对平鳌寨有"军官膀背"的姜盛朝时，先是借助团防分局的力量，而后才是向上一级，告到锦屏县内。在这中间，我们看到平鳌寨有姜姓人依靠咸同兵燹之军功与官长建立了良好的关系，并以"将该田捐着官长"等语威逼加池寨"母猪形"房族就范。其间，房族力量、官府的力量在地方社会诉讼事务中被演绎得淋漓尽致。

第三节　清水江中下游地区的区域社会生活图景

一　黔省采木：山客群体兴起的契机

明中后期至清初，黔东南地区广大山地尚处于原始状态，未被

234

开发，受地形所困，山多田少，生活在这一地区的苗侗人民更加重视水田和旱地这类粮食产出资源，而对于环绕他们的森林资源并没有给予更大的经营热情。直至木材贸易日益繁盛，他们才看到了潜在的经济利益，而木材的流动将处于深山箐野的山地居民卷入一个更大范围的贸易体系。

黔省多木植，尤以清水江为盛，《贵州财经资料汇编》第四篇"农林"第三章记载："往昔本省森林，向极盛密。……各林区以水运及市场限制，昔日木材可大量外销者，亦仅限于清水江、榕江及赤水河三大流域。尤以清水江为最重要，约占十分之五。"[①] 何辑五编著《十年来贵州经济建设》中写道："本省森林，依地理上之分布，虽分为五区，然或因砍伐过度，仅足自给，或因距离水运较远，搬运困难，其大宗木材（以杉、柏为主）可以输出者，首推清水江流域……盖此区林木荫茂，为全省冠。木材可经由沅江集中湖南常德转运汉口及京镇一带销售……民国初年，清水江流域每年外销木材总额值六百万元，由此类推，全省木材输出最盛时代，每年可达一千万元之谱。……清水江木业全部以杉木为主，以锦屏为集散地。"[②] 由上述材料不难看出，先天的森林资源优势，加上便捷、廉价的水运条件，使清水江流域成为占据黔省木材输出量半边天的优势林场。一种商品的成功输出，一则必须有丰富的资源，二则依赖相对廉价的交通，上述两则材料也提到了这两项基本要素，明末清初中央王朝对清水江航道的开通也加速了清水江流域木材的对外输出。

锦屏地区的木材贸易兴起于明朝，《四川通志·食货·木政》中载有康熙六年（1667）四川巡抚张德地的一封奏疏，其中提及当时关于皇木的征派问题，曰："臣查故明初年，专官采办，事克

---

① 转引自贵州省编辑组编《侗族社会历史调查》，第28页。
② 何辑五编著《十年来贵州经济建设》，南京印书馆，1947，第140页。

有济。及至末年，信用木商，领银采办，一经入手，任意花销，且于采木地方，以皇商为名，索取人夫种种扰民。"① 由此可见，明朝初年中央王朝针对宫殿皇陵的修建而向四川、贵州、湖广征派皇木，由"专官采办"到"信用木商"，都是借用了国家之于地方的天然信用和优越感，"皇商"因冠以"皇"字而使其信用和实力大增，并且是"领银采办"，这种预付的制度，也使交易并无拖欠货款的忧虑而更加顺利和令人放心，这是在贸易层面国家与地方关系的具体体现。

二 木材贸易的兴盛：山客群体崛起之过程

清水江流域因木材贸易兴盛而留下的民间文献，如碑刻和契约文书，向我们打开了一扇深入了解地方基层社会民众经济生活的大门。清水江流域的木材贸易自明朝中后期以来呈现出逐渐加速发展的趋势，越来越多的民众主动或被动地参与到这一经济活动中。随着木材贸易渐渐成为这一区域民众的主要经济生活，其中的制度和政策的变动对于当地民众生活的影响也越来越大。清水江流域历来有将重要官文及民间重大事件勒石刊碑的传统，本部分将择取其中较为重要的几块碑刻，说明木材贸易对于当地民众日常生活的影响。

河口施渡碑

［乾隆伍年（1740）捌月初三日立］

从来救蚁一事，获中状元之选。埋蛇片善，竟享宰相之荣。况江河要口，妇农工女往来经过者，其□□□易，客商上下资渡不少，而可无舡舟之济乎。今茂广屯寨头人并客帮店户，自行差念，修舡一只，虽未期□□埋蛇之效，而凡往来上

---

① （清）常明、杨芳灿等纂修《四川通志》第 3 册，巴蜀社，1984，第 2366 页。

236

下之人，皆有济渡之益者也。是以特将姓名于左：

土司姜福海一两（以下人员、捐资数目因碑残缺而未能抄录）

刊碑工价饭食等用，计四两六钱

福　　建	黄玉辉	姜世勋
贵州化首	姜清海	成周　　同造
湖　　广	余孔山	毛永直

乾隆伍年捌月初三日立

众存银八两，每年行息永远修舡用费

宝庆府石匠李陈造竖①

永远遵照②

［咸丰四年（1854）七月二十九日谷旦　二十四寨众等公立］

为遵奉上谕讼息民安以靖地方，而保乡里事。缘我等禀尊胡王凯切晓谕：团结保甲议约规条之除害兴利等件，示谕频来，每举苍生乐业，诚保如赤之天恩。饬行保甲各乡董，劝镇固防堵。将近两年，盗贼渐已衰息，我等居行颇安，不共深砚……

胡钦命之章程，岂徒然乎！溯我苗疆，人多谱直。只知重农为本。上念国军，下守身家。为此，置公确义，照约规刊条，永远长治策使一乡之亲族，贫富宜联为一体，安乐忧患视为一家。农工相资，慧愚相让，一家有盗，九家齐心。一甲为非，九家公罚。凡事依紧遵行，不至赴署官成讼。里仁为美，比户可封，讼息民安。惟各寨实心力行，永世赖焉，共享太平之福，于无暨矣。然，上谕难忘，用志诸石，其有条目，开列于左：

---

① 锦屏县河口乡人民政府编印《河口乡志》，第490页。

② 此碑存尚重区公所楼前，尚重镇位于黎平县西北部。

一、村居溪首，山多地僻，栽蓄木植为资。因屡奸徒入境，勒木客买卖，定价不兑，后主事阻兴讼者多。为此公议：事后木客估买，定价有限，三天过期，凭别买卖，不容阻止。如违，公同送官责究。①

安靖地方以保身家事

[道光十三年（1833）十一月十七]

……窃思我等地方（文斗、平鳌、岩湾、加池四寨）山多田少，贫富全靠木植养活身家。遇客商来则砍木放排，虽无大利，而每日获钱亦可早晚资用，免受饥寒，且大则拔本钱行买卖，小则削木皮资炊爨卖柴薪，生意多路。……②

上述两则碑文、一份契约文书分别来自锦屏县西南部的河口乡和黎平县的西北部，时间跨度也很大，从乾隆五年至道光十三年，历时 90 年左右，至少在这将近一个世纪里，木材贸易与当地民众的日常生活密切相关。河口施渡碑竖于 1740 年，"河口"系"江河要口"，且不仅有"女农工女"需要渡河，更有"客商上下"，这是当地精英为修渡口、造渡船的书面说辞，但也大致反映了当时河口作为三江之上游重要渡口的熙攘景象。况且碑文清晰记载了来自福建、贵州、湖广的"善人"聚众行此地方善举，如若今天我们溯清水江而上，进入河口乡，看到这个不起眼的普通小镇，很难想象在近 300 年前，会有福建、湖广客商捐资在这里修建渡口，由此当时清水江流域木材贸易的繁荣程度可见一斑。杉木的种植、砍伐、采运已成为当地山民重要的经济活动和主要的收入来源，尚重二十四寨"山多地僻，栽蓄木植为资"，河口乡文斗、加池、岩

---

① 吴江编录《侗族部分地区碑文选辑》，黎平县方志办公室，1989，第 6—8 页。
② 张应强、王宗勋主编《清水江文书》第 1 辑第 8 册，第 205 页。

湾，平略镇平鳌"山多田少，贫富全靠木植养活身家。遇客商来则砍木放排，虽无大利，而每日获钱亦可早晚资用，免受饥寒，且大则拨本钱行买卖，小则削木皮资炊爨卖柴薪，生意多路"。当地民众靠山吃山，以栽杉、砍木放排为生计，资本积累到一定程度或许可以做些买卖，下文即将讨论的山贩、山客便是这些"大则拨本钱行买卖"之人。《控三江行户盘剥山贩词单》也描述了"世居黎柱边隅"的绅商"山多田少，栽杉为生""两属之民全靠木植为生活"的状态。由此可见，木植的栽种、采伐、运输等已经成为当地山民重要的经济来源，一旦木材贸易中发生较大的变故，将直接影响当地乡民的生计和日常生活。对于木材贸易的依赖程度如此之重，作为山客的人群要不断地维持贸易体系中的既得利益，一旦利益受损，就要争讼，以盼"云开见日"。

由于下文对河口乡附近山民有更多的讨论，此处有必要再仔细交代一下河口乡的地理位置，这有助于理解为什么在此会有这么多地方重大历史事件发生。河口乡在三江之一王寨的上游，水路距锦屏县城45公里，是乌下江汇入清水江之处，溯河而上3公里便可到达剑河县的南加镇（古称南嘉堡），沿江而下，水路经过瑶光、塘东、北斗坡、格翁、加池、莲花山、南路、岩湾、文斗上下寨、归旁、桃子坳到达三板溪水电站，再经平略、卦治抵达锦屏县城；左沿乌下江可深入黎平县的孟彦镇、大稼乡；右岸经北斗坡可达锦彦洞、黄门等寨，从河口东岸越岭可通启蒙（古婆洞），从西岸翻山可达青山界。如此水路扼要之地，自是木材贸易的重要码头，故木材贸易中各利益群体在这一较小空间内展开了激烈的博弈。

对清水江中下游造成重大社会影响的咸同苗民起义，由张秀眉、姜应芳等领导。众所周知，战争会影响当地民众的正常社会生活，这次苗民起义也不例外。在这期间（1855—1868），河口乡、平略镇等30多个村寨在苗族原始款组织基础上自发形成了地方团练，帮助黎平府抗击此次苗民起义，连年征战和不断的捐派，使三营地方"富者贫，贫者贱"，生计都难以维系，遑论木材生意了。咸同苗民起义短短十几年就结束了，其间制定的各种征派、见木抽税等战时政策却没有随着战争的结束而取消。山客群体在战乱期间支援了国家的军需，无论在财力上还是人力上，都成为地方政府仰赖的重要力量。山客群体也得到了黎平府关于升官晋爵的诸多许诺，在府城中的发言权逐渐增强。行户在战争过程中因得到更多木材贸易抽成而不愿放弃既得利益，正是缘于此，清末木材贸易中矛盾日益凸显，争讼也越来越频繁。

三 在山客与水客之间：左右逢源的行户

行户、山贩、山客、水客、木商，上河客、下河客，清水江两岸以及游走在清水江碧波上的人群因其主要从事的经济活动和扮演的经济角色，被赋予了各种称谓。

锦屏木业通例，"称卖方为山客，买方为水客，盖以卖客多来自山间，而买客多来自下江各地也"，"山客常用包袱带钱游走山间购木，故又称他们为'包袱客'"。①其交易地点按照制度应该发生在行户所在地，即轮年当江的三江：卦治、茅坪、王寨。大致过程是这样的："山客放运木植至行户以待价而沽，水客则携款至行户选购木植，水客选定木植后，则由行户约同买卖双方根据当时行情及木材品质议定基价，经双方同意后，水客即应先付木价二分之一，其余半数俟所购木植全部放抵水客木坞内，即应扫数付清。行户除扣取其所应交之各项税捐代为交纳及其所应得之佣金外，其余即扫数交付山客。如是则交易手续即称完成矣。"②

外地来锦屏采购木材的商人，皆溯江而上，并沿长江流域销售，故称"下江客""下河客"，或称"水客"，前文提到的"信

---

① 锦屏县林业志编纂委员会编《锦屏县林业志》，贵州人民出版社，2002，第301页。
② 贵州省编辑组编《侗族社会历史调查》，第30页。

用木商""皇商" 也悉数归属于这一群体。水客群体就是到清水江木材集散地"携资采买" 的人，他们手中握有大量资本，而这正是财富的象征，也是当地乡民们渴望用大山里的杉木换取的东西。

行户，系轮流值年①的三江主家，多为卦治、茅坪、王寨的"苗民"，因长期与外来木商交往，此处"苗民" 能讲多种方言，成为外来商人与本地苗侗山贩的中间商，他们沿江开店接客，同时成为买卖双方洽谈的第三方，是称"行户"。新中国成立后，有关部门收集、整理的一些资料显示出行户沿江开店经营的一些业务：其一，下游水客携资而来，投歇三江主家，主家即为客商寻找和配备所需木材的花色品种、安排木坞、兑付价款，以及代客雇夫撬排、看守、放运等；其二，当山客的木植到埠投行之后，主家就要为其编单上缆、保存木材、寻找合适的买客，以及垫付运费等；其三，对木材进行围码，邀同上下河客商三面议价，即所谓"喊盘定价"。在为买卖双方"劝盘" 的过程中，主家起着至关重要的作用，民间有"一口喊断千金价" 的说法。②

由此可见，三江主家行户作为清水江木材贸易中的中介组织，同时向买卖双方收取议定费用作为佣金，又作为国家和市场的中介，代中央王朝对市场交易总额收取一定的税赋。这样一个处于买卖双方、国家与市场之间的中介，其权力和地位定不是一般"中间人" 可比拟的。从雍正九年（1731）"一江厚利归此三寨"③ 至嘉庆六年（1801）卦治石碑上的公告中的"不敢稍有欺诈，自绝

---

① 关于轮流值年的三江机制，已有许多学者讨论过，参见张应强《木材之流动：清代清水江下游地区的市场、权力与社会》第 2 章；锦屏县林业志编纂委员会编《锦屏县林业志》第 9 章；罗洪洋《清代地方政府对黔东南苗区人工林业的规范》，《民族研究》2006 年第 1 期。

② 黔东南苗族侗族自治州工商联、锦屏县工商联合编印《锦屏县木材行业史料（稿本）》，1959，第 17 页，转引自张应强《木材之流动：清代清水江下游地区的市场、权力与社会》，第 61 页。又见贵州省编辑组编《侗族社会历史调查》，第 35 页。

③ 《夫役案》，黎平府古州理苗同知滕文炯告示，雍正九年五月初三日。

生理"，再至光绪二十二年（1896）的"越江争买，瞒课病民"，三江行户在近两百年间发生了巨大变化。同时，随着山客的不断成长，尤其是咸同苗民起义中三营的崛起，山客的社会威望和地位得到提高，相应的，其在地方社会生活中的政治诉求也有所增加。清水江两岸山客作为一个群体，为了改变木材贸易中的利益分配格局，一纸诉状便将三江行户告上黎平府：

控三江行户盘剥山贩词单①

具禀黎平、古州、清江、天柱四属绅商姜兴国、姜名卿、龙大楷、姜兴渭②等，为弊重害深，民生日蹙，缕晰条陈，恳示禁革事。窃维懋迁有无所以利民之用，权衡律度，所以示无处之谟。朝廷开肆便民，原相期各得其所，何容兴革？自由私相刻削，不谓奸刁日起，射利灭规，莫若黎属之卦治、王寨、茅坪为尤甚。绅商等世居黎柱边隅，山多田少，栽杉为生，先辈自行斫伐，沿河售卖。嗣因乾隆年间张军略平抚苗疆后，统至卦治、王寨、茅坪三寨售卖，三江之名由此而起。其时人心古朴，弊无由生，道光年间虽有变而整顿有人，害不至剧。惟自咸丰至今，地方粗静，乘时射利，百弊丛生。上河山贩愚朴居多，下河客商皆精明素裕，主家行户皆谄媚下河客商，串剥山贩，待下河则俨若祖父，视山贩不啻土木，即有赴塈衙门而父母官以为贸易细故，漠不关心，殊不知两属之民全靠木植为

---

① 此词单没有确切的年份，但依据笔者田野调查所得资料和其他民间文献互证，大致可推出此词单的年份是清朝后期咸同苗民起义之后，为光绪年间。后又有一份相似诉讼词单，见张应强、王宗勋主编《清水江文书》第 1 辑第 8 册，第 255 页，上面明确标注了时间，为光绪十三年（1887）。

② 原告姜名卿为河口乡文斗村人，姜名卿在修订于光绪十九年（1893）年的民间文献《三营记》中出现 7 次，为中营的第四任总理（1861—1875），并获同知头衔；姜兴渭属于上营，于光绪五年（1879）与姜元卿、姚绍炯、范克政一起具禀抚部岑毓营案下，蒙免上半年夫，下半年柴并采买差资，据此可推姜兴渭通文识字，为上营之地方精英；姜兴国系上营瑶光寨人，曾挂知府衔。

生活，去冬奔控府主周，蒙批："候经会费局委员一本年正月内到江齐集上下客商三面会议禀复"等因，乃卦治总理龙道云、文显贵等不待委员到局，砌词先禀，府主恐耽误经费，反斥绅商等为多事，而三江行户与下河客商见官批如此，更为得意。窃思绅商等杉木八九十年方可一伐，今近处业已□尽，所存在远者不过十之二三，然非越界逾溪经数百里之远不能达河。若任其多方刻剥，即有资本不敢搬运，数年之后必至流离失所，束手待毙。绅商等怀此阢陧，久期上达，然非遇保赤诚求之上宪，不惟难叨怙冒之仁，先招本府越控之谴。滋幸天星恫瘝在抱，善政旁敷，兴地利以裕财用之源，广仓储以备凶荒之患，因将为上建久安之业，为下垂百世之仁，此正荒隅引领待哺之时，绅商等云开见日之候也。是以谨将时弊另缮粘单呈上，合词呼吁。云云。①

　　诉讼词单的粘单列举了行户的"八宗罪"：（1）毛价任意折兑；（2）收取经费却不作为；（3）兑价平码，克扣翻番；（4）银两成色不足；（5）行户越界争木，抢夺山客之利；（6）开盘议价三日不妥也不放盘，故意拖延时日；（7）"一声喊断千金价"，三江行户对木材价格进行垄断；（8）兑折无定局。综合上述粘单中山客对于行户的种种控诉，无外乎下列几点：在木材交易过程中，任意折兑问题严重，银两成色不足，克扣名目繁多，尤其是抽江银而不作为；在行户作为中介的过程中，行户本身权力过大，乃至出现"一声喊断千金价，数语能降四海宾"的情景，行户偏袒下河木商，盘剥山客，在开盘议价过程中故意拖延时日，逼迫山贩低价卖木。这份诉讼词稿出自山客，在陈述上自然倾向己方。站在山客的角度来看，在整个木材贸易过程中，行户的种种"越界"行为

---

①　锦屏县河口乡人民政府编印《河口乡志》，第527—529页。

已经打破原有的交易秩序和规则，如越界争木、开盘压价、银两欠足等问题都越来越损害山客的利益。我们不敢妄言在木材贸易市场形成初期没有这样的行为，但可以肯定的是，即使有此类越界行为，在数量上肯定也是不多的。咸丰、同治年间的兵燹，使社会动荡，百业凋敝，人们大多数要为生存而绞尽脑汁。其中，也不乏种种投机行为，"发战争财"也是资本积累和集聚的惯有现象。我们不妨站在黎平府官员的角度来审视咸同兵燹年间山客群体和行户群体的行为。行户作为山客和水客的中介，不免有趁火打劫之嫌，种种不端行为和不作为，令山客群体十分不满，激发了社会矛盾。对于安靖地方而言，他们不但没有做出贡献，反而火上浇油。再看看山客，根据《三营记》和《黎平府志》的部分记载，山客在组织团练、对抗起义军、保卫柳霁城和黎平府城上立下赫赫战功。在这期间，由于山客群体积累了一定的资本，而黎平府又开了"捐官"之门，与政府建立直接联系也是借助国家政权增加自身话语权的重要途径，山客们自然不会放过这样的机会。地方团练和取得功名使山客群体无论在军事上还是政治上，都与黎平府建立了更为亲近的关系，而这种变化也渐渐改变了清水江下游地区的社会权力结构。于是，这场山客与行户之间的官司的最终判决结果如下：

布政使司李　示谕："一件据黎平、古州、清江、天柱绅商姜兴国等为'弊重害深，恳示禁革'一案，批查各行贸易价值皆听买卖二家当面议定为准，他人不过从旁赞成而已。若如粘单所呈，黎属卦治、王寨、茅坪等处，木价系随主家一喊，逼令山贩依从，其余开盘议价、争购山料、减速锃色、短平码、抽经费、扣江艮、山贩脂膏几何，岂堪层层剥削？阅之实深愤懑！准即如禀，逐条示禁，以杜争竞。"此谕。六月十五日示贵州通省善后总局①："为据黎平等属绅商姜△△等'弊重害深'各情一案，批仰该据禀移东道转饬弹压委员杨守会同黎平府查明妥议，以□以核办可也。此谕"。六月十八日批示

六月初九日行抚、藩、臬、加总局，共递四处。②

布政使司与贵州省善后总局同时做了批示，在整个示谕中不难看出，作为官方的布政使司和贵州省善后总局是支持山客诉求的，可以简单地讲是山客赢了这场官司。赢了这场官司就等同于赢得了官方的支持，赢得了中央王朝的认同，不得不说这是一个极具历史意义的时刻。从"生苗"到纳粮附籍，到捐官取得功名，再到成为保护官府的地方军事功臣，清水江流域的山客群体经历了一个逐渐靠近中央王朝的艰辛过程。在这个过程中，山客群体从被动地接受国家的管理到主动参与到国家—地方事务中，从根本上改变了区域社会结构和权力格局。

四　勒石刊碑：山客请求恢复原有秩序心愿得偿

案件终于有了进一步的发展，经历了如此多的波折，结果总是让人非常期待，但等待的过程备受煎熬。所以，这样一件具有重大意义的判决必须被人铭记，并时时提醒后人。于是，山客将官府的示谕刻在石板上，一来作为公告，二来昭示自己的胜利：

钦加盐运使衔补用道特授黎平府正堂僧额巴图鲁纪录十次　　俞③

---

① 善后局指清代后期，在有军事的省份所设处理特殊事务的机构。督抚可以不按常规，支款办事。详见中华书局辞海编辑所修订《辞海》（试行本）第8分册《历史》，中华书局辞海编辑所，1961，第89页。
② 锦屏县河口乡人民政府编印《河口乡志》，第529页。
③ 碑存于河口乡河口村公路边，高104厘米，宽69厘米，厚14厘米，碑脚已断。姚炽昌抄录，又见吴江编录《侗族部分地区碑文选辑》。

为出示严禁事。案据上河木商姜利川①等以"越江夺买，瞒课病民，公恳示禁"等情禀称："窃惟江河有端口，交易有行，故设立王寨三江，所以公利而便于国。上河山客不能冲江出卖，下河木商不能越江争买。向例严禁，谁敢故犯？近来三江行户多有领下河木商银两，径上河头代下河木商采买，山客之资本有限，谁能添价与伊争买？故山客于前二三年在衙具控有案。奈上河贤愚不一，不能认真，以致行户代客买卖者愈来愈多。前犹有顾忌互相隐瞒，今则人夫轿马搬运下河之银，径上乐里、孟彦、地里②一带，坐庄收买，深山穷谷一扫罄尽。独不思利为养命之源，可公而不可独占。彼既据其全，此已流于谦。况设江行之意，云何而任其如此行为，上至深山穷谷，下至江南上海，利皆归下河商矣。于是颁给告示，禁止代下河木商越江争买，使上下交易皆归江行，则不独为山客除争夺之害，实于国课大有裨益。事关利弊，故敢合词，公恳查究示禁"等情到府。据此出批示：据禀，行户代客户入山买木，致夺山客之利，又复有种种弊端，殊属不合，候出示可也，外合行出示严禁。为此示，仰该三江行户、上下河客人等一体知悉：自示之后，尔等买木需由上河山贩运至三江售卖，不得越江争买。至各山贩木植到江，所有售卖之价，务须报局纳课，不得短报数目。倘敢不遵，一经查出，或被告发，定即提案重惩不贷。其各凛遵勿违。特示。

---

① 2013 年夏笔者在锦屏县河口乡加池村做田野调查期间，在加池村发现了刻有"利川"字样的斧印，系加池村"四合院"后人姜睦昭所有，其祖上姜源淋（又写作姜远淋、姜源琳）是河口一带有名的山客，家资丰厚，亦从事木材贸易发家。因此，这份"越江夺买，瞒课病民，公恳示禁"的诉状与加池村姜源淋应有很大关系。"利川"或许是其木号之名字。
② 此三地方皆属黎境西北部，与锦屏县西南部（杉木主产区）毗邻。

这块河口木业碑缘于上河木商姜利川将三江行户告上黎平府，称其"越江夺买"，使本来占尽一江厚利的三寨行户又将趋利之手伸向了"深山穷谷"，并言"利为养命之源，可公而不可独占"，这也正和"八步江规"的内在逻辑一样，"利益均沾"。或许"可公而不可独占"正是黔东南苗侗汉杂居地区山民固有的文化逻辑，这种文化逻辑先于政府制定的"当江制度"和市场体系，或许可以说"三江轮流值年"之制度也是建立在本土固有的文化逻辑"平权社会"之上的。虽然没有足够的史料证实当江制度最初订立的原因，但是我们不妨大胆猜测一下，黔东南地区有很多国家层面的法律法规都是建立在已有民间村规民约基础之上的，这种类似的基层秩序在一定程度上同时满足了中央王朝和地方社会的诉求，所以国家和地方对于这些制度的确立迅速达成默契，其在确立初期的推行毫无阻力，且受到了地方民众的欢迎和追捧。正是有这些地方社会固有的文化逻辑作为基础，国家层面的制度推行起来才异常顺利。

治理地方社会是中央王朝统治的题中应有之义，尤其是对于刚刚开辟的"新疆"，国家自然会投入更多的精力。如何用最少的行政成本达到最大的政治经济目的，是中央王朝统治者面临的棘手难题。纵观清王朝在清水江下游地区拓殖与经营的整个过程，木材贸易市场的形成是其突出成果之一。市场是社会经济的一部分，自然也会经历兴衰起落。在清王朝统治的二百多年间，清水江木材贸易市场大致出现了两次高潮，第一次高潮发生的时间为乾隆、嘉庆、道光年间，木材交易总量不断增长，还引发了地方对于"江利"的争夺。但咸丰、同治年间的兵燹将日渐繁荣的清水江木材贸易市场冲击得体无完肤。在兵荒马乱的年代，曾经参与木材市场贸易体系中的人们在面临生命威胁时，生存下来永远比赚钱发达更为迫切。缺少了市场中最富有活力的参与者，木材贸易经营总量必然下降，规模也会萎缩。所幸战乱总有平息之日，经历了一番休养生息，清水江两岸又恢复了安定和平，木材市场再度繁荣。在清水江木材市场的兴起—繁荣—衰落—复兴的过程中，中央王朝的力量不断渗透，并越来越多地参与到木材市场交易的每个环节中。中央王朝通过接受木材交易过程中的"向例"，将业已存在的约定俗成的贸易规则体制化，给予其合法性和正统性，以便在不引起地方强烈反应的同时很好地监督地方经济、社会的发展。

市场毕竟是一个利益追逐场，在市场中从事经济活动的人们也必然会尽力使自己的利益最大化。从本章所引用的碑文和诉讼文稿中可以看出，清水江木材市场交易规则确实经历了一个"由治到乱"的过程。河口木业碑中明确记载了国家"设立王寨三江"，并规定"上河山客不能冲江出卖，下河木商不能越江争买"，然而到了雍正十二年（1734）以后，已经有一定数量的下河木商雇请下河挑夫，赍银径自深入清水江林区采购木材，打破了原有的"江界"，再至光绪年间，"三江行户"对于越江买木的态度已由"顾忌互相隐瞒"，发展到"人夫轿马搬运下河之银"到"生苗"地界抢购杉木，山客的利益空间被严重挤压，故而他们一再恳请黎平府"出示严禁"。

在此碑文中，上河木商姜利川的言语也值得我们仔细揣摩。"瞒课病民""不独为山客除争夺之害，实于国课大有裨益"，山客在为自己维护和争取利益的同时，从国家赋税的角度着眼，也一并说出了自己的请求与国家利益其实并不冲突，反而是可以达到一种和谐的境界。或许我们可以将此话语理解为当地山客精英们在了解了中央王朝对地方社会的统治逻辑之后做出的策略性回应，是用话语对国家的强力如何进入地方及怎样进入地方的一个利于双方的引导，"出示严禁"绝对会是政府和山客"双赢"的局面，当地山客有诉求，国家无论是出于对以前制度的重申还是出于对自己既得利益的维系，都应该而且最好给予支持。对于这一个顺水推舟的事情，国家为了安靖地方和维护正常的市场秩序，也应"出示严禁"，况且，在批示中"报局纳课"又被重申。在黎平府的官员看来，木行的主要作用就是交税，此税是全府行政税收的支柱之一，因而政府对于山客和木行的指控之事采取放任态度。于是，山贩、有能力的山客往往寻求贵州布政司、巡抚甚至云贵总督等上层的支持，以给黎平施压，以"批饬"黎平府"出示严禁"，试图改变清水江木材贸易体系中的利益格局。

这场轰轰烈烈的山客与行户之间的争讼以这样的一个结果结束了，刊碑勒石是向世人展示结果的最有力方式。受材料所限，笔者并没有看到这场争讼的另外一方是如何应对这样一个判决结果的。但有一则材料可以清晰地说明判决之后事情的进一步发展情况。光绪二十三年，黎平府徐之培又递交了一份诉状，[1] 作为胜诉的山客一方显然没有在事实层面实现自己的诉求，因而说服了黎平府徐之培继续诉讼至省城抚台衙门。山客和行户的地位同以前相比，已发生较大变化。"开辟苗疆"伊始，"生苗""熟苗"互不相通，故需要行户这一中介，而经历了多年的经济社会发展，"生苗"已经逐渐习得儒家思想，设立私塾，进行教育，参加科举，曾经的"生苗"地区已经渐染了教化，行户制度存在的土壤已经不复存在，正如徐之培言明的那样："至行户开行，不过借伊之地买卖，于民于国无益丝毫。"在这一句判断中，我们可以清晰地感受到"势已逆转"的意味，即由山客、行户之间地位、权力变革引发的地方权力结构变迁。

五　木材市场内的博弈：官府、行户与山客

山客与行户这次争讼的出现与咸同苗民起义引发的社会动荡有关，如果没有咸同苗民起义，这次争讼或许不会发生，清水江流域的木材贸易也会沿着正常的轨道继续运行。但这次战事引发了黔东

---

[1]　张应强、王宗勋主编《清水江文书》第 3 辑第 1 册，第 180—181 页。

南地区自上而下、由官至民、从国家到地方的整体性变革，是对地方社会权力格局的颠覆性调整。借由"安靖地方以保身家事"，山客群体组织起地方团练，为家乡及官府做出了一定贡献，保卫了地方安宁。借由木材起家，拥有雄厚经济基础和功名的地方精英在这次社会动乱中得到了前所未有的发展，可谓名利双收。黎平、古州、清江、天柱四属之山客群体在这次诉讼事件中联合起来，共同对抗行户这一曾经占据优势地位的人群，在这个过程中，山客作为一个拥有共同目标、一致诉求的苗商也形成了一个利益共同体。

动荡的社会必然影响地方经济的发展，咸同苗民起义中清水江的木材贸易基本上处于停滞状态，战事平定之后，木材贸易复苏。在日渐"失序"的木材市场中，山客一方早已处于劣势，被三江行户不断盘剥，挤压利益空间；三江行户却因其占有重要的地理区位优势而大发横财。对于官府来说，在咸同苗民起义中山客们组织团练，为官府输送了骁勇战士，同时积极缴纳军需，倾囊相助，这些军需成为官府的重要财政来源，而三江行户在这个关键时刻并没能给予官府较以前更有力的协助，反而激发了其与山客的矛盾。黎平府官员左右权衡，因时行事，无论是主观上还是客观上都会倾向于站在山客一方。黎平、古州、清江、天柱四属绅商作为山客群体的代表，与行户的这次诉讼案件，是咸同苗民起义后清水江下游区域社会权力结构发生变化的典型事件。从这个过程中我们可以看到咸同苗民起义作为重要的时间节点，其后这一区域社会在权力结构层面发生了重大调整。地方军事化，即地方团练的展开，是地方精英在官府的支持下对地方进行保护，但实际上使其赢得了对地方事务更多的控制权和话语权。作为山客的地方精英们也在这个过程中逐渐意识到自身的潜力。以绅商为首的地方社会和以地方官员为代表的中央王朝的关系不再是单向的服从与统治，而有了更多的交流与互动。在此过程中，地方社会的权力结构已经悄然发生变化。

从历史人类学的角度切入，以清水江契约文书为素材，将地方性事件放置到更大空间范围内，对一定区域内的社会进行整体性描述，并由此反观国家在地方社会中的历史进程，是人类学细致入微方法的优势。在一定时间、空间内，由不同人群演绎出的一个个故事，使我们更多地了解社会生活的地域性特点，同时国家的历史也在区域性的社会经济发展中被映射出来。这无疑是帮助我们理解区域社会历史发展脉络的有效途径。

小　结

本章以加池寨为基础，跳出村寨，将视野拉高到区域社会层面，展示了清代以来清水江下游社会以木材种植经营为中心的村落生活的片段。首先，以民间俗语"来得早不如发得好""客发主不发""生不发，死不绝"为起点，以中仰、党秧、岑梧、文斗河边几个村寨为例，勾勒了清水江下游一带"来人"所代表的移民和早已居住的本土乡民这两种人群之间的关系，简要描述了这一区域内的社会结构过程。相邻村寨不同人群因为早期共同开发和占有山场、经营管理市场而形成了共同经营和高度配合的亲密关系，同时也因为不同历史时空条件变化而必然存在彼此竞争或引发冲突的紧张关系。村落之间实际生活的多样性和复杂性，构成并贯穿了清代清水江下游地区的整个历史发展过程。正是这种频繁、复杂的合作与竞争关系，促进了区域社会的整合。

加池寨与周边村寨无论是在合作还是竞争过程中，多是以房族整体为主，并以房族内名望、能力出众者为代表。在村寨之间合作统一所形成的密切关系中，无论清水江下游加池、文斗、平鳌、岩湾四寨所立同心合意约，还是共同经营管理文斗河边的市场，起到牵头代表作用的总是加池寨内"母猪形"房族族内个人综合能力较强的人，如姜之模、姜恩宽等。在村寨之间因利益而有冲突和矛盾的紧张关系中，加池寨内也多是"母猪形"一房的人积极出面，如姜元瀚与中仰寨陆宗辉因杉木纷争将杉木充公，再如姜佐兴、姜松乔、姜之连三人与中仰陆姓、隆里所王姓兄弟之间关于乌什溪和乌漫溪山场杉木的争夺。

清水江下游木材市场在一定时期内慢慢形成固定的有一定原则的制度，咸同年间的兵燹在某种程度上冲击了已有的市场交易制度，官府为了支持战事所需的巨大开支，加收了木材交易税（每两加价 4 钱），上游山客并没有意见，因为这样一种做法与四寨自发兴起之"见十抽一"募捐银两应对战事的做法不谋而合。平定苗民起义后，三江总理并没有如约取消因战事新增的税赋，反而上报府主说是山客自愿捐纳。为此，黎平、清江、天柱、古州四属绅商联合起来与三江主家行户打了一场影响深远的官司，此事不仅惊动了黎平府，还惊动了贵州布政使司，成为名噪一时的地方大案。诉讼双方都企图借助官府的力量打败对方，赢得官司，在与官府建立联系的过程中无不体现着不同人群对王朝统治力量的假借和依附。

纵观清代以来清水江下游杉木主产区围绕挖山种杉这一核心经济活动所发生的一系列事件，加池寨及其邻近村寨的发展变迁，一方面反映了村落之间互相竞争的矛盾冲突，另一方面又显示了整个区域不断整合为一个利益共同体的趋向。在这个复杂的发展过程中，无论是团结合作，还是竞争冲突，都是地方社会结构的一种调整和重构。在这一地方社会结构调整和重构中，房族作为村寨内人群的组织单位和组织形式发挥了重要作用。

结　语

　　通过对以加池寨为中心的区域社会生活多样性的考察，我们不难看出，房族作为一种重要的文化手段和社会关系，它的形成和发展的历程，成为我们基于当地观念理解和解释特定历史背景下、特定地方社会的演变及其间表现出来的人群互动发展关系的重要切入点。基于对人群在社会生活中如何实践的总体关怀，房族作为当地的一种社会组织，也是重要的文化手段，对清水江下游地区族群互动和社会实践产生了重要影响。在探寻地方社会形成和发展的过程中，房族的成长、国家意志自上而下的渗透和区域性商业网络的发展之间显示出高度的相关性。

　　明清以来，特别是乾嘉以后，清水江下游沿江两岸村寨逐渐形成以杉木的种植和采运为中心的经济社会生活，经营杉木山场成为当地人群获取日常生活所需和积累财富的重要手段。众所周知，参与市场活动是一种投资行为，既然是投资行为，就会有一定的风险，如何规避或者化解风险成为参与到木材经济中的当地人亟待解决的问题。与此同时，以国家力量主导的"开辟新疆"已然初见成效，具有正统性的王朝典章制度也逐渐浸渗到苗疆区域。当地人群借用国家已有的规范和典章制度创造性地建立了具有地方特色的房族制度，通过参加科举、使用文字和修撰族谱等行为，能动地将处于边缘的自身与处于核心位置的王权联结起来，并因时因地调整地方秩序和自身身份认同。正是这种区域社会生活中当地族群在综合自身原有社会习俗和国家主流文化之上富有创造性的文化实践活动及其变迁过程，才是我们理解清水江区域社会历史进程的关键。

　　清水江下游地区的房族并没有形成组织结构完整、运行严谨的宗法性家族，加池寨的个案让我们看到的更多是一种较为松散的组织，整个房族内也没有族长、族规一类的成形架构及相关内容。当房族内部成员发生矛盾时，一般情况下会"请中理论"，"中"即"中人"。从一般层面上看，中人是在佃种、买卖山场股份过程中作为见证和证明的人。由于杉木山场的收益周期为二十年左右，双方请中人作证也不会请年纪特别大的人，年轻有为者最好。在这样的经济活动和由此形成的惯习影响下，村落内的纠纷也并不是年长者一力承担的，反而是个人能力较强、思维敏捷、处事果断、家资殷厚的中青年更加受到青睐。同时，清水江下游一带参与木材贸易的程度越来越深，木材的种植与伐运成为当地人群日常生活的重要组成部分，在这样的背景影响下，房族的经济职能成为其最主要和最重要的功能之一。为了更好地发挥和履行这一职能，整个房族成员自然也就对在木材贸易中有突出表现和才干的人青眼有加。这与其他地方的宗族内长子继承制相比，极具地方特色，是区域社会在具体的时空历史背景下产生的另一种表达。

　　国家通过军事措施和经济手段渐次将苗疆地区纳入版图，在这个过程初期，伴随汛塘制度、屯兵和卫所制度，汉人逐渐进入苗疆地区，由于"夷多汉少"，汉夷比例悬殊，"夷化"在此时成为一种普遍现象。"夷化"与"汉化"是一个相反的过程，即民族同化，具体而言就是"一个民族或其一部分丧失本民族特征而变成另一个民族的现象"。[①] 明清之际，黔东南地区一直被视为苗疆腹地、"生苗"盘踞之地，与汉人接触甚少。加池寨内《姜氏族谱》中也有相关记述："我族原系汉民入此地者，与苗民同井共村而居，交友结亲和睦，用夏变更于夷，依此地苗疆习俗，相沿遂以为

---

① 徐寒主编《世界历史百科全书》（图文互动版）第 6 卷《民族·宗教》，吉林文史出版社，2005，第 233 页。

常。"① 清人徐家干所著《苗疆闻见录》也有相似记载:"其地有汉民变苗者,大约多江楚之人。愍迁熟习,渐结亲串,日久相沿,浸成异俗,清江南北两岸皆有之。"② 从上述官私文献中,我们可以清晰地看到"汉人夷化"的过程,而后随着国家力量的逐渐深入和王朝典章制度礼仪的不断影响,清水江两岸的世居族群又纷纷修撰族谱修正自己的身份,以"熟苗""汉苗"③ 自居,而今当地人群仍以各自的民族语言作为社会交际和其他日常生活的主要沟通工具。作为"化外之地"与"化内之境"的过渡地带,清水江下游区域也表现出独特的区域身份认同变迁和复杂历程。纵观整个过程,无论是"生苗""熟苗"的界分,还是"汉苗"的认同,我们从这种动态的、变化的表达中看到的是当地人群基于不同历史时空、不同社会情境所做出的因应策略,是极具地方性内涵的社会秩序之表现。

入清以来,特别是雍正朝以后,清水江下游地区沿江两岸木材贸易迅速发展,明清江南地区对木材的迫切需求和周边省份木材资源的减少,促使木商向林木储蓄量较大的西南地区流动,④ 清水江两岸的世居族群并没有完全以破坏资源、杀鸡取卵的方式开发森林资源,而是在原生木材砍伐之后以人工造林的方式使森林资源实现了"可持续发展"。一块山场从佃种开始到取得收益,中间还要经历栽手和山主分股、股份转让与买卖、明晰股份清单、砍伐作贸等过程,整个周期至少需要历经二十余年。许多以杉木山场管理和经营为主的房族和个人也依照这样的林业生产节律安排自己的生产和生活。加池寨内"母猪形"房族姜佐兴一支一年内有时买卖山场

---

① 见《姜氏族谱·姜姓世纪》。

② (清) 徐家干:《苗疆闻见录》,第 163 页。

③ "汉苗"一说系笔者在田野调查中加池寨村民的口述。

④ 李伯重:《明清时期江南地区的木材问题》,《中国社会经济史研究》1986 年第1 期。

的次数高达 8 次，而且一块山场也可根据市场需求量和行情分为数次砍伐，这种灵活多变的经营和管理方式是清水江下游地区沿江两岸世居族群经过多年参与木材种植和交易得出的经验。与传统农业社会不同，这种创造性的符合自身发展的经营逻辑和处理方式是此地世居人群依照商业性林业社会的节律而做的适应性调整，充分体现了特定历史条件下区域社会的商业化发展历程对于族群社会生活的影响。

清水江下游地区沿江村寨参与到区域性木材市场中，改变的不仅是社会生活的实践层面，也对清水江两岸世居族群的财产观和土地所有权制度产生深刻影响。在杉木成为商品之前，只是随处生长的植物而已，是风景树；一旦杉木成为商品，流动到江南地区之后，通过交易行为换取的白银逆流而上进入少数民族村寨，人们迅速意识到这种习以为常的"物"可以换来实质性财富。对于财产的起源问题，许多学者赞同"先占"原则，布拉克斯顿认为土地及土地里的一切物件是人类直接得自"造物主"赐赠的一般财产。凡是第一个开始使用它的人即在其中取得一种暂时所有权，只要他使用着它，这种所有权就继续存在。① 当黔东南地区社会原有的"墓田制"和"以坟管山"的山林权属制度遭逢到国家财产权属体系时，发生了一系列的山林权属纠纷案件。无论是房族内部不同支系间的纠纷，还是村寨内不同房族之间的案件，抑或村寨之间涉及三方或三方以上的复杂诉讼，或许都是基于这两种不同归属伦理和财产观引发的矛盾与冲突。不论是岩湾村寨张姓成功获取进葬权的艰难过程，还是对于错葬、强葬等事件的述说和强调，归根结底争夺的都是对地方的"入住权"和杉木山场的权属析分，而这也正是国家与地方社会互动过程中复杂性的表现之一。

① 〔英〕亨利·萨姆奈·梅因：《古代法》，沈景一译，商务印书馆，2009，第163 页。

在山场的经营与管理过程中，由于周期较长、股份买卖交易频繁，木材在将近砍伐时往往由股份归属引发多次诉讼。这与清水江下游两岸独特的山场所有权制度密切相关。杉木山场所有收益股份主要分为两个大类，一类是栽手股，一类是土股。栽手股是依靠投入劳动换取的股份，由于一般杉木山场的生产—收益周期为二十余年，栽手股最多经历两三代人之后便可结束，所以栽手股引发的诉讼并不多见。与栽手股相比，土股就复杂许多。若没有强力介入干涉更大区域范围内的土地所有权，山主对山场的所有权是永久性的，而且这种山场所占股份会根据世系繁衍，按照男嗣的多寡均分延续下去。随着一个祖先后嗣人数的增加，山场的股份析分呈现复杂的变化，股份不断细小化，最后难免变得支离破碎。一个祖先的后嗣由于发展情况并不相同，逐渐扩大的世系群阻碍了同样占据山场股份的共祖、共股之人了解山场股份的具体细分情况，清水江文书中所见同一份文书被不同股份占有者重新誊抄的现象也从一个侧面证实了这一点。

杉木山场每经过一轮砍伐，栽手股份就随着取得木材收益而终止，土股又重新回到山主手中。山场砍伐之后土股归原主的这种制度导致了旷日持久的纠纷。若山场土股存在纠纷，那么山场的每一轮砍伐都会引起有纠纷之人的扯皮，并且这种扯皮会随着争端双方各自势力的强弱而出现不同的局面，因此在不同时期争执山场，可能会有不同的结果。正因为如此，对于同一山场的纠纷才会持续不断。

清水江下游地区沿江两岸的村寨还生动展现了平权社会理想与集权社会现实之间的冲突和妥协。清水江下游一带的少数民族文化强调平权和集体性，如十几个寨子形成一个共同"吃牯藏"，12个村寨形成一个大的祭祀集团，才有了现在的每13年吃一次大牯藏的习俗，如西江千户苗寨。在锦屏县河口乡文斗河边场市的管理过程中，每个参与建立和管理的村寨都占有股份，并且依据所占股份履行维护市场秩序职责和享受市场经纪费用分红。同时，村寨内某一先祖所占的股份会根据子孙的繁衍情况，在同代人之间均分继承，再下一代还是按照均分原则继续传承下去。黔桂交界处的侗族地区存在的以鼓楼为标识的村寨间集体性走访制度同样也是平权社会的一种体现。

加池寨内"母猪形""金盘形"两大房族在从乾隆年间就开始的竞争，并没有导致一方消灭另一方的集权性结果，这两大房族自始至终都是村寨内的主导力量，只是在不同的历史时期展现出此消彼长、强弱交替的复杂变迁过程。在这个过程中，国家力量的介入表现出巨大的影响。"母猪形"一房在咸丰之前一直是强势房族，但是在咸同兵燹之后屡屡被"金盘形"压制，这与"金盘形"一房在咸同兵燹中因财力雄厚，并一直支持地方政府组织团练三营，打击叛乱贼匪而声名鹊起不无关系。姜大荣（属于"母猪形"房族）与姜世泰（属于"金盘形"房族）旷日持久的争讼就是房族实力变化的典型表现。

在房族成员内部，由于共同占有祖遗山场股份，成员之间紧密配合，共同经营山场，尽量争取收益最大化，同时，日常生活纷繁琐碎，矛盾冲突在所难免。这种房族内部实际生活的复杂性和多样性，使房族内部不再如想象中的铁板一块般团结紧密，而是充满了细碎的冲突和矛盾。当然，我们并不能因此否定房族对于"和亲睦族"的积极作用，尤其是当面对来自房族外部的压力时，房族内部各个成员会暂时捐弃前嫌，努力维系好内部成员之间的团结，一致对外。

以精英人物为代表，房族在参与一定区域范围内的村落间事务时，也表现出对于村寨整体权益的表达和维护。不管是乾隆年间以"母猪形"精英姜甫臣为代表的在缴纳地丁粮时机智地降低自己所应承担的份额，还是与其他村寨共同管理清代中后期发展起来的文斗河边场市，房族作为村落对外事务的合理整体代表，在维护聚落成员整体权利和利益方面，表现出积极作用。同时，房族作为一种沟通媒介，将代表国家力量的地方政府和房族内部各个成员联结起来，无论是在牌甲制施行过程中，还是在团练中给予强大财力支撑，房族都成为重要的中间层级，起到了缓冲过渡、调整适应的关键作用。

本书通过对加池寨内房族的发展历程的描述，考察地方社会的形成机制。在特定的历史背景下，房族作为地方世居族群的一种身份认同、一种独具特色的意识形态，并糅合进复杂的经济社会关系，成为我们理解和解释区域社会结构过程的重要方面和富有启发性的支点。透过房族这一社会组织的发展变迁和由此观之的村落社会权力结构变化，我们更多地感受到这一区域内人的活动及其展现出来的主观能动性。人们如何应用所能够想到和用到的各类资源——无论是经营山场积累的殷实家产，还是村寨内外政治权力争夺，抑或借助国家典章仪礼等文化权力，不同程度地展现了当地人群对于身处的时代、空间社会整体的认知和创造性应用。

"清水江文书"主要指涉贵州省东南部清水江中下游地区的汉文民间历史文献。自从 20 世纪 60 年代进入学者研究视野，直至 21 世纪初，才有针对它的大规模的收集整理和影印出版工作。在围绕清水江文书的研究方面，许多学者都是根据学科特点和规范选取其中一部分进行专题研究，细致而微地针对清水江文书"归户性"特点对一个聚落内某一房族保存的契约文书做深入研究的成果却并不多见。加池寨是清水江下游地区典型的深度参与木材贸易体系的村寨个案，寨内各个房族都保存有数量不同的清水江文书，本书在研究加池寨内房族的实际运行情形时较多地使用了这些民间文献材料。通过对这些材料的整理和研究，本书延续"区域社会是如何形成和发展的"这一研究模式和思路，描述和讨论了清水江流域传统乡村社会生活的地域性特点，以期揭示这一区域内民间文化的传承机制和区域社会建构的内在逻辑。对清水江文书民间文献资料的使用是本书的一大特色，在方法论意义层面上，是人类学田野调查与民间文献整理与研究的一个大胆尝试，希望本书的研究能够在文书解读的理论与方法研究方面贡献自己的绵薄之力。

参考文献

一 文献资料

（清）爱必达：《黔南识略》，（道光二十七年抄本，与《黔南职方纪略》合刊），贵州人民出版社，1992。

（清）常明、杨芳灿等纂修《四川通志》卷71《食货志·木政》，巴蜀书社，1984。

陈金全、杜万华主编《贵州文斗寨苗族契约法律文书汇编——姜元泽家藏契约文书》，人民出版社，2008。

（清）方显：《平苗纪略》，武昌郡廨同治癸酉刊本。

《夫役案》，雍正九年五月初三日黎平府古州理苗同知滕文炯告示。

贵州省编辑组编《侗族社会历史调查》，贵州民族出版社，1988。

贵州省民族研究所编《〈明实录〉贵州资料辑录》，贵州人民出版社，1983。

（清）郝大成等编撰，黎平县县志编纂委员会办公室校注《黎平府志》（点校本），方志出版社，2014。

河口乡瑶光村民委员会编印《瑶光志》，2010。

（清）姜海闻撰草，姜元卿增校《三营记》，民间抄本。

《姜氏族谱》，锦屏县河口乡加池村家藏族谱，未刊。

锦屏县地方志编纂委员会编《锦屏县志（1991—2009）》下册，方志出版社，2011。

锦屏县河口乡人民政府编印《河口乡志》，2010。

锦屏县林业志编纂委员会编《锦屏县林业志》，贵州人民出版社，2002。

锦屏县启蒙镇志编纂委员会编印《启蒙镇志》，2013。

（清）李宗昉：《黔记》，商务印书馆，1936。

黔东南苗族侗族自治州地方志编纂委员会编《黔东南苗族侗族自治州志·地理志》，贵州人民出版社，1990。

（清）卫既齐主修，吴中蕃、李祺、阎兴邦补修《贵州通志》卷七《苗蛮篇》，1962。

（清）魏源：《圣武记（附夷艘寇海记）》，岳麓书社，2011。

吴江编录《侗族部分地区碑文选辑》，黎平县志办公室，1989。

（清）吴振棫：《黔语》卷上《开通清江之利》，据灵峰草堂丛书本校印，1924。

伍新福、龙伯亚：《苗族史》，四川民族出版社，1992。

（清）徐家干：《苗疆闻见录》，吴一文校注，贵州人民出版社，1997。

《杨氏族谱》，锦屏县隆里乡龙里司村杨某家藏。

张应强、王宗勋主编《清水江文书》第1、2、3辑，广西师范大学出版社，2007、2009、2011。

二　工具书

中国大百科全书编辑委员会编《中国大百科全书·民族卷》，中国大百科全书出版社，1986。

中国少数民族民俗大辞典编写组编《中国少数民族民俗大辞典》，内蒙古人民出版社，1995。

中华书局辞海编辑所修订《辞海》（试行本）第8分册《历史》，中华书局辞海编辑所，1961。

三 论著

〔英〕埃文思–普理查德：《努尔人——对尼罗河畔一个人群的生活方式和政治制度的描述》，褚建芳等译，华夏出版社，2002。

〔英〕爱德华·埃文思–普里查德：《论社会人类学》，冷凤彩译，世界图书出版公司，2010。

北京大学社会学人类学研究所编《东亚社会研究》，北京大学出版社，1993。

陈春声：《市场机制与社会变迁——18 世纪广东米价分析》，中国人民大学出版社，2010。

陈启钟：《明清闽南宗族意识的建构与强化》，厦门大学出版社，2009。

〔美〕丹尼尔·哈里森·葛学溥：《华南的乡村生活——广东凤凰村的家族主义社会学研究》，周大鸣译，知识产权出版社，2006。

〔美〕杜赞奇：《文化、权力与国家——1900—1942 年的华北农村》，王福明译，江苏人民出版社，1996。

费孝通：《江村经济——中国农民的生活》，商务印书馆，2001。

贵州世居民族研究中心编《贵州世居民族研究》，贵州民族出版社，2004。

贺喜：《亦祖亦神：粤西南信仰构建的社会史》，三联书店，2011。

〔英〕亨利·萨姆奈·梅因：《古代法》，高敏、瞿慧虹译，中国社会科学出版社，2009。

黄应贵：《人类学的视野》，台北：群学出版有限公司，2006。

黄应贵主编《空间、力与社会》，台北：中研院民族学研究所，1995。

简美玲：《贵州东部高地苗族的情感与婚姻》，贵州大学出版社，2009。

科大卫：《皇帝和祖宗——华南的国家与宗族》，卜永坚译，江苏人民出版社，2010。

梁聪：《清代清水江下游村寨社会的契约规范与秩序——以文斗苗寨契约文书为中心的研究》，人民出版社，2008。

梁聚五：《苗族发展史》，贵州大学出版社，2009。

林耀华：《义序的宗族研究（附：拜祖）》，三联书店，2000。

刘志伟：《在国家与社会之间——明清广东地区里甲赋役制度与乡村社会》，中国人民大学出版社，2010。

〔美〕路易斯·亨利·摩尔根：《古代社会》，杨东莼、马雍、马巨译，商务印书馆，1977。

罗尔纲：《绿营兵志·湘军新志》，上海书店出版社，1996年影印本。

〔美〕罗纳托·罗萨尔多：《伊隆戈人的猎头——一项社会与历史的研究（1883—1974）》，张经纬、黄向春、黄瑜译，北京大学出版社，2012。

马大正：《中国边疆经略史》，中州古籍出版社，2000。

马戎、周星主编《二十一世纪：文化自觉与跨文化对话》（2），北京大学出版社，2001。

〔美〕莫里斯·弗里德曼：《中国东南的宗族组织》，刘晓春译，上海人民出版社，2000。

钱杭：《血缘与地缘之间：中国历史上的联宗与联宗组织》，上海社会科学院出版社，2001。

单洪根：《绿色的纪念》，中国林业出版社，1996。

单洪根：《木材时代：清水江林业史话》，中国林业出版社，2008。

〔美〕施坚雅：《中国农村的市场和社会结构》，史建云、徐秀丽译，中国社会科学出版社，1998。

王铭铭：《村落视野中的文化与权力——闽台三村五论》，三

264

联书店，1997。

王宗勋：《文斗：看得见历史的村寨》，贵州人民出版社，2009。

温春来：《从"异域"到"旧疆"——宋至清贵州西北部地区的制度、开发与认同》，三联书店，2008。

吴泽霖、陈国均等：《贵州苗夷社会研究》，民族出版社，2004。

徐晓光：《款约法——黔东南侗族习惯法的历史人类学考察》，厦门大学出版社，2012。

徐晓光：《清水江流域林业经济法制的历史回溯》，贵州人民出版社，2006。

徐晓光：《原生的法：黔东南苗族侗族地区的法人类学调查》，中国政法大学出版社，2010。

杨懋春：《一个中国村庄：山东台头》，张雄等译，江苏人民出版社，2001。

张佩国：《近代江南乡村地权的历史人类学研究》，上海人民出版社，2002。

张应强：《木材之流动：清代清水江下游地区的市场、权力与社会》，三联书店，2006。

郑杭生主编《社会学概论新修》，中国人民大学出版社，1994。

郑振满：《明清福建家族组织与社会变迁》，中国人民大学出版社，2009。

周大鸣：《当代华南的宗族与社会》，黑龙江人民出版社，2003。

周相卿：《台江县五个苗族自然寨习惯法调查与研究》，贵州人民出版社，2009。

庄孔韶等：《时空穿行——中国乡村人类学世纪回访》，中国人民大学出版社，2004。

Faure，David & Siu，Helen F. eds.，*Down to Earth：The Territorial Bond in South China*，Stanford：Stanford University Press，1995.

Faure，David，*The Structure of Chinese Rural Society：Lineage and*

Village in the Eastern New Territories，Hong Kong：Oxford University Press，1998.

唐立·楊有賡·武内房司主編『貴州苗族林業契約文書匯編』東京外国語大学アジア·アフリカ言語文化研究所、2001。

四　论文

陈春声：《从地方史到区域史——关于潮学研究课题与方法的思考》，"区域社会史比较研究"中青年学者学术讨论会论文集，2004。

科大卫、刘志伟：《宗族与地方社会的国家认同——明清华南地区宗族发展的意识形态基础》，《历史研究》2000 年第 3 期。

李伯重：《明清时期江南地区的木材问题》，《中国社会经济史研究》1986 年第 1 期。

刘志伟：《宗族与沙田开发——番禺沙湾何族的个案研究》，《中国农史》1992 年第 4 期。

刘志伟：《祖先谱系的重构及其意义——珠江三角洲一个宗族的个案分析》，《中国社会经济史研究》1992 年第 4 期。

罗洪洋：《清代地方政府对黔东南苗区人工林业的规范》，《民族研究》2006 年第 1 期。

罗洪洋：《清代黔东南文斗侗、苗林业契约研究》，《民族研究》2003 年第 3 期。

罗洪洋：《清代黔东南文斗苗族林业契约补论》，《民族研究》2004 年第 2 期。

罗康隆：《侗族传统社会习惯法对森林资源的保护》，《原生态民族文化学刊》2010 年第 1 期。

罗康隆：《清代贵州清水江流域林业契约与人工营林业的发展》，《中国社会经济史研究》2010 年第 2 期。

宋冰雁、徐晓光：《清水江流域木材贸易计量方法刍议》，《凯里学院学报》2014 年第 6 期。

吴兴然：《明清时期锦屏苗木生产经营初探》，《贵州社会科学》1990 年第 4 期。

杨有赓：《汉族对开发清水江少数民族林区的影响和作用》，《贵州民族研究》1993 年第 2 期。

杨有赓：《清代黔东南清水江流域木行初探》，《贵州社会科学》1988 年第 8 期。

杨有赓：《清代清水江流域林区林业租赁关系概述》，《贵州文史丛刊》1990 年第 2 期。

张银锋、张应强：《姓氏符号、家谱与宗族的建构逻辑——对黔东南一个侗族村寨的田野考察》，《西南民族大学学报》（人文社会科学版）2010 年第 6 期。

张应强：《民间文书〈均摊全案〉介说》，《华南研究资料中心通讯》第 30 期，2003 年。

张应强：《"弃龙就姜"——清代黔东南地区一个苗族村寨的改姓》，《历史人类学学刊》第 2 卷第 2 期，2004 年 10 月。

周大鸣：《凤凰村的追踪研究》，《广西民族学院学报》（哲学社会科学版）2004 年第 1 期。

Waston, Rubie S. , "Remebering the Dead: Graves and Politics in Southeast China," in James L. Waston and Evelyn S. Rawski eds. , *Death Ritual in Late Imperial and Modern China*, Taipei: SMC Publishing Inc. , 1991.

附　录

一　尾包山场相关记录及契约[*]

序号	主要内容
尾包1	嘉庆十一年（1806），佐兴买岩湾寨范老什尾包，此山分为十股，买范老什所占一股
尾包2	嘉庆十六年（1811），佐兴买岩湾寨范老占尾包，分为五股，买范老占所占一股
尾包3	1-2-7-24　范绍粹断卖山场杉木约［道光十七年（1837）十一月初一日］ 　　立断卖山场杉木约人岩湾寨范绍粹，为因银使用，自愿将到先年得买本寨范德魁山场杉木壹块，地名尾包，分为二十股，本名得买德魁壹股，又将本名所占分落贰十股，占壹股，上凭顶，下凭河，左凭文斗之木，右凭冲，四至分明。凭中出卖与家什寨姜之毫、开让叔侄二人名下承买为业。当日议定价银壹两叁钱正，亲手收用。其贰股之杉木山场自卖之后，任从买主修理管业，卖主房族外人不得异言。倘有不清，卖主理落，不干买主之事。恐后无凭，立此断卖字为据。 　　外批：此山分为五大股，又分为贰十小股。 　　凭中：范绍师 　　代笔：范绍钦 　　嘉庆十七年十乙月初乙日立
尾包4	道光十七年，买岩湾寨范绍粹尾包，分为十股，买范绍粹所占一股

---

*　由笔者从所见姜佐兴一支房族后人家藏契约文书及账簿中整理，其中未标明契约代码的为山场坐簿中记载条目。

268

序号	主要内容
尾包 5	1-2-6-83　姜福元等佃山字［咸丰九年（1859）六月十七日］ 　　立佃字人本寨姜福元、开运、开化、贵生四人，今因佃到本寨姜开义、沛清、凤仪、恩瑞众等之山一块，地名尾包，界址上凭顶，下凭河，左凭董姓所栽之山，右凭文高所种之山，四址分清。四人佃种，种粟栽杉，言定伍股均分，地主占三股，栽手占贰股。此山五年之内要成林，不得荒误。恐说无凭，立此佃字存照。 　　咸丰九年六月十七日　　　　开化笔立
尾包 6	1-2-7-37　姜福元、姜开运等抵山场并田字（咸丰九年六月十七日） 　　立抵字人本寨姜福元、开运、开化、贵生四人，为因佃种姜开义、沛清、凤仪、恩瑞等之山，地名尾包，诚恐日后荒芜，四人自愿将山场并田作抵与开义众等名下，限于五年之内定要成林，日后长大另立分合同各执。如不成林者，四人作抵之项任凭开义等管业，四人不得异言。恐说无凭，立此抵字存照。 　　福元将栽开义顽九透栽手贰股作抵是实。开运将纲道王老三栽之山地主八股，本名占一股作抵是实。开化将补先右田大小贰丘作抵是实。贵生将培纣田得占众姓田一丘作抵是实。 　　咸丰九年六月十七日　　　　开化笔立
尾包 7	1-2-7-39　姜贵生、玉连、平松卖栽手杉木约［同治八年（1869）五月十四日］ 　　立卖栽手杉木约人本房姜贵生、玉连、平松叔侄、丁卯弟兄，先年所栽大荣、沛仁叔侄等之山乙块，地名尾包。此山界限上凭顶，下凭河，左凭苗光之山，右凭大荣之山，四至分明。此山地主、栽手分为五股，地主占三股，栽手占二股。此栽手二股分为四股，每人名下占乙股。今将栽手乙概出卖与山主姜遇昌、大明、凤飞、凤文、沛仁叔侄六人名下承买为业。当日凭中三面议定价钱八千〇八十文，亲手收足应用。自卖之后，恁凭山主修理管业，卖主不得异言。恐后无凭，立此卖字为据。 　　此栽手二大股，沛仁叔侄买乙股，余乙股分为四小股，遇昌买乙股，大明买乙股，凤飞买乙股，凤文乙股，四共合乙大股。所批是实。 　　中笔:姜开祥 　　同治八年五月十四日立

序号	主要内容
尾包 8	1-2-7-40　姜凤飞断卖山场并栽手约［同治九年（1870）五月二十二日］ 　　立断卖山场并栽手约人本寨堂伯姜凤飞，为因缺少银用，无处所出，自愿将到山场杉木乙块，地名尾包。此山地主、栽手分为五股，地主占叁股，栽手占贰股。此地主分为拾股，本名占壹股。又栽手贰股分为捌股，本名占乙股。此山界限上凭顶，下凭河，左凭苗光姜姓之木，右凭卖主之山，四至分清。将出卖与本家堂侄长生、和生弟兄三人修理管业，卖主父子不得多言。恐口难凭，立此断字为据。 　　凭中：大明 　　同治九年五月二十二日　　　亲笔立
尾包 9	1-2-7-49　姜大明、范之伟等分山场股份清单［光绪十四年（1888）二月十八日］ 　　立分清单格翁范之伟、加池姜大明等所有尾包山乙块，上凭岩洞与大明之山，下凭河，左凭大明等之山，右凭冲与文斗之山，四至分清。此山分贰拾股，格翁范之伟占贰股，加池姜凤仪叔侄占叁股，姜盛义叔侄占七股半，姜大明叔侄占七股半，此七股半分为五股，凤飞占一股，凤冠占一股，凤文占一股，凤来得买凤岐一股，姜大明占乙股，合为贰拾股，日后砍伐照与佃字均分，不得争论。 　　外批：佃字姜大明存，清单范之伟存乙张，姜凤仪存乙张，姜盛义存乙张，姜凤来存乙张。 　　范如玺亲笔 　　光绪拾四年二月十八日立
尾包 10	1-2-8-55　姜来发、姜根发兄弟断卖山场杉木并土字（1917年六月初六日） 　　立断卖山场杉木并土字人本家姜来发、姜根发兄弟二人，为因缺少钱用，无处得出，自愿将到山场乙块，地名尾包，界止上凭凤岐叔侄与文斗共山为界，下凭河，左凭与本家之山，右凭冲梦林［麟］之山为界，四抵分明。此山土栽分为五股，地主占叁股，栽手占贰股，地主三股分为贰拾股，元林叔侄占三股，格翁范如玺占贰股，余存拾伍股献义占柒股半，恩光等占柒股半，又分为伍股，本名占乙股，出卖与本家姜元贞名下承买为业，当三面议定价钱肆仟乙佰八十文，亲手收足应用，自卖之后，任凭买主上山修理管业，卖主不得异言。恐口无凭，立此卖字为据。 　　中笔：姜凤岐 　　民国六年六月初六日立

序号	主要内容
尾包 11	1-2-7-69　姜顺连兄弟断卖山场杉木契（1917 年七月十二日） 　　立断卖山场杉木人本房姜双连、姜顺连弟兄二人，情因缺少银用，无处得出，兄弟商议，自愿将到祖遗所共之山，土名尾包山场杉木壹块，界址上抵文斗与凤岐所共之山为界，下抵大河，左抵冲本家共山为界，右抵冲与梦麟之山为界，四至分明。此山土栽分为五股，栽手占贰股，土股占叁股。此叁股又分为二十股，恩光等五老家占柒股半。此柒股半又分为五股，恩光兄弟等占壹股，此壹股又分为叁小股，兄弟二人名下占壹小股，出卖与本房姜献义名下承买管业。当日凭证议定价银陆钱捌分正，其银亲手领应用，不少分厘。自卖之后，恁凭银主裁蓄修理，兄弟二人并无异言翻悔。今恐人心不古，特立断卖山场杉木文契与献义，执此永远为据。 　　凭中、代笔：夏成鼎 　　民国丁巳年柒月十二日立
尾包 12	1-2-7-70　姜献义、姜梦熊等分山股份清单合同（1917 年） 　　立分清单合同字人姜献义、范如玺、姜梦熊、姜源淋、秉魁等所有共山壹块，地名尾包，加池塘半截山。其山界止上凭土垦与文斗等之共山，下凭大河，左右凭大冲，四抵分清。此山于民国丁巳年卖与本寨姜纯义、送长等砍伐作贸，议定山木价银壹佰陆拾贰两八钱八分，内除栽手并马姓所占之股与合食之外，实存我等股之银七拾捌两五钱六分。此山地主作为贰拾两山分派： 　　姜献义占此山股数捌两整，该占银叁拾柒两陆钱八分； 　　范如玺等占此山股数贰两整，该占银玖两肆钱贰分； 　　姜梦熊占此山股数壹两五钱整，该占银七两〇六分； 　　姜源淋占此山股数壹两五钱整，该占银七两〇六分； 　　姜元贞占此山股数壹两五钱整，该占银七两〇六分； 　　姜秉魁占此山股数壹两陆钱六分，该占银七两八钱五分； 　　姜恩光占此山股数五钱正，该占银贰两叁钱五分。 　　合同五纸，各执一纸为据。 　　民国六年
尾包 13	1-2-7-76　姜献义等分尾包山股份合同清单（1919 年十月二十七日） 　　立分合同清单字人文斗寨姜周智兄弟等，加池寨姜凤林、献义、源淋、梦麟、永清，今有地名尾包之山乙大岭，其山界限上凭大坪为界，下

271

序号	主要内容
尾包 13	抵大河,左凭冲以彭宏清之山,右凭冲以两块半截山为界,此山股数未分清白,此属因山卖砍,二比经中将老契对验,地股原系贰拾大股,分派周智与献义共占拾柒股,此十七股又分为十二大股,周智兄弟占拾乙大股,献义占壹股,源淋等共占叁大股,此三大股又分为二大股,源淋占乙大股,存乙大股分为二小股,梦麟占乙小股,凤林、永清共占乙小股,合共清单合同,日后子孙永远照合同管业存照。[①] 凭中:姜凤岐、作干、恩宽、梦熊 廷号笔录 民国八年十月二十七日
尾包 14	民国八年十一月十九日,分合同,文斗寨姜周智弟兄与加池寨姜献义、姜凤翎、姜源淋、姜梦鳞、姜永清等,共山尾包大山一块,二十大股,周智、献义占十七股,十七股又分为二十四股,周智十三股,献义十一股,余三大股源淋占一股半,余一股半分为二股,梦麟占一股,凤翎、永清共占一股[②]
尾包 15	1-2-8-75 姜永道叔侄断卖山场杉木字(1921 年三月初九日) 立断卖山场杉木字人本家姜永道叔侄元魁、有成、松成,为因缺少钱用,无处所出,自愿将到地名尾包半截山乙块,界止上凭卖主之山,下凭大河,左右冲,四抵分明。地主分为二十两,永道占乙两五钱,元魁占乙两五钱,有成、松成三钱三分四,今凭中出卖与姜元瀚名下承买为业。当日议定断价钱贰仟捌百八十文,亲手收足应用。自卖后任凭买主管业,卖主不得异言。恐口无凭,立此卖为据是实。 凭中、笔:姜凤岐 民国辛酉年三月初九日立

---

① 据此,假设尾包大山的总数为 1,则按这样的比例算下来,周智兄弟占 78%,献义占 7%,源淋占 7.5%,梦翎、永清共占 3.75%。——引者注
② 据此,假设尾包大山的总数为 1,则按这样的比例算下来,周智占 46.0417%,献义占 38.9583%,源淋占 7.5%,梦麟占 3.75%,凤翎、永清共占 3.75%。——引者注

序号	主要内容
尾包 16	1-2-8-160　姜纯礼断卖山场杉木栽手字（1928 年十月初三日） 　　立断卖山场杉木栽手字人本寨姜纯礼，为因缺少钱用，无处所出，自愿将到先年得买姜元秀之地名加池塘尾包板结善乙块，界止上凭永道等之公山，下凭大河，左凭冲与买主之山为（界），右凭冲与卖主之共山。此山地股分为式拾两，姜源淋、范如恒等占五两，余十五两姜永道五家占七两五钱，姜元贞兄弟叔侄占七两五钱。此七两五钱分为八股，得买元秀之乙股，元秀又私买得恩光、要长叔侄之股，在永道五家七两五钱之内，恩光、要长应占五钱。……今凭中仰转出卖与姜元贞名下承买为业。当日凭中议定钱拾贰千陆佰八拾文，亲手应用，自卖之后，悉凭买主上山修理管业。倘有不清，俱在卖主理落，不干买主之事。恐后无凭，立此断卖山场栽手杉木字为据。 　　外批：内添贰字。 　　凭中：姜文举 　　民国十七年十月初三日　　　亲笔立
尾包 17	1-2-7-117　姜元瀚等分山场股份清单合约（1947 年二月二十三日） 　　立分清单合约字人加什寨姜元瀚、格翁范德泽，南路马配松、配昆等，于先年共有青山一幅，地名加什塘，另名尾包半截山，其山界限上凭土垦与元瀚等之山，下凭大河，左右凭冲，四至分明。于民国三十五年十二月内众山友饯议凭中议与河口姜宗铭砍伐下河，当议价洋壹佰零陆万陆千捌佰元正，众山友将洋收足分清。特立清单合约七纸，各执一纸存照。此山分为贰拾两，列后： 　　姜元瀚占壹两五钱三分乙厘二毫五； 　　姜坤荣占伍两零六分贰厘五； 　　姜坤伦占壹两三分一厘贰毫五； 　　姜锡禄占壹两五钱； 　　姜盛荣弟兄叔侄共占壹两五钱； 　　姜秉魁占壹两六钱六分六厘； 　　范德泽叔侄共占贰两； 　　马配松占叁两叁钱叁分贰厘； 　　马配昆弟兄等占壹两捌钱七分五。 　　姜锡禄笔与姜坤荣存　　　马配松笔批 　　中华民国三十六年二月二十三日　　　姜锡禄亲笔

二 "菜书"山场相关诉讼词稿[*]

1-1-3-162 姜世泰、姜恩瑞、姜凤仪等诉姜大荣等串勾磕占山场等情状纸（菜书1）

具共禀：民加池寨姜世泰、恩瑞、凤仪照信，为串勾磕占事。缘虫祖父先年得买文斗寨山场一块，地名菜书。虫等砍伐数界，并无人混争。不意去岁虫等砍此山一幅一百余根，冤遭本寨恶富姜大荣显起不良之心，勾文斗寨恶富姜作英占霸，请中姜光秀、兆祥向虫等阻止，诬此山是伊之业。虫等管业至今，经人数代，况前界卖与伊，请凭中姜光秀、士宽二人生理，毫无异言。现在活质，明系姜大荣吞谋虫等惯熟，串拴姜作英磕占。虫等有山一块，难民被贼匪害，逃在虫等山居住，大荣冒名己山，磕钱数千，确然堪证得□于彼，复吞于此。中人指谪心亏，自认得钱串勾是实。继而大荣言沛清、遇昌祖上有卖契与姜作英共。既有共契，虫等砍伐数界，伊二比之祖安不争，父兄奚不究？凭中调契审验，二比卖主不同，界址亦异。虫等有栽手可凭，伊无栽主对质。虫等奈伊无法，言入庙鸣神，伊等畏缩不从，恃富行强占霸，并提姜大荣、作英、沛清、遇昌、怀秀等到案。大荣等自砍己山数百余根，虫等凭中阻止，今行强下客商，虫等寡不敌众，情实难容，立叩。

1-1-1-104 姜世太、姜凤仪、姜明盛、姜恩瑞诉姜大荣恃恶混争状纸（菜书2）

民姜世太、姜凤仪、姜明盛、姜恩瑞，为持恶混争、串拴磕占事。缘蚁等祖父先年颗买得文斗杉山一块，地名菜书。祖父砍伐三

---

[*] 由笔者从姜永昭家藏文书中搜集、整理所得，均为有关"菜书"这一山场的诉讼文书。

次，历管无异。及至蚁等复于道光年间又卖与姜光秀砍卖，从无异议。讵至去岁蚁等又将此山砍伐一百余株，突遭本寨滥棍姜大荣勾串伊亲姜作英，与伊侄姜沛清、姜玉昌串成一局，顿起不良，请中姜光秀、向祥等向蚁等阻止，称说此山系是伊等业，闻之骇异。不思此山蚁等先年系卖与光秀砍伐，原中活证，且凤仪同治元年缺用无出，转将此山下节一股出卖与世太为业，转系大荣作中、代书，卖契内载上抵买卖主山为界。如果真系伊业，何不书写上抵大荣之山？伊等混争已可概见。蚁等凭中调约对质，不惟卖主不同，且界址各异。且蚁栽主尚存，三面对证，伊等无词，惟磕诈情坚，一味恃横冒为己业，不磕不休。中等直斥伊非，拒中不理，堵告不休。况伊素惯磕诈，去岁有九寨难民逃往蚁处，在蚁等地界搭棚住坐，伊背蚁等冒为伊业，磕得佃钱十余千。似此串谋磕占，若不告恳严究，不独蚁等木植被伊拦阻，不得售卖，犹恐世人效尤，串磕成风，良民难以安□。为此告乞大老爷台前作主，赏准拘究，斧断施行。

1-1-1-102　诉姜世太等恃恶混争山场杉木状纸（菜书 3）

为倚山霸山，祈恳勘验事。缘姜世太等以恃恶混争等情，具控蚁等一案，蒙赏差提理合诉明，情因蚁大荣之祖姜佐兴同蚁作英之祖姜□玉夥买文斗姜廷瑜菜书杉山一块，上凭坎，下抵岩洞，左凭岭，右凭冲，四抵分明。临审呈阅，窃伊等山在右，蚁大荣亦系栽主。蚁等先祖共买之山在中上截，而左边之山尚属文斗。且先年伊等出卖右边杉木，蚁大荣系是栽主，伙同出售，砍伐下河。若中上截在内，定然一齐砍伐下河。迨至今伊等混砍，其借隙妄砍可知也。中下截系伊等之山，亦有四抵，上抵岩坎下抵大河为界，均各照约管业。伊词云蚁大荣作中等语，不思伊等出售岩洞下截之山，果系蚁在伪作证。而岩洞上截杉山系蚁等先祖夥买，执有字约可凭，并未出售。明系伊等以卖下截之中证，控究妄□为上截之中人，总二□端，不攻自破。兼伊等又云祖父砍伐三次，复于道光年间又卖与姜光秀砍伐等情，亦未有廿年之久，能砍伐四次？而虚诬又可知也。况光秀现在恳饬伊等走赶到案质对，并恳赏差登山看验，会阅贴说，泾渭攸分，妄据之冤情得白情。叩告乞台前作主，赏准勘验施行。

批仰候饬差集案速审。

1-1-1-105 姜世泰等诉姜大荣、姜沛清、姜作英等霸占杉山续禀稿（菜书 4）

具续禀：民加池寨姜世泰、凤仪、恩瑞、明盛等为平空占霸，恳恩究占事。缘姜大荣、沛清、作英恶等以倚山霸山等情诉虫等案下。虫等祖父于嘉庆八年得买文斗寨姜连芳、国英之杉山，修理管业至今，毫无人争论。前已禀明，何烦再续。独是恶等生端强霸，借名冒争虫等之山，界址上至一字硬与文斗寨姜廷桂之山为界，下抵大河，左凭大冲，右凭士祥之山为界。临审呈验，与伊等山左右所抵不同，上下所凭亦异。虫等各砍虫等山内中幅，并未越至上截，现有一字硬为凭，何为倚山霸山？伊言嘉庆十一年得买，若在虫等山中，左右何不书"凭虫等山，下抵虫等山"，而凭无主之山也？可知伊冒占。此一。伊言廿余年砍伐数次，虫等山分为数幅砍，现此幅前界卖与姜光秀砍伐生理，伊父兄并不混争，现在活质，何为虚诬？可知伊强占。此二。伊等有山一所，在虫等具控对面，亦分为数幅砍，今剩有未砍，此虫等借总地名冒争界址，不合，伊肯让否？况去岁难民逃在虫等山，搭棚居住，大荣冒为己业，磕木肥身，得□于彼。今复吞此，可知伊惯熟。此四。虫等有前客可凭，今之栽主对质，恳提伊串合之人与原中到案。泣叩大老爷台前作主，严究劈奸，俾虫等祖业有归，沾恩不朽。

伊言未砍即是伊业。

1-1-3-160　诉姜大荣、姜沛清、姜作英混争霸山等情状纸（菜书5）

为平空霸占，续恳严究事。缘姜大荣、姜沛清、姜作英以倚山霸山等情诉蚁等案下。蚁等祖父于嘉庆八年得买文斗寨姜连芳、国英之杉山，修理管业至今，毫无争论。前已案明，何烦再续。独是恶等生端强霸，借名冒争蚁等之山，界址上至一字硬与文斗寨姜廷桂之山为界，下抵大河，左凭大冲，右凭士祥之山为界，临审呈验，与伊等山左右所抵不同，上下所凭亦异。△等各砍△等山内中幅，并未越至上节。现有一字硬为凭，何为倚山霸山？伊言嘉庆十一年得买，若在△等山中，左右何不书凭△等之山，下抵△等之山，而凭无主之山也？可知伊冒占者一。伊言廿余年砍伐数次，△等山分为数幅砍伐，现控此幅杉山，前经买客姜光秀砍伐生理，可证伊父兄并无一言，何为虚诬？可知伊强占，此二。伊言未砍此即是伊业，伊有杉山一所，在△等具控杉山之对面，□为数幅砍，今现有未砍，此△等借总地名冒占。界址不同，伊肯让否，何得恃恶混争？殊伊等仗财作胆，倚势欺蚁等，年□不敢与敌。伊时来时往，不单欺蚁，而且藐法害。蚁年近七旬，候案二月有余，本欲候案，奈盘费用尽，蚁欲回家，受伊欺压，进退两难，惟有恳乞大老爷台前作主，赏准勒提赴案，斧断施行。

计粘杉山界址图一张。

1-1-3-161　续请派差拘拿姜大荣等到案听讯状纸（菜书6）

为候案日久，续恳严究事。缘虫于二月十三日以恃恶混争等情，具控姜大荣、作英等一案，蒙赏差提，应候审讯，曷敢多续。殊姜大荣、作英等以势欺孤，抗不赴案，贿差私逃，回家胆敢邀约姜△△、△△同至虫家，仗以人势，如狼势虎，吵闹不堪。虫称言□伊具控，要虫出字包伊无事，意欲在借端占□，使虫家大小惶恐不安。恁伊等肆行无忌，定必祸生，不□不已。续乞台前作主，赏准勒差严拘到案，速讯施行，沾恩不朽。

三 《姜氏族谱·姜姓世纪》

夫姓者，生也。以此为祖宗之相生，虽传下千百世，而姓氏不改。其子孙枝派繁衍，共相联属，使知统系百代不相别也。古圣人始制婚姻，正其姓氏以重人纪。姓者，何如水之有源，故共派同流，统其祖宗之所自出。氏也，何如木之有根，而千枝万叶，别其子孙之所自分。

我族始于少典君，生二子。长曰石年，育于姜水，故以为姓。即神农炎帝，代伏羲治天下，始教民作耒耜，因天时相地宜，攻耕稼穑，播种百谷，而农事以兴，人民方粒食有赖焉。尝草木鸟兽之味，辨寒温平热之性，制君臣分佐使，而医道有方，人民疾病可疗已。定市场兴贸易，致天下之人聚天下之货，交易而退，各得其所食。

封炎帝之裔曰柱，移居洛邑，佐帝为农师，播种五谷，后世德之祀为后稷。至祝融为黄帝司徒，传至勾龙，为颛顼后土，能平九州，辨地土之宜，教兆民种植，后世德之祀，以为社神。尧时生伯夷，受封于吕舜，举为四岳，佐禹王治平水土。我氏族代出圣贤，制作略备，其忧世教民之功用，何其切哉！故泽被当时，功垂万世。利用民生，迄今尚赖无穷之德，是知一心同天地。凡洪纤高下，动植飞潜，无一物不遂其生育之成，无一民不遂其长养之性。

殷商之时，我族绵延于西岐。为西伯夜梦飞熊出猎，卜之曰："非龙非彲，非熊非罴，非虎非貔，所得王霸之师。"果遇公尚于渭水之阳，与语大悦，载与俱归，立为师，称曰尚父，又号太公望。及文王殁，武王即位，以公为太师，兴革命之军，诛纣灭商，佐周定鼎于咸阳，践天子之位。问治道于公曰："道有藏之约，行之得，可为万世子孙恒者乎？"公对曰："丹书有之，敬胜怠者吉，怠胜敬者凶，义胜欲者从，欲胜义者灭。凡事不强则枉，弗敬则不正，枉者废灭，敬者万世，此可为子孙法也。"武王大封功臣，而师尚义为首功，封于营丘邑，曰齐公。治国尊贤而尚功，平易近民，民必归之，五月而报政。我族蕃衍于西岐，继又繁殖于山东，屡世盛德崇功，丕承阀阅贵族。公治齐国，不惟变俗革礼，且又敬宗睦族，修明谱牒，以辨远近亲疏，叙族本源，以别贵贱尊卑。其时，上无浇风，下无敝俗，人人亲其亲、长其长，户户严家范、饬家规。所以古昔盛世，官有牒状，以纪民风盛衰，家有谱本，以系族氏离合。故齐国恪守太公家法，重礼乐，崇信义，父兄子弟相率而习正业，列国人民钦仰其风化耶。至春秋时，周室衰微，王政不行，诸侯背叛，纲纪沦亡。桓公用管仲为相，访以富国强兵之策，处以四民安定之规。管仲曰："唯官山海为可耳，放是兴盐鱼之利，开金铁之矿，三军列成队伍，四民勿使杂处。"公从其言，号称仲父，国政专任仲父，故能尽其材能，遂成霸功，九合诸侯葵丘之会为主盟，尊辅王室，攘伐夷狄，孔子称之曰"微管仲，吾其被发左衽"。其时，齐国富强，世族蕃盛，故能扶中攘外，习俗敦重礼教，尊崇信义，犹有先王之遗风，不同列国沦于邪淫，仍然男女以正婚姻，以时世守，周公风美化淳，敦伦睦族，遂称为豪族。至周安王时，田氏厚施于国，齐民归心，田和逞势迁具君于海上，遂篡为侯，我姜齐而改为田齐。及秦并吞六国，而为中国一统，变易封建为郡县，徙豪族充实咸阳。我族迁居西岐，世系繁衍，户口滋盛，立祠宇于陕西西安之地方，迄今庙貌巍然，遗迹尚存，即太公垂钓之所，古记犹泰焉崇。汉高灭秦，以齐民为天下。我族富庶于西岐各地，与汉联姻国戚，而有哲后贤妃之美称。况乎历年既久，传代更多，朝代亦易二十有余，迁居遍于中州，枝叶既分繁衍，备历四千余春秋。忽经兵燹水火，不知几许，纵有金谱玉牒，宗系支统竟无片币存焉。

279

至有明灭元，扶有区夏。此时九溪十八洞蛮王作乱我族。姜公维行，从军平蛮。公骁勇才智，冒矢先锋，得授指挥之职，移镇驻潭溪司，遂家于姜家屯居焉。相传维行公三兄弟，公驻潭溪，姜公维忠驻辰溪，姜公维信驻天柱，继而繁殖人烟，各分相居于邻村，为殖民地始。祖有德，公性敏，材能文学尤长，移居于婆洞地方，聘为义学之师，教化苗民，习礼攻书，甚与村民相得，因而挈家住于苗巨寨，置买田土，成家立业。迄今田园间墓，山坡荒丘，莫不依然存焉。传居数代发迹，布广人丁。未盛其时，中林司楼罗村苗民蒙氏恃众为乱，遍烧杀黎平所管之地方。

先祖姜大兴公，迁徙流离，逃走至清水江彼岸，各相厥攸居，遂开基起屋，坐在坡脚，名羊污，时明天顺三年也。其地陡坡陡岭，林深箐密，松杉滋植，人烟稀疏，四野田亩荒芜，道路茅塞，商旅水陆不通。风俗专尚野蛮，强悍者负固不服驯，弱者求为护符，各行改名换姓，与有势要者为宗族，婚姻从依蛮俗，同姓亦有联姻，人民不读诗书，记事立契俱用结绳割额。我族原系汉民入此地者，与苗民同井共村而居，交友结亲和睦，用夏变更于夷，依此地苗疆习俗，相沿遂以为常。至天顺八年，相其阴阳坟基，寻上半坡间，览现坐之地点加池寨，砂环水聚，四面绕抱，有情明堂，开阔大河，旺水朝堂，就开基址，立宅第而居。

大兴公现今加池寨，生子名姜龙彰公，殷勤攻耕，垦荒锄地，阳春倍收，陡然家成巨富，人亦繁殖。龙彰公生二子，长姜广公天亡无后。次姜昌公仍然专尚农业，垦荒耕耘，丕承祖业，安守本分，与邻村划分地界，插标为记，各村安享土产之利益，毋得越界混淆争夺。昌公生子亦二：继尧、继舜，安居乐业，睦族和邻，兄弟笃于友爱，产业逐渐推广。

姜继尧公无后，惟姜继舜公好修德行，乐善舍施，济物利人，笃生一子姜文炳公，骁勇材智，颇习仪文，邻村之强悍蛮夫不敢侵界欺陵，建立家范，男女各持正业，伦纪井然有序，一村守望相助，数户出入相友。文炳公于崇祯初年亡故，生子长曰姜永扬公，幼夭亡故。姜永物公，生二子：养蛮、养楼。

养蛮公为我房之始祖入嘉池之六世祖也。养蛮公生子姜丁保公即七世祖，发迹，人烟大盛也！

七世祖姜丁保生五子：

长府乔，子安保；

二府三，无后；

三良三，子东保、英保；

四良富，子计保、矮保、三坛；

五严富，子美保、岩保。

八世祖姜良富公，生三子，长计保，字辅明；次矮保，辅元；三三坛，辅臣。

良富公，勤俭持家，善于理财，创业治产，家颇小康，其时富盖一村。又能勇而有谋，不畏强御。与邻村塘东争地界，两相对敌，持戈杀伤彼村兄弟二人，俄而毙命。公亦被伊重围，不能走脱，亦受标杆刺伤肚腹，脱出大肠数尺，遂自收肠入肚，以口含肠头跑回到家，医治数日，不效而死。后我寨分界占至污罪半冲，横过黄土坡，至上党秧村边为界，是公有勇谋之功效也。公生平好善，济急救难，睦姻恤邻，所以公之后人乐享富庶，二百年来支派绵延不替。公葬大凤形沟坎脚，坟堆耸砌夹窨沟，即三公发福之吉地也。

九世祖姜甫臣，第三公，生子：长佐才，次佐章，少佐兴。

公聪慧颖达，老成谙练。当村中甲长时，上宪拨土司丁粮归府署，完纳旧例，与文斗、岩湾三寨共纳。公偕三寨父老分派各完，禀官派定。公禀府主说地方困苦，人户极少，难同两寨一共抬。府主说尔村名家什，莫非只有十家么？公即回答：去未登十家，只有九家半。官面斥该民狡猾，戏侮本府，岂有半家之理？公复辨明，求官原谅。有一户存一寡妇，如何不是半家？府主息怒大笑，称奖灵敏，可谓随机应变。府主将地丁粮分作五爪当役，我寨只当半爪，文斗三爪，岩湾一爪半。赋册只载丁粮银七分二厘，折米五升，永为定例。迄今二百余年，赋册仍纳柱口姜甫臣公之名。公德孝纯全，高享七上寿，三子财丁均盛，瓜瓞绵延，富贵双全，生荣死哀。公葬在母猪形，坤山艮向，龙真穴正，特朝秀丽，尖峰高插，在远方将荫育人。村正未有艾，发福悠久于不替也。公葬上排正中棺，婆龙氏平排葬此。相传此地先是文斗上寨山，公认龙穴结美，先去写佃，后用计谋买股，子即点穴用事，文斗人不服，双方告状，经官判归公兄弟耳。

之连公字思爵，性质明敏，材学兼优，又能守旧创新，家颇充给，奉委当地方乡约，解纷劝争，极为平允，地方钦羡。是时因文斗人以大寨侵小，强争里丹，补先地界，公出头具控府署，数年而案结息争，疆界仍断归原。公之家事亦是蝟务，连年案牍堆垒，享年七十余而受牢笼于囚。但公晚年气运乖舛，公私交累频，仍产业凋零殆尽。惟公乐善好施，坦怀耿介。公殁之后，而二子人财勃兴，丕振旧业，文士挺生，两房方兴未艾也。公葬寨后钟形三排中棺，系卯山酉向，真是福人埋福地矣。

四 《三营记》

国有史，家有乘，无非纪其善恶，使后世子孙万代不能忘也。我三营自咸丰、同治以来二十余载，军需父老，枕戈露宿，富者贫，贫者贱，憔悴莫堪，又可使之烟没无闻哉？久欲记之，奈闻见弗广，无从措手。兹得平鳌姜海闻兄一稿，喜其草创有人。细阅其中，未免举一漏万。复经德相、礼斋加增对校，奈无文献可征，仍无怪其得此失彼。兹谨将所得者抄呈，敬望各处绅耆，或有确见确

闻，地无分远近，事无论大小，皆当补入。又须访于老人，质之多士，务求有事必记，庶不负先父老之捐资出力、困苦倒悬也。望切盼切。是为引。

光绪十有九年岁次癸巳小阳月吉日

贞臣　姜元卿　拜

黎平北路之清水江，距城一百四十里右一带地方，上自瑶光，下至平略沿河一带，今所称为三营者，历代传为善地。明时，三营后龙有银矿坡，出银甚旺，民多渔利，蛊害滋多。田宣慰统军弹压，以行营为营，坐营为寨，田获厚利，捆载而归，覆舟没于平鳌寨脚之白岩滩。其二妾曰："生也共事田宣慰，死也共在白岩滩。生也同生死同死，随君淹殁心也甘。"哭毕，共投江殁，遂为后人传诵。其余营寨兵丁流落此境，各相掘地，竞垦田土，专以栽杉耕种为业。

明成化年间，上江苗匪作乱，四方俱被蹂躏。惟三营先人峻拒，得保无惊。继得官军用兵剿平，乃镌示于白岩塘石壁，凯旋。镌石处在平鳌寨脚之东河岸。

国朝初，上下江复又滋扰，三营地方托保无事。

康熙年间，巡抚复行安谕，又同官府羁縻。所以有愿归府、归县。归天柱者，毗连唇齿，册策殊而心德仍一。

雍正年，丙昧地匪作乱，府主滕文炯增筑郡墙，并调乡兵护城。三营积有□苦，免后数年之粮。

乾隆初，清江苗扰乱，延及南孟寺方。三营先人峻拒，嗣得天兵平定。瑶光姜福海向导有功，膺受南孟世袭土司。

乾隆卅五年，下江逆匪香要等作乱，总督吴达善带兵进剿，并调三营团丁。三营团众助剿，遂靖。

嘉庆年间，官清民肃，上下相安，三营无累。

道光初年，有湖广恶匪号称"草上飞"（即杨定龙，首逆）、"落地飞"（郭老晚，又名"见风起"）、"独眼龙"（即杨虎子，

283

"草上飞"胞兄)、"搜山豹"（即吴老永，又名"不沾泥"、"老教师"）、"红岩儿"（即冯孩儿）、"听风消"（萧祠贞，在平略窝上）、"番天亮"（即龙绍玉）、"水上漂"（吴庆虞）、"从地虎"（王宗玉，继尧，控买包卖）、"一支虎"（杨小五）、"千里眼"（萧金保，即祠贞侄）、"千里马"（萧银保，即祠贞侄）、杨进牙崽、金乔牙崽、陈大汉、邓端阳、"杨答答毛"、"杨顿牯牛"、"瓦上霜"、"随风走"等数十人，占据平略、张化、南包坳地方，串拴沿河一带地棍，掳掠妇女，霸斫杉木，强放木排，劫寨拱屋，捆人索价，偷牛盗马，沿河一带受害者数百家，记赃数十万。虽多具控，无如左右有人，愈控肆蜂毒，无法无天。至十三年冬月，文斗寨姜济歧、姜载渭、姜绍齐、钟华、（钟）英、春发、起滨、绍吕、本清、姜荣先、姜廷映、姜开泰、述圣，平鳌寨姜起灿、姜起书、姜宗烈、文煌、姜彩、姜烈、国轩、世华、治宏，岩湾寨范绍学、范绍昭、献琳、献璧、范文秀、老为，加池寨姜之谟、之林、之毫、姜廷瑜、开明、开让、光秀等创首捐资，合以"聚匪抢劫"等情出控告（除捐项不敷外，四寨卖木见十抽一，以作公用），屡请差兵严拿。数年之久，结成巨敌，被伊屡次黑夜入各寨纵火，有不能两立之势。嗣得道宪、府主清廉爱民，赏准"格杀勿论"告示，并饬差兵协同四寨团丁出至平略严拿，杀死三人，生拴十余人，得歃血名簿一本、色线号钱数十，捆解至城枭首，余党远窜，始得安然。四寨公私上四十余禀，银钱费四千余金。

咸丰元年，府主胡文忠公亲自下乡，札各处建碉、设团防保甲事件，巡至文斗、瑶光，知此为黎镇门户，回衙即札文举姜吉瑞、武生姜含英并各寨团首等办理北路建碉设团防保甲事件，各地方遵奉力行。

咸丰二年，李沅发扰至黎境，三营遵府主札谕，每十户招团练一名，训一杆一炮，以待调用。

咸丰四年，清江属之格一寨黑苗高峨、九松等作乱，三营加办枪炮器械，亦不安枕。

咸丰五年，都江厅书吏余正纪（即老科）亦叛。八月破下江，十二月破丙昧，若都匀、八寨、清江、台孔等处俱已杀毁。瑶光寨练丁百余协团丁出大拱桥堵守。

咸丰六年丙辰正月，贼破永从。初六，烧杀罗里司。三月初一，破南加堡。时瑶光、塘东、格翁、韶霭等寨出队扎堵大拱桥，苗吼、培亮、培笼合十八寨出至青山界扎驻堵守。

七月二十三日，贼破古州，势如破竹。府县属之东南隅若开泰并中潮、洪州、平茶、四湘、三里驿、官团、沙堆等处横顺数百里俱已蹂躏，扰至黎平。时有车寨举人杨廷芳传书云"头可断，心可剖，而匪贼决不可投"等语，虽遍传各处，然降者自降、逃者自逃，毫无一人议及防者计。三营父老不胜愤懑，约齐众等商议，谓："我等地方，自来未被贼入境，至今岂甘束手待毙？"遂传各寨绅耆商议堵防，各加整军器，重办粮草，整军以待。

九月初三，贼至北路高屯，黎平郡城遭围困。三营约于二十六日齐集甘塘并下婆洞、边沙共商议堵御。及见彼势有异，星夜赶回，遵胡文忠团练之法，纠集各寨壮丁，各带口粮器械，合于十月初六日齐分扎甘塘、大坪、九冈坡（高贞）三处。贼果进婆洞，势正危急，当公举瑶光文举姜吉瑞领瑶光、韶霭、塘东、格翁、井宗、苗吼、培亮、甘塘团丁扎驻甘塘坳，呼为上（甘塘）营；公举文斗寨武生姜含英领上下文斗寨、平鳌、岩湾、加什、中仰、张化、鸠佑、南路、鸠怀丢休、松离团丁驻扎九冈坡，呼为中（九冈）营；公举瑶光河口武生姚廷桢领干乌、八洋、平略、新寨、岩寨、寨藻、扒洞、岑梧、高常、高贞、归故、大坪团丁驻扎高贞坡头，呼为下（高贞）营。三营分扎卡二十五座，并严禁各寨，不准逃遁一人、藏匿一货。如违，照营规处治。时中仰寨有富户私逃，营众不依，得陆灿协于中极力劝解，当始开伊仓谷充公。粮食愈足，营规愈实。

十月初八日亥时，贼入婆洞。初十日，贼上攻三营。时文斗上下两寨，韶蔼、加什队先出打头敌，于辰刻在白岩坳杀贼十余人，夺得抬炮一尊（系婆洞杨本深家的）、旗帜一杆。继上、中营大队并击，贼下败者母、边沙，复添党羽，连夜复上攻来扑三营。不进，旋复退下。

十二日，三营率团众三千余人冲入者母、边沙寨中，自卯至申，与贼参伍，大杀一阵，贼败，杀贼四百余人，夺大炮一尊（系地茶的），生擒二贼，贼四散。团众追出五里许。三营阵亡十余人，受伤二十余人。众兵时欲将婆洞烧尽，各团首止之，留作粮台。

十三日，贼聚众万余，盘据边沙一带。十四日申刻，中营文斗、平鳌队，下营大坪队出至边沙寨背，打一胜仗，杀贼数人。在岑教半坡力战，阵亡黄老五（明用，高贞寨人）、杨老二（顺华，系文斗人）、唐照全（平鳌人）、龙伍生。

十五日，三营团众六千余人分队下边沙冲杀，自巳至未，杀声震地。上营姜沛霖、张德风杀死身穿红袍、头戴鸡尾伪将张元帅；又中营加池队姜六生杀死身穿红绸袍、头戴鸡尾酋首吴大将；甘乌、八洋、平略团丁亦由寨武打上，各路大胜。追过魁洞观音冲，杀贼二百余人而还，尸积如山，血流漂杵。塘东队夺获大炮二尊，各重七十斤，腰刀一把，重十八斤，并夺得刀杆子药不计其数。贼畏远退。时彼处一带三十七处地方陆续进营投贼，各立字据。三营赴府报功。至是甘乌、八洋、平略遂与下营联团。

二十四日，贼围城，三营团众整军以待。

十一月初二日，贼至隆里所，初三日晓占地稠卡。

二十五日卯刻，三营分队出至蜡洞，战破石大王之阵，杀贼十余人，得胜。次早侦报，贼至小里、新化等处，已远。各队不追而还。

十二月初五，贼破高岙，下营出敌。团丁范登宗、吴庆元、姜有兰、龙银贵力战阵亡。至是石将军、黑大王顷贼万余扎驻巨寨。初六日，贼忽至，三营各出追杀，贼去。是日，分一股复烧高盉，并烧归稠，过阳洞，欲攻平鳌，宿于寨藻。三营分队拒之，贼转上寨武，上、中营出击之，两下夹攻，文斗队姜厚隆、姜开活拴首先接阵之二女将，头戴金黄盔，上插野鸡尾，身穿花衣，腰挂铠甲，手执阴阳刀二把，团众争脱其衣而杀之。贼腹背受敌，死于苗具桥下，壑为之满，水为之红。夺得抬炮一尊（系张化的）。追出蜡洞，收兵查点，营上阵亡曹老□（文斗中房人）。

回营，遂将各寨之有田谷者酌为三七捐抽，以赏团众。下营总理姚廷桢率团百余人赴城报功，献宰蒙杨本深前书约贼攻扑各处之信。三营计本深进城。府主多勘问不认，遂命占课，得其字与信符。至十八日二更，将本深悬首。

二十日，贼又大举团集于地茶、蜡洞、绞洞等处。上营出击地茶，贼闻自遁；中营出击蜡洞，贼惊惧，纵火烧掠寨而跑，团首一面追杀，一面派丁救火，大胜回营；下营攻绞洞，亦胜之。三路同追，贼溃奔中林去。先有股贼攻城，府主多、参将庆、县主冯闻三营击贼忠勇，札调赴城解围。随接札谕，督团起程。

二十二日，三营人抵城，贼退扎黎平寨、三什江等处。是夜，贼忽惊营，以为三营袭杀，自相践踏，连夜奔逃。府主多、县主冯不胜欢欣，特发钤印，札姜吉瑞总理上营团务，姜含英总理中营团务，姚廷桢总理下营团务。城急遂定。归营，即丈量田丘，摊派分给团练。凡粮食所需有不敷者，仍照抽田制派之，有银钱者亦各捐输。自是人人欣愿，众志成城。

咸丰七年丁巳新正，贼忽大举围城。府、县主命使出城，札调三营及上洞、界宝团丁赴城解围。初七日奉札，初八日三营出队。初九日抵城，贼又四散。初十日晓昏时，忽漫山塞野而来。官军先打南门，不利，三营请出击之，贼败，追杀过黎平寨而还。获级卅七个，记贼围城十次也。

十三日，贼忽攻城。遂大开城门，官兵出南门，下营（出）西门，上营出北门，中营出东门，大战一阵，俱逐杀十余里，获胜收军。斩首无数，夺得龙凤旗二杆。府主多、县主冯不胜欢欣，赐赏团众；禀请保上营总理姜吉瑞以知县试用，保中营总理姜含英以把总尽先补用，保下营总理姚廷桢以把总尽先补用，并奖赏团首、团丁六七品无数。十五日告假归营。自此，贼窜归古州、清江。

十三日，贼攻柳霁城，县丞沈飞报三营援救。十四日，上、中营出队。十五辰刻开仗，烧毁贼营，夺得铁衣二件，炮打死贼二人，城急得解，收队回营。

十八日，贼由朗洞而下，南孟、南加俱被烧杀。上营出队拒而退之。

三月，贼拒古屯一带，下中林。初六日，上营甘塘队出至中林，与贼打一仗，胜。

初七日，甘塘队又在洞湳打一仗。同日，下营协（同）官兵战石将军于锦屏。同日，中营出大队至古顿，贼忽逃走，招安各处而还。

初八日，贼忽至地稠界，上营甘塘队战贼于龙形坡，炮轰死贼二人。

十五、六、七等日，中、下两营破地步贼营。连日打仗皆胜，出至锦屏救城。

廿八日，三营遵府主多札调出击古顿，合城兵前后共毁贼营，贼败归古州，将四十堡地方尽行烧尽。有一股贼奔锦屏，下营跟踪追击，活捉贼匪十一名，送至十里坪赵大人营斩首。

七月十六日，遵府主多札谕，三营自带粮□出□□□路。廿二日，上营出至芒岭扎营。时育洞四十八寨到营投诚。廿九日回转。此字总理家存。

十月初六日，三营派姜朝魁奉札带塘东、甘塘队并中仰、大坪、三爪、四层团丁出救皮林。十月初九日到该处。至十一日开仗，未分胜负。十二日又战，十四破贼营，死贼无数。廿三日打一仗，得胜。廿五日又打一仗，俱得胜。廿七日收军回。

十一月初一日，接得柳霁飞报，贼在新柳堡。上、中营传齐大队破之。初二日，打上青龙脑，不进，阵亡吴正寅。次日遂收军回营。

廿三日，接柳霁飞报，上营出队至彼解围。二日回。

十二月，贼在地茶、秦洞、鳌鱼嘴、隆里所、羊艾、中林、喽罗、稳洞一带。欲图有求于营，免为城之犄角。上营出击地茶，追至秦洞；中营打羊艾、隆里所，追至古顿、新化界；下营打中林、喽罗、稳洞，皆大胜之。内有贼一股伏藏于稿丙、寨筑民舍，希图劫营。中营文斗队后归，宿于蜡洞。得实，次早出击之，贼败，杀贼二十余人。于是贼退靖州、广西界而去。

咸丰八年戊午二月，贼由台拱而下，攻验洞大卡，上、中营出帮击退。中旬，余老科进踞六洞。廿五日，接府主多札，调三营进城防堵。

三月初一日，探实龙矮寨有贼千余。初三日，三营团练同至天堂。忽又接边沙飞报，言贼魁石大王带匪党数百占地步、洞湳、中林一带，即撤回边沙扎驻。初八日，三营齐至中林、稳洞攻围贼首，贼匪大败。中营加什队姜簜兴（花翎守备）杀死红衣贼一名，贼死甚众。团丁韩禄林、张连开、龙秀发阵亡，侯正道重伤。

三月，蒙道宪何、镇宪□、府主多禀开保举各团首军轼，札保姜吉瑞赏戴蓝翎，分发湖南即补知县；札保姜含英赏戴蓝翎，免补把总，着以营千总尽先补用；札保姚廷桢免补把总，着以营千总尽先补用。

十四、五日，贼据古顿。中营合上营塘东、韶蔼、甘塘队于廿七日出往该处进剿，途中接府主札调齐团出堵。至至贼已逃奔官团，得古顿杨向时等投诚甘结而归。

四月内，余大王分贼攻打罗洞一带，上营出关至该处助剿，得胜而回。

五月十四日，贼至魁洞，三营连夜攻破，贼死多人，得贼高脚牌、告示、旗帜等样。其甘结总理家存。

廿八日，贼首彭大王扎黑洞、黄苗等千余，离城卅里。救援，贼自退。

七月廿一日，贼复纠集广西土匪围困锦屏，窜踞新寨、天堂、汉寨、八舟、古顿、新化、高屯一带，连垒扎营，前带黎平，后杜三营援路。府主多飞调护城，三营并出，连杀数阵，贼坚不退。营众故于鳌鱼嘴、隆里扎驻，常与贼战，共获首级数十。三营团丁阵亡黄仕荣（大坪人）。又接府主札，三营团众代将该地田谷收获入仓，以充口粮，免为贼有。时中营张化队不守营规，自相斗殴，拨附下营办事。三营与贼互持日久，贼终不散，路道难通。府主多文、县主陈桂亲手书札，专命郡绅薛八爷（琨）、马上英、唐光宪由潭溪绕道夜行至鳌鱼嘴，令诱劝慰三营固守，忽急撤回，以待湖南救兵。遵谕又扎月余。及大兵兆至，两下夹攻，得胜，贼退归剿，遂得安靖，团众撤回。下营总理姚廷桢领兆大人之饷，以团练充官兵，协龙勇、飞勇、将勇、键勇出扎皮林一带二月之久，屡挫止锋，退回。时中营总理姜含英因劳而卒，继札例贡姜弁英充当中营总理。下营总理姚廷桢在郡奉官，或出乡抽木，在营日少，故札杨日刚、甘乌范秀斌代之协理下营团务。

八月初三，三营在上洞与贼打一仗，团丁杨可贵、杨朝和、陆光富阵亡。

十一月初，教匪屯聚古州，府、道商议设团练于城中，札调上营总理姜吉瑞赴黎掌局务，并与郡绅张熙龄、胡长新协办城防事务。先后进攻梅得等寨，皆克之。驻扎瑶光，姜大礼总理上营团务。

十二日，贼烧杀中林，各团营出堵各隘。

廿七日，柳霁城危急，县丞沈复告急于三营，三营团首调五层队自带口粮于廿九日抵柳城。卅日，城兵并上营出打上路，中营打中路，下营打下路，合杀贼至新、汪二堡，追过南包，转上县城青龙脑而还。旋被贼袭后队，阵亡龙大汉（加什人），苗吼团丁阵亡十八人。

十二月初一日，下营仍打下路，城兵振荡中路，上、中两营偕康宗、南加团练打上路，合追贼至董达坳而还。互有阵亡。

自是贼远去不困柳城，团众撤回。惟中营岩湾队乡正范本清因亲留，独后，被县丞屈杀。中营控府控道，蒙批"仰沈备衣衾棺椁，送归厚葬"，将沈革职留任，事乃已。

十二月，贼复困柳霁城，沈又告急于三营，不应。府主多札催上、中营齐团援救柳霁，上、中营亦出队救之。

咸丰九年二月，余大王攻都江、八寨一带。至六月，扰贯洞、顿洞，逼永从。戈鉴统靖勇击之。是年，三营少安。嗣兆不关□。

咸丰十年庚申三月，贼寻乌合西南路，遍地遭殃。斋匪大王领数千人延及东路。上营分扎柳霁，中、下营各堵诸隘。

二十八日，中、下营合集蜡洞，分丁破贼。次早，下营出羊武坪，中营出龙形坡，适贼上至山腰，两下交接大杀，贼始败退。石大王督率冲先抵敌，文斗千总姜开义、平鳌增生姜相齐二人与之对杀，石大王招架不住，被姜相齐毒杀一标，穿通左腿，有红衣贼四人护救而去。团丁大胜，斩杀贼二百余人，尸横遍野，血流成渠，夺得器械无数。时下营亦至中林，两头夹攻，贼大乱，败归地步、罗丹而去。

闰三月，柳霁城破，沈死。四月初旬，上营、九寨团丁自带口粮同官军会，复柳霁城，兼帮官军米廿二石。旋接府主札，三营急派团丁同官兵协剿青龙脑，缘遵办从事。

七月廿四日上半天，又出队救柳城，亦自带口粮。

咸丰十一年二月卅日卯刻，贼困郡城。

三月初一日，府主袁鸿基札调三营出堵剿鳌鱼嘴一带，三营起程，贼闻自散。

三月初十日，贼扰东南路。上营总理姜吉瑞（率）款军千余，协高洋款铳手二百人至苗坡塘遏贼，贼绕靖州，窜通道播阳所，仍逼黎平。

五月，中营总理姜弁英劳故，即札中仰陆景嵩充当中营总理。

九月，府主袁命三营出据鳌鱼嘴，以御广西发匪。各团云集，贼不敢近。其年，天柱县姜映芳、龙海宽等称王作寇。小广文三党领官兵助守验洞卡，危急，求救于上、中营，齐团助杀，并烧番乌寨贼营，追至押富、凯寨而还。其时，彼一方远近皆为贼有，惟存验洞一卡。虽三营屡救，而人心已变，势难堵守。未几，文三党回家起叛。

十二月十九日，奉云贵总督部堂徐芝铭奏保姜名卿、姜沛霖、李国梁、姜大荣、范本英等五品顶戴，并保各团首、丁六七品无数。

同治元年，高坡九寨一带持守不住，俱被烧杀，遂为贼据。三营只隔大江，任贼首尾攻打。各寨沿河堵守，殆无暇日。中仰陆景嵩请辞总理。

五月初三日，袁府主特札姜名卿总理中营团务，发来令旗一杆，戳记一颗。十六日，贼破验洞大卡。十七日，上营集结高坡扎营堵御。廿一日，瑶光、格翁队出与竹林坪接仗，得胜。

六月初七日，上、中营复验洞大卡，贼不战，退走番乌寨，众等乘空毁贼棚百余。复有天柱教匪勾逆入茅坪、王寨等处滋扰。蒙主督兵救援。

廿六日，对门河岑顿卡被攻围，中营接挥出助保全。

七月初二，上营出队攻破番乌寨。

八月初二，行营袁鸿基率军至卦治，剿逆首龙海宽。至十八日，复札三营严行堵守沿河关隘。

十月，苗、教两匪扰卦治，中、下营于平略扎营拒之。是年，范秀斌物故。又因姚廷桢屡于下营地方格外捐罚，下营人心亦暂解体，呼应不灵。至虽有三营之名，只有两营之实。府主袁特札八阳廪生杨瑞廷总理下营团务。

同治二年七月，府主袁开捐。

九月，贼扰西南路洪州等处，势欲图城。府主马树清、县主胡鉴飞札调三营救援。

九月廿一日，上营总理姜吉瑞带练赴城。十月初六日，出驻下温。初九日，微雨大雾，贼由欧团过河，四面围打下温。于夜半鸡鸣时，众出对敌。姜吉瑞偕古州镇成应洪、朗洞游击雷三佳并尽节焉。团丁死二十余人，官军死以百记。其后贼屡下寇，欲图三营。得大款团首随时报预，三营严加堵御，不致失守。

十一月，府主马、县主胡复行开捐，札令各处劝捐文武职员无数。当是时，官难，民难，地方团首皆难矣。

同治三年甲子二月初二日，发匪已窜育洞一带，周军门率军进剿。府主马札调上、中营于青山界扎驻。

五月，教匪攻陷天柱，中营出队于平略堵之。府主徐达帮亦统军进剿，于茅坪堵守。

廿九日，中营遵府札，齐团于苗白、验洞助守。

六月初八日，中营遵府札，协军兵收复验洞大卡。

十月初七日，逆匪杨通甲勾结苗匪数百，烧验洞卡外之烟棚。中营奉府札严堵要隘。

十一月，苗匪占柱城。初二日，奉府主札，中营团丁往黄哨山同军兵堵御。初六日又札往之，遂分丁从事。

是年，平鳌寨姜军门玉顺统领楚军□□营驻武昌，闻黔大乱，桑梓无恙，付抬炮二尊，大小旗帜四杆，以张地方声势。

同治四年乙丑三月，逆首陈良辉攻三江、藕里。十四、十五连接平略、卦治、藕里等寨飞传，中营将富户之家派出银两，以协办军需。十七日，中营率团丁一千三百人扎平略，救援该处。十九日，分团丁四百名驰大腮等。时黎平彭应珠等亦率军出锦屏防剿，贼毁张寨而去。平略、卦治托保无虞。廿五日撤回。此次除下营、卦治供给外，中营发去口粮一万一千五百件，钱四百卅余串。

五月，逆贼数千烧掳补碗坡一带，探得贼欲一股由验洞，一股由南加堡以图黎郡，上、中营分路堵守。廿二日，接府主札谕，严加防堵，以免贼窜。

六月，苗匪九大排、教匪杨廷风、杨小五偷袭冷水、汉寨。廿日，中营遵府札严防。廿九日，（贼破）平秋、石引、黄闷，势如破竹，逼连地内，三营无日安宁。

七月初一日，复接府主徐一札。

七月初三，贼分一股打张化，中营总理姜名卿督平鳌，文斗队出援，退之；一股由黄闷攻高打卡，卡破，该处被杀。男女数十人，跑下半坡，将牛只包袱一概遗失。时中仰、加什队来援，亦上至半坡，接打一仗，贼败，杀贼二人，夺获旗帜二杆，包袱牛只概行夺回。督队齐追，当将高打卡复。一面招集难民，一面商筹进剿，一面发丁侦探。

初五日，奉府主札谕"照该营章程严行办理，无庸稍懈"等语。

九月初三日，苗匪已陷南加市场，退扎观音渡。遵府主徐札严堵要隘。

十二月初三，苗匪已窜苗白地方，奉府（主）飞札，中、下营齐团堵御，相机进剿。

同治五年岁次丙寅正月廿二三日，贼出聚于大、小广。廿五日烧苗白、验洞，势及黄闷。中营于是日酉刻传团，廿六日扎各隘堵守。贼分股由岑顿而下，团丁隘柴（扎），攻不进，贼退扎平秋。廿七日午刻，中营连接张化飞报，连夜齐团一百卅名应之。廿九日寅、卯刻，贼由平秋而下至金厂溪，中营平鳌、文斗队与贼对敌，杀死红衣战裙贼二人，贼败。至三板溪内，杀贼十余人，收兵扎驻张化寨。本日接得府主札一道。

卅日，贼由金厂溪而来，我团亦出，遇贼于饿鬼坳，杀死贼旗手二人。贼占坳上宽处，我团占于窄处，贼将乱岩如雨打下，团队站立不住，遂败退，阵亡平鳌姜遇飞、文斗张孟酉。时总理姜名卿督率不住，力敌难止，殿后，滚下深坎，避于丛林。贼首文三党得见，督贼搜山，四面放火，忽大雨，金厂溪水涨余尺，总理因得免。团众带伤十二人，失去子药、旗炮无数。贼追入张化寨，时张化寨队守桃子坳卡，见我队溃，赶来救援，在寨中杀数冲锋，贼遂退上平秋。次日，我队振军又出，贼不复来，遂收尸而返。贼追下三江、亮江各处，大掠以去。二月初六日，专人进城具禀，蒙府主徐伤局将姜遇飞二人缮牌入昭忠祠，又赏安埋、汤药钱十千、子药五十斤。

七月初一，贼聚高坝、皮厦、大广、小广，初二移扎平秋、石引、黄冈等处，欲攻中营。中营防堵周密，贼难攻扑，遂于初三日分股烧毛坪，延及王寨、卦治，逼藕里。龙幸云（藕里优贡）飞报求援，中营分壮丁三百名出援藕里，该地人心稍定，正议分道进剿，而贼退回高坝、平秋、盘路。

七月初三日，贼下高打卡，将及半坡，中营文斗队出敌，贼败退回。

□月□日寅、卯刻，贼由岑顿卡而下，中营率团丁于对河半坡接阻对杀，打死贼三名。是时，瑶光队督团来助。

十月初三日，贼首万、杨、李、文、范、石各逆聚在番乌寨、大小广、高坝、皮所，欲扑三营，得以纵横黎境。扎平秋以作粮台，并专人将告示沿河张贴，所恨者惟此三营，誓欲扑杀。奈我三营于要隘布置周详，屡攻不进，贼烧高朗寨而下。初五日，中营赴辕具禀贼匪情形，蒙府主徐发给子药百斤，赏派沿途运解至营应用。

十一月，贼攻藕里，中营团首接（指）挥往援，去团丁八百人，堵御二十余天而回。

十二月，中营以逆风日盛、军需日烦之由，禀呈府主陈案下。

同治六年丁卯正月，贼首张秀眉领贼万余，分一股往九寨，上营拒之；一股窜三江、亮江等处。初四日烧大腮一带，攻藕里。时八阳危急，飞报救援，上营甘塘队卯时出至八阳。初六日，退过归稠，至高盎扎驻。初八日开队，辰刻到绞洞堵贼；初六日，中营奉府主陈札调，初九出团丁千余至平略扎营以待，相机进剿；专人赴府上禀于陈九尊案下。十二日，贼窜中林。十三日，下营总理杨瑞廷统岑梧、高曾队出蜡洞堵守。十六日，贼破藕里。

十八日，贼自平秋排路而下，至甘乌江岸一带，两旁隔江用炮对打至夜，喊杀连天。有贼一股于戌刻暗由南堆过渡，三更至平略攻扑营盘，中营团众正在分路抵挡，无如平略、八洋等处皆有贼渡河，势如蜂拥，上下两旁俱被围困，水泄不通。见事不谐，杀开生路而走。适至寨头，总理督敌不住，惟姜勋（蓝翎大旗手，平鳌人）在桥头一连杀贼六人，贼四面围杀，伤重阵亡。时总理姜名卿殿后，亦被围阻，独杀重围，夺路而走。被贼追过地牙，只身露宿一昼夜，绕归稠、大坪界而归。时贼一股追团丁上洋洞河，至新寨坳，团丁力阻，贼退。又一股追上大河，至白岩塘，力据而返。贼大队直向黄土坡大卡（在平鳌后龙五里许）追来。一路上且战且走，打数回合。是夜，平鳌得信，令出满队出援。恰到卡外，与贼对打数合，贼败退，卡保无事。平略、八洋、甘乌、亚敢、新盘路俱被烧杀，姜起柱、姜岩保（平鳌人）、龙庚宗、姜老来（文斗人）阵亡，带伤廿余人。查队内败散归队者数人。贼退驻八洋一带。十九日，烧黄江坳。

廿日寅、卯时，贼分队来攻各隘卡，约以万数，新寨、岩寨、归稠、寨藻各隘俱拒，不破。旋至黄土坡，中营团丁伏兵要道，首尾击之，贼大败。上营甘塘、韶蔼队守岑梧，是日卯刻亦被贼攻，大开卡门出杀，追贼过磨罗坡，合中营大队追杀至八洋寨边而还，贼死无数，窜归卦治。

廿一日，上、中、下三营合藕里团、平边款大会，逐贼至卦治，贼过河，断其浮桥而还。

卅等日，清、柱苗匪窜敦寨、应寨、欧阳一带。时冯营扎驻王寨，阻贼归路。廿八日，奉府主陈札，三营协同官兵进剿。

二月，贼扰东路。初五日，上营协高洋款、天堂等处团丁在中林、洋武坪连攻数仗。

初五日，贼一股窜攻南路，□□队阵亡□人（□□寨人），贼死数人。

初六日，贼攻新化，贼死十余人。

初七日，贼窜蜡洞，三营合平边款连夜劫之，贼死十余人，团丁伤三人。

初九日，贼杀地稠、朋池等处。上营韶霭、甘塘、塘东等队往地稠坡头接伏，贼退扎隆里所一带。

十一日，塘东姜朝魁率婆洞队伍随三营大队于卯刻出剿中林、洋艾、洋武坪、隆里、鳌鱼嘴、扒寨等处，贼败，大队走放浪冲，由新化所、亮司过靖州、广西界，余散处各处。十三日，撤回寨伍，八教溪扎驻。

十四日，闻蜡洞有贼，开队进剿，果遇贼于蜡洞后龙山，两下接战，大胜，斩贼十余人，火炮打伤无数，追过地龙塘。下营扎绞洞、高盖堵守。

十四日巳刻，贼首文三党于乍夜由高坡带贼数千过平略渡，赶至黄土坡大卡下边，纵火，随火势而上。势正（危），报平鳌团首，一面传令出堵，一面飞报求援。团众严守，火息，抖擞精神出卡冲杀，对战时余，未能取胜。少时，文斗、岩湾、加什、中仰队陆续皆到，大战一场，贼败下归遂溪。时污养坳卡、白岩塘卡、洋洞卡处处并出击之，或阻其前，或截其中，或袭其后，乱战，追去数里。贼死百数十，获伪印一颗，宽五寸，重四斤半，团丁阵亡姜礼（平鳌人，出卡外对杀，被炮伤，负痛二日而亡）、潘大祖（中仰人，大旗手，□□□众贼路□□炮，即死）……带伤者十余人。贼退踞平略一带。

十七日，上营大队并婆洞队约于卯刻由藕里进攻，中、下营由平略兜剿，会同杀贼，追下卦治，该地人尽逃走，无人支持，遂收队回。上营在藕里捉贼二名，身背伪王告示数张。又在绞洞得贼二名，皆杀之。

廿日，探新贼在蜡洞，中、下营出队至彼，破之，贼败。下营阵亡四人。

三月初八日，贼首张秀眉统带多贼出九寨，直攻三营。上营拒对江践宗、格翁等处。贼首万大王统带一股由岑顿坡下南路两边坡，漫山塞野而来，中营姜选卿督文斗、岩湾队四十余人过河，冲上半坡迎敌，无如寡不敌众，被贼四面围攻，奋力冲出重围。南路大旗手蒋兴发毙命。势急，错散十余人，落于贼后，得范本秀（岩湾团首）一铳打死红衣贼二名，贼不敢逼，团丁随河走，贼众仍追不舍。时中营大队正齐江右冉柳金（岩湾山名），将抬炮指贼齐放，贼死数十，退上高坡。团内阵亡三人。

初九，贼首张、万、李、文攻破桃子坳，烧毁张化寨。中营于沿江右岸用抬炮对贼连打，死者无算。贼占不住，退于溪内，扛木下河，连编成排，夜半于半塘洞（平鳌寨脚）架浮桥过河，平鳌团众以抬炮打散，后得上营塘东队接续举火而来，连放枪炮，贼多伤死。难驻者已先逃遁，后奔者自相践踏。至天明，团丁渡河追杀，贼奔黄家坳下三江、锦屏、亮江等处去。

是日，下营亦追贼至卦治，遭败而返，阵亡唐建兴（新盘路人），贼大队渡江而去。

四月初五日，府主札谕中营往下营过九寨招抚难民。

十一月，贼在冷水、汉寨。初三日，三营接府主周札。廿二日祭旗，往各处堵御。

附 录

同治七年三月初三日，贼又烧杀上洞大款一带，扎驻乌弄，烧杀岑同、老亮，连接上洞款首姜吉盛并江口、苗埂、者格等处飞报。初十，上营堵十二盘。十一，中营派丁八百余至八受、苗埂扎堵。其江口三十八寨半为贼踞。上营瑶光队战青山界，（苗吼□□）斩获贼首文三党、四党，并杀贼数十。

初十巳刻，上营甘塘、韶霭队合者楼队出至岑桐后龙山，与贼大战。众团追，贼败散。贼伏数百袭后，众队齐力杀出，至江西坡，打数回合，贼复大败。团丁阵亡吴国昌、吴仕盛、龙永江（岑果人）、杨成保（岑兴人）四人。团丁退扎扣干坳、八受等处堵御。十四日，中营接得府主札谕"严防"一道。

闰四月初五、初七两日，中营上城连禀，将贼情形并堵乌弄花费一切写成清折，呈府主周案下。嗣戈大人、席统帅进剿，平之。

同治八年四月，贼二千余被官军击败，将至汉寨，奉府主札"严防隘口，以待不虞"。

十一月，贼踞大、小广，窜至王寨后龙及魁胆等处。

初七，接府主札"堵口办粮，以备出关进剿"。

同治十三年，四角牛、六洞起叛，府主倪札调中营总理姜名卿带团内壮丁并"长胜军"团号，协同官军保城。贼逼城时，出潘老堵御，后平靖而归。

光绪元年十月，有广西滥匪万余，各执军械至四脚牛、水口一带，府主倪札办军器，以待调用。

光绪二年，清台余匪勾结滥练劫歹龚一带，出没无常。三十日，奉府主札，三营设卡守御。

光绪五年己卯科。八月廿一日，中营姜元卿、上营姜兴渭、姚绍炯、范克政至省下场，以"缕晰呈情，恳天鉴恤，俾昭劝惩"事由具禀抚部岑毓英案下，蒙批："仰按察使司饬黎平府开泰县，速将一切陋弊革除"。邓府主由省到任，果蒙免上半年夫、下半年柴并采买差资等件。

299

光绪十年春，婆洞者蒙杨志刚偕同李晚（驻大腮）、许三（即许正星，驻王寨）等谋为不轨，传齐二千余人，各以红绳系手为号。四月廿五日夜攻打岑更卡，不破，李晚复遁。三营得实，于四月廿六日齐团破之，活拴卅八人，果以红绳为计。捆解赴辕，府主周开铭一面问实收押，一面禀报上宪。后弋获杨志刚等枭首，余党逃遁，无事。此次上、中营费钱五百余串。五月十二日，同具清折报案。

光绪十二年四月，府主郭印恒札探各办各处殉难尽节，缮入昭忠祠，三营皆将阵亡人等录报。

今荷皇上洪福，四境得享升平，各安生业，乐莫大焉。回忆当年涂炭之时，不胜感叹，未知几劳经瘁而始得少安。可怜阵亡者不知凡几，带伤者不知凡几，劳心劳力而因之病毙者又不知凡几。此为生民之自作焉耶？抑亦劫数之使然耶？想我三营，受尽憔悴之苦，岂容湮没无闻？约略记此，无非欲使后之人，知诸父老斯土之艰难，守斯土之不易耳！

又将各寨团首人名开陈于后：

瑶光寨：姜吉瑞（文魁），姜大礼（附生）、姜吉盛、姜继世、姜开国、姜灿林、姜兴国（知府衔）

瑶光河口：姚廷桢（武生）、李先茂、姚翔芬

塘东寨：姜沛霖（守备）、姜朝魁、姜敬胜（武生）、姜秉端

格翁寨：范之齐

井宗寨：潘永通

苗吼寨：胡培桢、杨超梅

韶蔼寨：李国梁（武生）、龙家琼

　　培亮寨：范国器（蓝翎）、蒋文学、范国忠

　　甘塘寨：黄士刚、罗开武、杨昌文、杨昌达、李有文

　　文斗上寨：姜含英（千总）、姜弁英（例贡）、姜通戴（乡正）、姜开秀（乡正）、姜名卿（同知）、姜选卿（例贡）、姜佐卿、姜凌云、姜开智

　　文斗下寨：姜荣（武生）、姜相珍（乡正）、姜相开、姜世扬（乡正）、姜凤翔

　　平鳌寨：姜国轩（乡正）、姜东盛（乡正）、姜禧（军功）、姜兴飞（军功）

　　岩湾寨：范本清（乡正）、范本政、范锡寿、范本英（蓝翎）

　　加什寨：姜世泰、姜大荣（五品军功）

　　中仰寨：陆景嵩（千总）、陆灿协

　　张化寨：范兴政

　　鸠佑：龙通元

　　南路：向义怀、马向荣

　　岩寨：潘□□

　　八洋寨：杨瑞廷（廪生）、杨通辉

　　寨藻：罗荣仕、罗士忠

　　甘乌寨：范秀斌、范炳刚

　　扒洞寨：姜绍益

　　平略寨：龙昭粹、欧天祥

　　归故：杨大兴

　　新寨：杨大模

　　大坪：黄士芹

后　记

　　本书是在我的博士学位论文基础上修改完成的。自从 2012 年 10 月第一次到访清水江流域，我就被这里古老的故事、具有历史感的契约和热情的乡民深深地吸引。时至今日，只要一闭上眼睛，清水江两岸的连绵群山和河面上泛起的层层涟漪就能浮现在我的脑海。

　　我生性愚钝，竟有幸投在张应强教授门下受业。老师学识渊博，治学严谨，谦虚儒雅，从 2013 年开始确定选题起，老师就为我的论文的每一步工作思量考虑，包括进入田野前的准备、研究主题的提炼、论文大纲的修改和斟酌。每遇困惑，百思不得其解时，老师总能一语点醒我。恩师的谆谆教诲和学术启迪令我没齿难忘。

　　马丁堂内快乐的学习时光让我终身受益。在这里，我有幸聆听了周大鸣教授、麻国庆教授、张振江教授、邓启耀教授、何国强教授的教诲，并得到了夏循祥老师、谭同学老师、张文义老师、段颖老师在学术上的指点和帮助。他们对于学术的追求和执着令我受益匪浅，鼓励着我在今后的研究道路上继续前行。

　　在此还要特别感谢我的硕士导师曹端波教授，是他引导和鼓励我走上民族学研究的道路，坚定了我继续攻读博士学位的信念。曹老师在我田野调查期间和论文写作过程中给予我非常大的帮助，在此致上我深深的敬意与谢意。

　　本书能够顺利完成，得到了师兄师姐及同学们的帮助和勉励。感谢台文泽、谢景连、孙旭、罗兆均、刘彦等师兄师姐们对我学业和生活上的指点和帮助。王健的田野点和我的田野点距离很近，感谢他帮忙安顿我在田野中的生活，并在田野中互相沟通、交流想法和感受，感谢他的帮助和鼓励。感谢宋靖野、雷宇、吴晓美、更登错、王淋淞、穆静然，与你们一起读书、谈学术、聊人生的日子让我的生活绚烂起来。感谢论文写作过程中互相做伴的李陶红、蒲涛、邹礼跃，与你们一并欣赏过的风景，将成为我心中最美好的回忆。

在加池的日子，寨子中的父老乡亲对我关爱有加。他们为我提供了很多信息，带我去看桥抄碑，尤其是 83 岁高龄的姜睦昭爷爷，他不厌其烦地为我解答了很多问题，也给我讲了很多人生的哲理。感谢姜永昭大伯为我提供他的家藏宝贝，毫无保留地将自己房族的各种精彩故事呈现给我。感谢姜爱莲、姜梅芳阿姨美妙的歌声和美味的饭菜，你们待我就像亲生女儿一样，谢谢你们的陪伴和开解。还有非常多的朋友在田野中给予我帮助和关怀，请原谅我不能在此一一道出你们的名字，感谢你们陪伴我走过那段岁月以及给予我温暖与力量。一位田野友人曾对我说："不要忘记在加池的日子。"是的，加池已然成为我心中的家，我另一个故乡。

感谢我的父亲母亲，你们无条件的支持和鼓励使我在坚持梦想的过程中变得自信和坚强。请原谅女儿在你们生病时的缺席，你们的养育之恩女儿无以为报，唯有用心做事，用微薄之力回报社会。感谢我的爱人张萧，感谢你陪我熬过一个个无眠的夜晚，为我制表画图、整理材料，是你的默默付出，使我能够安心地学习、做田野调查和写作。心中无限思绪，唯愿琴瑟在御，岁月静好。

人生的道路总是充满荆棘。一路走来，田野工作中的宁静总是不经意间让我领悟到生命的意义，鼓励我不断向前。青山连绵起伏，江面翠如碧玉，微风吹过江面泛起的阵阵涟漪一直向远处散去，最后消失在无尽的隐秘之中。内心的平和与宁静是清水江两岸

几百年喧嚣之后沉寂下来的智慧，我感激这条江和这片热情的
土地。

王　君

2022 年 6 月于贵阳

图书在版编目（CIP）数据

房族·村落·社会：清水江下游加池苗寨的空间与
历史／王君著.--北京：社会科学文献出版社，
2023.9
　（清水江研究丛书）
　ISBN 978-7-5228-1374-5

　Ⅰ.①房…　Ⅱ.①王…　Ⅲ.①社会变迁-文化史-研
究-贵州-清代　Ⅳ.①K297.3

中国版本图书馆 CIP 数据核字（2022）第 256465 号

清水江研究丛书　第三辑
房族·村落·社会：清水江下游加池苗寨的空间与历史

著　　　者／王　君

出 版 人／冀祥德
责任编辑／邵璐璐
文稿编辑／贾全胜
责任印制／王京美

出　　　版／社会科学文献出版社·历史学分社（010）59367256
　　　　　地址：北京市北三环中路甲 29 号院华龙大厦　邮编：100029
　　　　　网址：www.ssap.com.cn
发　　　行／社会科学文献出版社（010）59367028
印　　　装／三河市龙林印务有限公司

规　　　格／开　本：787mm×1092mm　1/16
　　　　　印　张：20　字　数：257 千字
版　　　次／2023 年 9 月第 1 版　2023 年 9 月第 1 次印刷
书　　　号／ISBN 978-7-5228-1374-5
定　　　价／118.00 元

读者服务电话：4008918866